복음주의 역사 시리즈 10

복음주의 미국 역사
복음주의 운동의 역사

더글라스 A. 스위니 지음
조 현 진 옮김

기독교문서선교회

기독교문서선교회(Christian Literature Center: 약칭 **CLC**)는
1941년 영국 콜체스터에서 켄 아담스에 의해 시작되었으며
국제 본부는 영국의 쉐필드에 있습니다.
국제 CLC는 59개 나라에서 180개의 본부를 두고, 약 650여 명의
선교사들이 이동도서차량 40대를 이용하여 문서 보급에 힘쓰고 있으며
이메일 주문을 통해 130여 국으로 책을 공급하고 있습니다.
한국 CLC는 청교도적 복음주의 신학과 신앙서적을 출판하는
문서선교기관으로서, 한 영혼이라도 구원되길 소망하면서
주님이 오시는 그날까지 최선을 다할 것입니다.

The American Evangelical Story
A History of the Movement

Written by
Douglas A. Sweeney

Translated by
Hyun-Jin, Cho

Copyright © 2005 by Douglas A. Sweeney

Originally published in English under the tiltle as
The American evangelical story: a history of the movement
by Baker Academic,
Translated and used by the permission of Baker Academic,
P.O. Box 6287, Grand Rapids, MI 49516-6287

All rights reserved.

Korean Edition
Copyright © 2015 by Christian Literature Center
Seoul, Korea

추천사 1

박용규 박사
총신대학교 신학대학원 교회사 교수

　최근 한국에서 조나단 에드워즈에 대한 저술이 활발히 번역 소개되고 그와 함께 그에 대한 관심도 점점 더 높아지고 있는 것은 매우 고무적인 일이 아닐 수 없다. 미국 기독교가 갖고 있는 생명력을 역사를 통해 배운다는 것은 참으로 한국 교회의 현재를 진단하고 미래의 방향성 논의를 위해 절실하게 필요한 일이라고 생각한다.

　미국의 기독교 역사를 "복음주의"라는 키워드를 가지고 조명한다는 것은 미국 기독교를 이해하는 매우 중요한 접근 방법 가운데 하나이다. 조나단 에드워즈 연구로 널리 알려진 트리니티복음주의신학교(Trinity Evangelical Divinity School)의 더글라스 스위니(Douglas A. Sweeney) 교수가 저술한 『복음주의 미국 역사』(*The American Evangelical Story: A History of the Movement*)가 한국에 번역 소개된 것은 그런 의미에서 매우 고무적이라 할 수 있다. 이 책은 몇 가지 점에서 독자들에게 큰 유익을 제공할 것으로 판단된다.

첫째, 저자는 미국 기독교의 생명력이 어디에 있는지를 쉽고 간결하게 제시하고 있다. 청교도들에 의해 뿌리가 놓인 미국 기독교가 어떻게 흘러왔으며, 그 과정에서 어떤 논쟁과 변천이 있었는지를 아주 잘 제시하고 있다.

둘째, 저자는 복잡하고 논쟁적인 주제들을 매우 이해하기 쉽게 그러면서도 수준 높은 전문적 지식을 가지고 훌륭하게 전달하고 있다. 독자들은 이 책을 읽으면서 미국 기독교 역사의 핵심을 잘 파악할 수 있을 것이다.

셋째, 매장마다 더 많은 연구를 하기 원하는 독자들을 위해 좀 더 풍부한 참고문헌을 제시한 것도 이 책이 지닌 큰 강점이다. 그가 제시한 심화학습을 위한 도서 목록은 미국 내에서 상당한 권위를 인정받는 그러면서도 매우 신학적으로 건강하게 서술된 작품들이다.

이 좋은 작품을 저자 밑에서 직접 가르침을 받고 박사 학위를 취득한 한국성서대학교 조현진 교수가 직접 번역하였기 때문에 그 의미를 좀 더 충실하게 전달할 수 있다는 점도 이 책이 갖는 큰 장점이다. 이 책이 미국 교회사에 대한 이해를 한층 더 높은 차원으로 끌어 올려줄 것으로 확신한다.

추천사 2

배덕만 박사
건신대학원대학교 교회사 교수

　미국의 복음주의 역사를 한 권의 책에 담아내는 일은 이제 불가능하다. 그 이유는 간단하다. 무엇보다 그 역사가 너무 복잡하고 다양하기 때문이다. 17세기에 시작된 미국 교회의 역사는 이제 400년이 조금 넘었지만, 전 세계에서 온 이민자들로 구성되었기 때문에, 그 종교적 다양성은 상상을 초월하며, 그 안에서 발생한 종교적 화학작용은 극단적으로 복잡하다. 뿐만 아니라, 막강한 연구진과 막대한 재정을 토대로 생산되는 연구물들은 그 양과 속도 면에서 경이로울 뿐이다. 새로 발굴되는 자료, 더욱 세분화된 주제, 끊임없는 재해석, 치열하고 심도 있는 논쟁을 실시간으로 추적하며 그 정보를 정리하고 소화하는 것도 보통 어려운 일이 아니다.

　『복음주의 미국 역사』(*The American Evangelical Story: A History of the Movement*)를 한국어로 번역하는 일도 대단히 힘든 작업이다. 비록 미국 교회와 한국 교회가 역사적, 신학적으로 긴밀한 관계를 유지해 왔고, 미국에서 공부한 학자들도 많지만, 그럼에도 미국 교회와 한국 교회는 너무 다르고 낯설기 때문이다. 일단, 미국 교회의 엄청난 다양성은 외국인으로서 미국 교회를 연구하는데 근본적인 장벽이 된다. 동시에, 한국에 존재하지 않는 수많은 교단들, 한국에 전혀 알려지지 않은 인물들, 너무나 생소한 역사적 사건들은 한국의 독자뿐 아니라 연구자들에게도 접근 자체를 주저하게 만든다. 뿐만 아니라, 아직까지 한국 학자들 사이에 미국 교회의 인물, 교단, 사건에 대한 번역상의 합의도 존재하지 않기 때문에, 이 영역에서 번역작업은 고통이다.

이런 맥락에서 조현진 교수가 번역한 더글라스 스위니 교수의 『복음주의 미국 역사』는 미국과 한국의 복음주의자들을 위한 뛰어난 학문적 성취이자 소중한 선물이다.

먼저, 스위니 교수는 그 복잡하고 난해한 복음주의 역사를 짧은 분량의 단행본으로 기막히게 정리해냈다. 현실적으로 "선택과 집중"을 할 수밖에 없는 상황에서, 그는 복음주의를 "18세기 기독교의 왜곡을 경험한 정통 개신교 운동이다"라고 정의하고, 그것을 토대로, 복음주의 역사를 일관되고 명쾌하게 서술했다.

또한, 기존의 복음주의 역사가 개혁주의나 웨슬리안으로 양분되어 한쪽으로 치우치는 "편향성"을 보였다면, 스위니 교수는 양자의 역사적 공헌과 특징을 균형 있게 배분하고 조화롭게 서술함으로써, 기존의 폐해를 상당 수준 극복했다. 뿐만 아니라, 기존의 복음주의 역사에서 상대적으로 간과되었던 흑인, 여성, 선교를 별도의 장으로 구별하여 집중적으로 다루고, 미국 복음주의에 대한 기본적 애정과 신뢰를 바탕으로 복음주의의 역사적 실패와 과오를 냉철하게 비판한 것은 이 책의 백미이다.

끝으로, 조현진 교수의 탁월한 번역 덕택에, 이 복잡하고 난해한 미국 복음주의 역사서를 한국 독자들이 마치 한국인 역사가가 집필한 대하소설처럼 쉽고 흥미롭게 읽을 수 있게 되었다. 그것이 바로 이 책의 또 하나의 장점이자 행운이다.

앞에서도 언급했듯이, 이제 『복음주의 미국 역사』를 단행본으로 정리하는 것은 불가능해졌다. 그래서 이 책도 복음주의와 관련된 모든 주제, 인물, 사건을 완벽하게 다루지 못했다.

또한 한국 번역자들 안에서 용어에 대한 합의나 통일이 이루어지지 않았기 때문에, 기존의 번역서와 다른 번역어들이 있어, 독자들은 어느 정도의 혼란을 감수할 수밖에 없다. 그것은 저자와 역자의 문제가 아니라, 미국과 한국의 현실적 한계이다.

하지만 이런 한계에도 불구하고, 이 책은 미국 복음주의의 어제와 오늘을 통해, 복음주의 일반, 한국 복음주의에 대해 고민하는 분들에게 즐거운 독서, 흥미로운 정보, 가치 있는 준거틀을 제공해 줄 것이다. 그런 의미에서, 이 책은 중요한 역사적 길목에 서 있는 한국 교회를 위해 귀중한 선물임에 틀림없다.

감사의 글

이 책이 나오기까지 많은 분들과 기관들에게서 도움을 받았다. 먼저 베이커출판사(Baker academic)의 편집자인 로버트 호삭(Robert N. Hosack)에게 감사를 표한다. 그는 이 책의 저술을 부탁하고, 필자가 저술하는 동안 인내하며 이 책의 완성을 기다려 주었다.

다음으로 감사해야 할 분들은 복음주의의 운동의 미래라 할 수 있는 트리니티복음주의신학교 학생들이다. 필자는 그들을 섬길 수 있는 특권을 누릴 수 있었다. 매일 학생들은 필자에게 복음주의 세계에 대한 새로운 것들, 특별히 복음주의의 본질과 역사에 대해 깊이 숙고하도록 일깨웠다. 더욱이 그들의 복음에 대한 열정적 헌신은 복음주의 미래에 대한 희망을 가지도록 해 주었다.

수많은 동료들이 이 책의 원고를 읽고 내용에 대해 지혜로운 조언들을 아낌없이 해 주었다. 특별히 전문지식으로 조언을 해 준 많은 분들에게 감사를 드린다. 그들은 돈 칼슨(Don Carson), 피터 차(Peter Cha), 가스통 에스피노자(Gaston Espinosa), 브래드 훈드라흐(Brad Gundlach), 데이비드 클링(David Kling), 마크 놀(Mark Noll), 밥 프리스트(Bob Priest), 데이비드 뢰벅(David Roebuck), 자넷 스위니(Janet Sweeney), 마크 스위니(Mark Sweeney), 조 토마스(Joe Thomas), 존 위거(John Wigger), 존 우드브리지(John Woodbridge), 밥 야부르(Bob Yarbrough)이다.

릭 쿡(Rick Cook)과 스콧 마네찌(Scott Manetsch)는 원고를 모두 읽고 발전적인 제안들을 해주었다.

필자는 또한 세 그룹들과 교제할 수 있는 축복을 누렸다. 각 그룹은 이 책을 기술하는 데 도움이 되는 통찰력들을 제공해주었다. 이들을 열거하자면 복음주의와 로마 가톨릭과의 대화를 위한 "코먼 루트"("Common Root"[Tom Baima, Kevin Vanhoozer]), "와바쉬 센터"(Wabash Center)와 "웨이어하우저 재단"(Weyerhaeuser Foundation)이 자금을 제공한 시카고복음주의신학교의 "인종과 민족학부"(Hank Allen, Peter Cha, Al Nieves, Bob Priest, Kersten Priest), 트리니티복음주의신학교의 신학적 이해를 위한 새로운 센터인 "학부간 그룹"(Steve Greggo, Brian Maier, David Pao, Bob Priest, Eckhard Schnabel, Kevin Vanhoozer, Bob Yarbrough, Lawson Younger) 등이다.

필자의 조교인 오날리 피어스(Onalee Pierce)는 사실을 검증하고 참고문헌을 정리하는 것을 도왔다. 파사데나의 풀러신학교 맥알리스터 도서관의 샤론 랄스톤(Sharon Ralston)은 귀중한 자료들을 먼 거리에서 보내주었다. 책에 싣는 사진들을 위해서는 하이든 톤 버그(Hayden Thornburg), 크리스 암스트롱(Chris Armstrong), 스티븐 게르츠(Steven Gertz), 매리 앤 제프리(Mary Ann Jeffrey), 도린 패스트(Doreen Fast), 웨인 웨버(Wayne Weber), 롭 크라폴(Rob Krapohl), 켄 민케마(Ken Minkema)가 수고를 아끼지 않았다.

부족한 사람을 초청하여 강연을 통해 복음주의에 대한 필자의 여러 생각들을 제시할 수 있는 기회를 준 여러 학교와 교회들에도 감사를 드린다. 북캐롤라이나 주 샬롯의 고든콘웰신학교는 2000년 가을학기 수업과 집회에서 미국 복음주의자들에 대해 강연하도록 초청해 주었다. 남서부 지역에 위치한 복음주의 신학교들의 뛰어난 여러 학자들이 2001년 나를 초대해서 전체 강연을 맡겼다(특별히 Andy Woodring, Doug Blount, the LeTourneau대학 교수진에게 감사를 전한다).

이어 필자가 복음주의 역사에 대한 리허설을 하도록 기회를 준 많은 교회에도 감사의 마음을 전하고 싶다.

다음과 같이 일일이 열거하고자 한다.

내쉬빌의 퍼스트루터교회(Alan Watt 목사), 뉴헤이븐의 베데스다루터교회(Michael Merkel 목사), 일리노이 주 워케건의 성바울루터교회(Carol Wasemiller 목사), 일리노이주 린덴허스트의 성마가루터교회(Terry Breum 목사), 시카고의 무디교회(Erwin Lutzer, Steve Mason, Bill Bertsche, Mark Pirrie 목사), 일리노이 주 알링턴하이츠의 알링턴하이츠복음주의자유교회, 캘리포니아 주 랭카스터의 랭카스터복음주의자유교회(Daniel Holmquist 목사), 일리노이 주 윈네트카의 윈네트카성경교회, 일리노이 주 레이크포레스트의 그리스도교회(Mike Woodruff 목사), 일리노이 주 그레이슬레이크의 크로스로드교회(Steve Farish 목사), 일리노이 주 웨스턴스프링스의 웨스턴스프링스침례교회 등이다.

마지막으로 감사할 대상은 이 책을 위해 말로 표현할 수 없는 응원을 해준 필자의 가족들이다. 아내 윌마(Wilma)와 아들 데이비드(David)는 사랑과 기쁨이 넘치는 가정을 통해 필자에게 항상 힘이 되어 주었다. 장인 호머 햄스터(Homer Hamster)와 장모 테나 햄스터(Tena Hamster)는 그들이 미국 복음주의자들에 대해 알고 있는 모든 것을 필자에게 전해 주었으며 미국 복음주의만이 가지고 있는 특징들에 대해 알려 주었다.

필자는 이 책을 사랑하고 존경하는 부모님에게 헌정하고자 한다. 그분들은 필자에게 미국 복음주의자가 되는 것이 어떤 의미가 있는 것인지 그리고 다른 복음주의자들이 우리를 실망시킬 때 신앙, 용기, 진실함으로 이겨내는 것이 무엇인지를 가르쳐 주셨다.

더글라스 A. 스위니

역자 서문

    이 책은 시카고 인근에 소재한 트리니티복음주의신학교에서 교회사를 가르치면서 "조나단 에드워즈 센터"의 책임자로 섬기고 있는 더글라스 스위니 교수의 『복음주의 미국 역사』(The American Evangelical Story: A History of the Movement)를 번역한 작품이다. 역자는 스위니 교수의 지도 아래 미국 교회사와 조나단 에드워즈 연구에 눈을 뜨게 되었고 에드워즈의 칭의론을 다루는 박사 논문을 마칠 수 있었다. 스위니 교수는 박식한 지식과 예리한 논리력, 전체를 바라보는 통찰력으로 복음주의와 에드워즈 학계에서 주목받고 있는 인물이다.

    스위니 교수의 작품을 번역할 수 있게 기회를 가지게 된 것이 역자에게는 큰 영광이요 기쁨이다. 그 이유는 누구보다 스위니 교수를 기독교 학자로서 존경하기 때문이다. 그는 탁월한 그리스도인 인품의 소유자로 사랑으로 제자를 대하면서도 학자가 어떤 역할과 능력을 가져야 하는지에 대한 무한한 모범이 되어준 인물이다. 특별히 역자는 2011년부터 한국성서대학교에서 교회사를 강의하면서 복음주의 역사에 대한 좋은 작품이 있었으면 하는 아쉬움이 있었고 결국 유학 시절 읽었던 스위니 교수의 작품을 번역하는 계기가 되었다. 무엇보다 이 책은 간략하고 쉽게 방대한 복음주의의 역사를 서술하고 있음이 큰 장점이다.

그리고 스위니 교수 자신도 언급하고 있는 것처럼 이 책은 복음주의가 지닌 공동의 유산을 기독교 역사를 통해 확인함으로써 현재 복음주의가 겪고 있는 정체성의 문제를 극복하고 복음주의의 미래를 밝게 전망하고 있다.

이 책을 그리스도인의 사랑과 헌신이 무엇인지를 가정에서 직접 보여준 사랑하는 아내 김영신에게 헌정하고자 한다. 그녀는 나와 함께 하는 인생의 시간 동안 커다란 조력자이자 친구였다. 이와 함께 항상 기쁨과 힘이 되어준 사랑하는 자녀, 윤서와 준서에게도 고마움을 전한다.

불암산 자락이 보이는
한국성서대학교 연구실에서
조현진 識

목 차

추천사 1 (박용규 박사_총신대학교 신학대학원 교회사 교수) / 5
추천사 2 (배덕만 박사_건신대학원대학교 교회사 교수) / 7
감사의 글 / 10
역자 서문 / 14

서론 / 18

제1장 복음주의 정의: 복음주의란 무엇인가? / 25
- ◆ 심화학습을 위한 도서 목록

제2장 놀라운 하나님의 역사 / 41
1. 영국 청교도 운동
2. 유럽 대륙 경건주의
- ◆ 심화학습을 위한 도서 목록

제3장 새 부대 만들기 / 77
1. 부흥의 시기 재편
2. 크리스텐덤의 붕괴와 복음주의 발생
3. 제2차 대각성 운동과 의로운 제국
- ◆ 심화학습을 위한 도서 목록

제4장 물이 바다 덮음 같이: 복음주의 선교의 시작 / 113

1. 개신교 초기 선교
2. 복음주의의 발전
3. 이 세대가 지나기 전의 세계 복음화
- ◆ 심화학습을 위한 도서 목록

제5장 인종차별 문제: 백인과 흑인 사이의 복음주의 역사 / 153

1. 흑인들에 대한 복음전파
2. 노예종교와 독립 흑인 교회의 시작
3. 미국 흑인 기독교 실천과 복음주의 운동
- ◆ 심화학습을 위한 도서 목록

제6장 기독교인의 고상한 생활 / 187

1. 성결로의 부르심
2. 오순절 운동의 시작
3. 은사주의 운동
- ◆ 심화학습을 위한 도서 목록

제7장 의심의 폭풍우를 지나 약속 위에 서기: 근본주의와 신복음주의 / 221

1. 근본주의 논쟁
2. 제도권에서의 전투: 신앙을 위한 투쟁
3. 타협없는 협력: 신복음주의자들
- ◆ 심화학습을 위한 도서 목록

결론: 복음주의의 미래 / 261
색인 / 270

서론

　전 세계 인구의 약 1/10을 복음주의자로 볼 수 있다. 자세한 통계에 의하면 2001년 세계 인구는 60억 명을 기록했고 그 가운데 20억 명 이상이 기독교인이었으며 그 가운데 복음주의자들은 5억 명을 차지했다.

　교인수를 조사하고 보고하는 방식이 서로 다르기 때문에 여러 기독교 그룹들의 규모를 정확히 파악하는 것은 매우 어려운 일이다. 세계 교회성장 통계의 권위자인 리젠트대학교(Regent University)의 데이비드 바레트(David Barrett)는 때때로 수치의 문제를 비판했다.

　그럼에도 불구하고 바레트는 제안하기를 만약 오순절주의자들과 은사주의자들을 복음주의자로 본다면(필자는 이 의견에 동의한다), 오늘날 복음주의자들은 8억 명이며 그들 중에 오순절주의자들과 은사주의자들이 5억 7,000만 명을 차지하고 나머지 복음주의자들의 수가 2억 4,200만 명 이상이라고 한다.[1]

1　David B. Barrett와 Todd M. Johnson은 *International Bulletin of Missionary Research* 매년 1

불과 한 세기 전만해도, 어떤 기독교인이던지 상관없이 그 수는 지금보다 훨씬 적었다. 그리고 세계 기독교인 대다수는 유럽과 북미에 거주했다. 하지만 20세기에 우리는 서구보다 더 강력하게 세계 인구 가운데 2/3를 뒤흔들었던 복음주의의 폭발적 성장을 목도했다.

1970년대 초, 기독교인 대부분은 서구권 밖에 거주하는 사람들이었다. 복음주의 성장의 결과는 교회 무게중심의 이동을 가져왔다. 오늘날 기독교인의 40퍼센트 미만이 유럽과 북미에 살고 있다. 그리고 현재 아프리카 대륙에서는 이전에 어느 곳에서도 볼 수 없었던 빠른 속도로 교회가 성장하고 있다.[2]

우리가 이 책에서 살펴보겠지만 유럽 개신교 국가 교회(state churches) 체제를 개혁하면서 나타난 복음주의 운동은 300년이 채 안 되었다. 이 짧은 역사에도 불구하고 복음주의는 세계의 여러 모습들을 변화시켜 왔다. 오늘날 복음주의 운동에는 개신교, 로마 가톨릭, 동방 정교회가 참여하고 있으며 그 가운데는 남성과 여성들, 부자와 가난한 자들, 유색인종들이 모두 포함되어 있다.

이 책은 어떻게 복음주의 운동이 역사의 현장에 나타나게 되었는지를 설명하고 있다. 그렇다고 해서 세계 모든 지역의 복음주의 역사를 다루지는 않으며, 범위를 좁혀 복음주의 운동의 중심 역할을 했던 곳에 집중하여 설명할 것이다.

현재 비서구 복음주의자들은 국제 복음주의 운동을 주도하기 위해 필요한 자원들을 확보하고 힘을 키우고 있다. 그들은 이미 상당수 복음

월호에 교회 통계와 세계 선교를 상세하게 다루는 연간 목록을 출판한다. 가장 최근의 목록은 vol. 28(January 2004): 24-25를 보라.

2   이런 추세에 대한 도움이 되는 분석에 대해서는 Philip Jenkins, *The Next Christendom: The Coming of Global Christianity*(New York: Oxford University Press, 2002)를 보라.

주의 지도자들을 배출하고 있기도 하다. 비서구 복음주의자들의 신학은 곧 주류학계의 관심을 끌게 될 것이다. 기독교 역사 분야에서는 이미 아프리카, 아시아, 중남미의 교회들이 위대한 역사를 만들어 가고 있다. 그러나 안타깝게도 이는 최근의 경향이다. 미국 역사가인 저자는 그들의 역사를 기술하는 데 충분히 훈련받지 못했다. 이러한 한계로 인해 저자는 이 책에서 전반적인 복음주의 이야기를 모두 기술하지 못하고 복음주의 운동에서 미국인[3]의 역할에 초점을 맞추어 정리할 것이다.

필자는 내용적으로는 먼저 복음주의에 대한 최근의 여러 논쟁들을 요약 설명한 후, 많은 문화적 변화와 도전들 속에서 대서양을 건너 발생한 대각성 운동[4]으로 인한 복음주의 탄생과 미국에서의 복음주의 발전에 대한 이야기를 서술할 것이다. 필자는 이 책에서 복음주의를 형성해온 개인, 기관, 이슈, 교리 등에 대한 폭넓은 설명을 제공하고자 한다.

이 책은 최근 커다란 성장을 이룬 복음주의의 역사적 뿌리들에 관심을 가진 기독교인을 위해 복음주의에 대한 입문서로 저술되었다. 또한 대학교와 신학교에서 교재로 사용될 수 있도록 기독교 역사에 대한 세부적인 이해를 추구하면서 학생들에게 필요한 정보들을 기술했다. 하지만 이 책이 진부한 학문적 교과서가 되지 않도록 복음주의의 과거 이야기를 명료하고 읽기 쉽게 기술하고자 노력했다.

각 장의 마지막 부분에는 내용과 연관된 더 읽어야할 책들을 짧은 설명과 함께 추천해 놓았다. 또한 복음주의의 주요 주장들을 정리해서 독

---

[3] 이 책에서 필자는 "미국인"(American)이란 말을 미합중국(the United States of America)에 살고 있는 거주자들을 의미하는 말로 사용한다. 이런 용법에 반대하는 "아메리카 대륙"(Americas)에 사는 사람들(일례: Western Hamisphere)에게는 사과를 구한다. 필자는 관례적 표현만을 사용하고자 했다.

[4] "대각성 운동"(Great Awakening)은 주로 대서양을 횡단해서 일어난 18세기 부흥 운동을 가리키는 미국식 용어이다. 영국 기독교인은 일반적으로 이 부흥 운동을 단순하게 "복음주의 부흥 운동"(the evangelical revival)이라 부른다.

자들의 이해를 도왔다. 이 책을 통해 복음주의가 완전했다고 말할 수는 없을지라도 복음주의는 아주 풍부하고 영적으로 강력하며 미래 세대에게 전해줄만한 가치를 지닌 유산임을 보여 주었으면 하는 것이 저자의 바람이다.

여호수아 4:21-24를 보면 이스라엘 백성이 약속의 땅 가나안에 정착하고자 요단 강을 건널 때 강바닥에서 얻은 12개의 돌을 통해 그들을 인도하신 하나님의 신실하심을 기억하도록 했다. 길갈에 돌들을 세운 후, 여호수아는 하나님의 백성에게 다음과 같이 선언했다.

> 이스라엘 자손들에게 말하여 이르되 후일에 너희의 자손들이 그들의 아버지에게 묻기를 이 돌들은 무슨 뜻이니까 하거든 너희는 너희의 자손들에게 알게 하여 이르기를 이스라엘이 마른 땅을 밟고 이 요단을 건넜음이라 너희의 하나님 여호와께서 요단 물을 너희 앞에서 마르게 하사 너희를 건너게 하신 것이 너희의 하나님 여호와께서 우리 앞에 홍해를 말리시고 우리를 건너게 하심과 같았나니 이는 땅의 모든 백성에게 여호와의 손이 강하신 것을 알게 하며 너희가 너희의 하나님 여호와를 항상 경외하게 하려 하심이라 하라 (수 4:21-24).[5]

이제 이어질 이 책의 내용을 두고, 필자는 그것들이 우리 가운데 계서서 역사하신 하나님의 신실하심을 증언하는 복음주의 역사의 강에서 선택된 돌처럼 기억하게 하는 것이 되기를 바라고 기도한다.

---

5 모든 성경은 New International Version(NIV)에서 인용한다. 대부분 초기 복음주의자들은 King James Bible을 이용했지만, 1973년 NIV 출간 이후로는 NIV가 복음주의 진영에서 가장 인기 있는 번역본으로 애용되고 있다(한글 번역은 개역개정을 따른다-역주).

여기서 분명히 해야 할 것이 있다. 미국 복음주의자들은 새로운 이스라엘이 아니라는 사실이다. 비록 우리 복음주의자들의 일부 선조들이 과거에 그런 오만한 주장을 했을지라도 그들은 하나님의 선택된 백성이나 국가가 아니었다. 우리는 고대 이스라엘이 그랬던 것처럼 제멋대로 사는 사람들이다. 하지만 하나님은 우리 복음주의자들을 통해 복음을 전하고자 인도하시며 다스리고 계신다.

사실, 복음주의자들은 고린도전서 1장 바울의 메시지를 통해 다음과 같이 묘사된다.

> 형제들아 너희를 부르심을 보라 육체를 따라 지혜로운 자가 많지 아니하며 능한 자가 많지 아니하며 문벌 좋은 자가 많지 아니하도다. 그러나 하나님께서 세상의 미련한 것들을 택하사 지혜 있는 자들을 부끄럽게 하려 하시고 세상의 약한 것들을 택하사 강한 것들을 부끄럽게 하려 하시며 하나님께서 세상의 천한 것들과 멸시 받는 것들과 없는 것들을 택하사 있는 것들을 폐하려 하시나니 이는 아무 육체도 하나님 앞에서 자랑하지 못하게 하려 하심이라. 너희는 하나님으로부터 나서 그리스도 예수 안에 있고 예수는 하나님으로부터 나와서 우리에게 지혜와 의로움과 거룩함과 구원함이 되셨으니 기록된 바 자랑하는 자는 주 안에서 자랑하라 함과 같게 하려 함이라(고전 1:26-31).

이 책은 앞으로 널리 다음과 같은 사실을 입증하게 될 것이다. 복음주의자들은 "죽으신 구주 밖에는 자랑을 말게 하소서"(마치 복음주의 초기의 찬송가 작사가가 작사한 것처럼)라고 고백하는 자들이지, 교만하게 뽐내며 자랑하는 사람들이 아니다.

하지만 하나님은 기독교 역사 전체에서 특별하게 우리 복음주의자들을 사용해오셨다. 그러므로 우리의 이야기는 "나 같은 죄인 살리신 놀라운 하나님 은혜", 즉 "놀라우신 하나님의 역사"(the surprising Work of God)에 대한 이야기이다. 그러므로 여러분은, 우리 복음주의자들의 교만으로 인해 하나님이 우리를 바람에 나는 겨와 같이 불어버리지 않으시도록 그리고 이 땅의 백성이 주님의 능력을 깨달아 알도록 그래서 항상 주님 되신 우리 하나님을 두려워하도록 기도해야 한다.

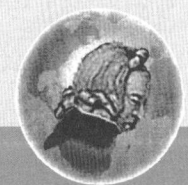

The American Evangelical Story

1장

복음주의 정의: 복음주의란 무엇인가?

예수께서 나아와 말씀하여 이르시되 하늘과 땅의 모든 권세를 내게 주셨으니 그러므로 너희는 가서 모든 민족을 제자로 삼아 아버지와 아들과 성령의 이름으로 세례를 베풀고 내가 너희에게 분부한 모든 것을 가르쳐 지키게 하라 볼지어다 내가 세상 끝날까지 너희와 항상 함께 있으리라 하시니라 (마 28: 18-20).

복음주의자(evangelicals)는 복음의 사람들(gospel people)로, 마태복음 28장에 기록된 그리스도의 대위임령을 받은 사람들을 가리킨다. 이처럼 복음주의자란 말은 복음이나 좋은 소식을 뜻하는 헬라어 "유앙겔리온"(*euangelion*)에서 유래되었으며 누가복음 2:10, "내가 온 백성에게 미칠 큰 기쁨의 좋은 소식을 너희에게 전하노라"는 말씀에 근거를 두고 있다. 티모시 조지(Timothy George)는 「크리스채니티 투데이」(*Christianity Today*)에서 복음주의자를, "복음주의자들은 하나님이 값없이 주신 선물인 예수 그리스도, 즉 십자가에서 죽으시고 부활하셔서 오직 믿음을 통해서 우리의 구원자가 되시는 그리스도 안에 있는 새 생명의 기쁜 소식을 세상 모든 사람에게 전파하고 나누도록 위임받은 성경을 믿는 전 세계 기독교인"[1]이라고 정의한다.

하지만 복음주의에 대해 이처럼 기초적인 설명은 가능하지만 복음주의 운동을 한 마디로 정의하기란 쉽지 않다. 그렇다면 우리는 복음주의에 대해 무엇이라 말할 수 있는가? 스스로를 복음주의자로 생각하는 수많은 기독교인이 시간을 초월해 과거와 현재 그리고 지역을 넘어 여러 대륙에 존재해왔다. 그렇다면 정확히 복음주의 기독교인이 된다는 것은 무엇을 의미하는 것인가? 과연 복음주의 운동의 특징은 무엇인가?

모든 사람을 만족시킬 수 있는 명쾌한 답을 찾기란 그리 쉬운 일이 아니다. 하지만 많은 복음주의자가 이 답을 찾기 위해 노력해왔다. 복음주의에 대해 널리 알려진 정의로는 알리스터 맥그래스(Alister McGrath)가 저술한 『복음주의와 기독교의 미래』(*Evangelicalism and the Future of Christianity*)에서 찾아볼 수 있는데, 맥그래스에 따르면, "복음주의는 성경에 기반한 여섯 가지 중요한 근본적인 확신에 기초하고 있다." 복음주의자들이 공통적으로 가지는 여섯 가지 근본적인 확신은 다음과 같다.

1. 성경의 최고 권위(하나님 지식에 대한 원천과 삶의 지침이 되는 성경)
2. 예수 그리스도의 주권(성육신 하신 주님이시자 죄인들을 구원하신 구세주로서의 예수 그리스도)
3. 성령의 지배
4. 개인적 회심의 필요성
5. 성도 개개인 뿐만 아니라 전체 교회에 주어진 복음 전파의 우선성

---

1   *Christianity Today*, August 9, 1999, 62.

6. 영적 양육, 교제, 신앙 성장을 위한 기독교 공동체의 중요성[2]

　기독교 역사가인 데이비드 베빙톤(David Bebbington)은 자신의 저서, 『현대 영국에서의 복음주의』(*Evangelicalism in Modern Britain*)에서 복음주의의 네 가지 특징을 다음과 같이 설명하고 있다. "복음주의를 드러내는 네 가지 표지로는 회심주의(conversionism, 삶이 변화되어야 한다는 신앙), 행동주의(activism, 복음의 열매를 맺고자 하는 노력의 표현), 성경주의(biblicism, 성경에 대한 특별한 가치 부여), 십자가 중심주의(crucicentrism, 그리스도의 십자가 희생에 대한 강조)이다." 그리고 베빙톤은 이 네 가지 특징들이 복음주의의 기초가 된다고 주장한다.[3]

　맥그래스와 베빙톤은 위에서 자신들이 정의한 복음주의에 대한 설명만으로는 복음주의가 지닌 풍부한 고유의 의미를 제대로 표현하지 못하고 있음을 인정한다. 그들의 정의도 복음주의가 무엇인지에 대해 충분한 설명을 제공한다고 볼 수 없다. 이처럼 복음주의 학자들은 티모시 조지가 내린 복음주의에 대한 정의보다 더 좋은 설명을 제공하지 못하고 있다. 어떤 비평가들은 복음주의에 대한 이러한 정의들이 복음주의가 무엇인지를 제대로 규명하지 못하고 있기 때문에 사람들에게 오히려 혼란만 가중시키고 있다고 지적한다. 즉 기독교인 대부분이 자신을 복음주의자로 생각하든 그렇지 않든, 자신이 가진 신앙을 아주 모호하게 정의하는 것이 문제가 된다는 것이다. 또 다른 비평가들은 "자칭" 복음주의자들은 수백 년 전부터 신앙의 조상들이 이미 사용해오던 전

---

[2] Alister McGrath, *Evangelicalism and the Future of Christianity*(Downers Grove, IL: InterVarsity, 1995), 55-56.

[3] David W. Bebbington, *Evangelicalism in Modern Britain: A History from the 1730s to the 1980s*(London: Uwin Hyman, 1989), 2-3.

통적인 복음주의에 대한 정의를 무시하고 자기 멋대로 복음주의라는 말을 사용해 왔기 때문에 문제가 된다고 지적한다(이는 고백파 루터란들 [confessional Lutherans]이 대체로 주장하는 내용이다. 물론 복음주의 운동이 시작되기 이전부터 복음주의를 다르게 이해한 기독교 공동체에 의해 복음주의 개념이 만들어졌을 수도 있다).

복음주의 정의 문제를 둘러싼 이러한 논의들은 복음주의가 과연 보수주의적 기독교 그 이상을 의미하는지에 대한 궁금증을 일으킨다. 복음주의란 과연 자유주의 기독교와 구별되는 그 무엇인가? 복음주의 지도자들은 복음주의 운동을 오랜 시간에 걸쳐 과연 성공적으로 발전시켜 왔는가? 우리는 정말 복음주의를 기독교 신앙의 주류로 볼 수 있는가? 복음주의 운동은 지금 그 맛을 잃어버리고 있지는 않은가?

복음주의가 가지고 있는 다양성으로 인해 이 운동을 한 마디로 정의하기는 매우 어려운 문제이다. 복음주의 운동은 너무나 광범위하고 다양해서 공통점을 찾기 어려운 다른 여러 요소들을 포함하고 있다. 다른 여러 형편과 처지에 상관없이—부유하든 가난하든, 교육받았든 그렇지 못하든, 자본주의자이든 사회주의자이든 왕정주의자이든—모두 그들은 자신을 복음주의자로 생각하고 있다.

복음주의자가 가지고 있는 다양성 중에 하나는 그들이 다른 여러 교파들, 심지어 서로 상반되는 신학적 견해를 소유하고 있는 교파들에 소속되어 있다는 사실이다. 광의적으로 보면 이들 모두 개신교이지만, 루터파 복음주의자, 개혁파 복음주의자, 재세례파 복음주의자 모두를 복음주의 운동의 테두리 안에서 하나로 묶을 수 있다. 이외에도 성공회, 감리교, 성결교, 오순절파도 복음주의자로 부를 수 있다. 물론 칼빈주의자와 알미니안주의자도 복음주의자로 볼 수 있다.[4] 복음주의자들 가운데 어떤 사람은 감독교회, 어떤 사람은 장로교회, 어떤 사람은 독립교회에 출석한다. 어떤 복음주의자들은 아우그스부르크(Augsburg) 신앙고백이나 웨스트민스터(Westminster) 신앙고백과 같은 역사적인 신앙고백서를 충실히 따르는 반면, 어떤 복음주의자들은 규정화된 신앙고백으로 자신의 신앙을 얽매는 것을 거부하기도 한다.

이처럼 복음주의 교회들은 개별적으로는 존재해왔지만 이들을 하나로 묶어주는 복음주의 교단은 이제까지 없었고 앞으로도 존재하지 않을 것이다. 우리는 복음주의 조직이나 신앙과 실천을 위한 모범이 되는 복음주의의 가이드라인을 가지고 있지 않다. 비록 널리 알려진 많은 복음주의 지도자들(빌리 그레이엄)과 기관들(「크리스채니티 투데이」, 세계복음주의연맹[WEA] 등)이 존재하지만 이들이 복음주의 운동을 시작하고 이끌어가는 최종적인 권위를 가지고 있다고 볼 수는 없다. 따라서 복음주의자는 자신이 복음주의자임을 나타내는 신분증이나 회원 명부를 가

---

4 이런 그룹의 대부분은 앞으로 논의될 것이다. 하지만 명확히 하고자 칼빈주의자들과 알미니안주의자들 사이의 차이에 대해서는 짧은 설명이 필요하다. 칼빈주의자들은 프랑스 개혁교회 목회자이자 신학자인 John Calvin(1509-64)의 추종자들을 말한다. Calvin은 죄인의 타락과 인간의 공로 없이 구원받을 자를 선택하시는 하나님의 영역주권을 강조했다. 알미니안주의자들은 네덜란드 신학자인 Jakob Arminius(1560-1609)의 추종자들이다. 알미니안주의자들은 Calvin의 예정 교리를 반대하고 회심에서 죄인의 역할을 강조했다. 이들의 신학적 차이는 돌트회의(Dutch Reformed Synod of Dordt, 1618-19)에서 문제가 되었다. 이 회의에서 칼빈주의자들은 그 유명한 "칼빈주 5대 교리"(five points of Calvinism)를 도출해냈다. 물론 칼빈주의는 단순한 그 5대 교리보다 더 광의적이다. 그럼에도 불구하고, 이 5대 교리의 첫 문자를 가지고 만든 TULIP 교리는 많은 사람에게 칼빈주의의 본질적인 교리로 인식되었다. 5대 교리는 전적 타락(Total depreavity), 죄로부터 하나님에게 구원받을 사람들의 무조건적 선택(Unconditional election), 선택받은 자들의 죄를 위해 십자가에서 감당하신 그리스도의 구속 사역을 의미하는 제한 속죄(Limited atonement), 회심에서 결코 실패하지 않으시는 구원하시는 은혜인 불가항력적 은혜(Irresistible grace), 한 번 회심하여 선택받은 성도는 구원하시는 은혜에서 결코 실패하지 않을 것을 의미하는 성도의 견인(Perserverance of the Saints)을 말한다.

지지도 않는다. 이러한 점에서 복음주의자를 구별하는 것은 그리 중요한 일이 아닐 수 있다. 자신을 복음주의자로 생각하는 사람들의 신앙과 실천이 굳이 그들이 복음주의자임을 나타내는 표지가 되지도 않는다. 복음주의 운동에는 전혀 관심이 없으면서도 복음주의자에게 요구되는 조건을 갖추고 있는 사람들도 상당수 존재한다(앞으로 논의하겠지만 많은 미국 흑인 기독교인이 이 범주에 속한다).

요약하면, 복음주의가 지닌 다양성을 고려해 볼 때, 복음주의자들은 공통점을 그리 많이 가지고 있지 않다. 복음주의자들은 서로 간에 공통점 보다는 오히려 많은 차이점들을 가지고 있다. 따라서 여러 그룹들로 그들을 분류함으로써 복음주의가 지닌 다양성을 이해할 수 있다. 복음주의 운동을 설명하는 여러 방식 중에 로버트 웨버(Robert Weber)의 분류가 가장 잘 알려져 있다. 웨버는 미국에서만도 복음주의자들을 16개 이상의 그룹들로 분류하는데, 이 중 몇 가지를 언급하면, 근본주의적(fundamentalist), 세대주의적(dispensational), 보수적 복음주의자들(conservative evangelicals), 재세례파(Anabaptist), 웨슬리안(Wesleyan), 은사주의 복음주의자들(charismatic evangelicals), 흑인(black), 진보적(progressive), 급진적 복음주의자들(radical evangelicals) 등이다.[5]

웨버가 나열하는 복음주의자들의 목록은 이것으로 그치지 않는다. 웨버의 분석을 통해 우리는 다시 한 번 복음주의자들은 매우 다양하다는 사실을 확인할 수 있다.

복음주의는 위에서 언급했던 그룹들 이외에도 수많은 하위 그룹으로 구성되어 있으며 그 각 그룹은 여러 주요한 특징, 기관, 지도자를 소

---

[5] 잘 알려진 Webber의 분류에 대해서는 다음과 같은 자료들이 있다. Robert E. Webber, *Common Roots: A Call to Evangelical Maturity*(Grand Rapids: Zondervan, 1978), 31-33. Robert E Webber, "Who Are the Evangelicals?" *USA Today* 115(1987): 89.

유하고 있다. 결국 복음주의 운동을 설명하기 위해서는 복음주의가 지닌 이러한 현실을 인정하고 고려해야 할 필요가 있다.

이러한 이유로 현재 복음주의 진영을 이끌고 있는 학자들도 복음주의 운동을 명확하게 정의하려고 하지 않는다. 복음주의 운동을 정의하는 좋은 방법이 있다면 명제적으로 복음주의를 설명하기보다는 은유적으로 설명하는 것이다. 즉 복음주의는 "가족간의 유사성"(family resemblance)을 지니고 있다고 볼 수 있다(일례로, 나는 복음주의자가 누구인지를 분명히 정의내릴 수는 없지만 복음주의자를 보면 그가 복음주의자인지 아닌지를 알 수 있다).

최근 역사가인 티모시 스미스(Timothy Smith)는 "복음주의 모자이크" (evangelical mosaic)라는 비유를 통해 복음주의를 묘사한다. 모자이크는 각 영역마다 다른 색채로 복음주의를 구성하는 각 개체의 개성을 강조하면서도 전체적인 아름다움을 드러내기에 복음주의의 특징을 잘 묘사하고 있다고 주장한다. 이후에 스미스는 복음주의의 각 영역이 지닌 자기만의 색채를 더욱 역동적으로 나타내고자 "복음주의 만화경"(evangelical kaleidoscope)이라는 비유를 들어 복음주의를 설명하고자 했다.

스미스에 따르면, 모자이크는 개별적이고 정적인 상태로 존재하는 예술의 영역인 반면에 만화경은 모자이크보다 더욱 변화무쌍한 모습을 나타내기에 복음주의 운동이 지닌 역동성을 훨씬 잘 드러낼 수 있다는 것이다.[6]

이외에도 랜달 발머(Randall Balmer)는 복음주의를 "조각누비 퀼트" (patchwork quilt)로 표현한다. 이 비유는 정통예술(fine art)보다는 민중예

6　Timothy L. Smith, "The Evangelical Kaleidoscope and the Call to Christian Unity," *Christian Scholar's Review* 15(1986): 125-40.

술(folk art)을 표현하는 데에 더 잘 어울리는데 그 이유로 발머는 복음주의를 미국 일반 사람들의 신앙을 나타내는 대중적인 종교로 보았기 때문이다. 여기서 발머는 복음주의에 전체적으로 일정한 패턴이 결여되어 있다는 점을 드러내고자 했다. 발머는 자신의 저서,『나의 눈이 영광을 보네: 미국 복음주의 하부 문화로의 여행』(*Mine Eyes Have Seen the Glory: A Journey into the Evangelical Subculture in America*)에서 복음주의 운동을 하나의 시리즈로 연속되는 짧고, 서민적인 삽화(vignettes)로 묘사하고 있다. 이 삽화는 전체적인 단일성보다는 풍부한 다양성으로 사람들에게 깊은 인상을 남긴다. 각 조각들은 같은 모양보다는 다른 모양을 가지고 있지만 이를 하나씩 연결시키면서 발머는 이것이야 말로 다양한 복음주의를 표현하는 가장 좋은 방법이라고 주장했다.[7]

하지만 상당수의 학자들은 복음주의를 굳이 정의하려 하지 않으며 오히려 이러한 학자들이 증가하고 있는 추세이다. 역사적 작품으로 평가되는 『미국 복음주의의 다양성』(*The Variety of American Evangelicalism*)에서 도날드 데이턴(Donald Dayton)과 로버트 존스턴(Robert Johnston)은 이런 경향을 주도하고 있다.

존스턴은 미국 복음주의 운동을 지나치게 명제적으로 분명하게 분류하기 보다는 오히려 가족이라는 은유를 사용해서 확장된 대가족에 비유하여 "복음주의를 정의하는 한계"에 반응하고 있다.[8]

데이턴은 복음주의를 정의하면서 아주 급진적인 입장을 채택한다. 그는 복음주의를 정의하는 일을 잠시 멈출 것을 요청한다. 데이턴은 복

---

[7] Randall Balmer, *Mine Eyes Have Seen the Glory: A Journey into the Evangelical Subculture in America*(New York: Oxford University Press, 1989), 229-30.

[8] Robert Johnston, "American Evangelicalism: An Extended Family," in *The Variety of American Evangelicalism*, ed. Donald Dayton and Robert Johnston, 252-72(Knoxville: University of Tennessee Press, 1991).

음주의가 신학적으로 일관성이 없고, 사회학적으로는 명확하지 않으며, 에큐메니칼적으로는 도움이 되지 않는 개념이라고 주장한다.[9] 즉 복음주의 신학자들은 서로 간에 항상 논쟁하면서 교리의 일치를 결코 이룰 수 없기 때문에 복음주의는 신학적으로 일관성이 없다고 한다. 또한 복음주의 정의가 대부분 복음주의란 이름으로 모이는 그룹들이 아니라 불특정 그룹들을 나타내고 있기 때문에 사회학적으로도 명확하지 않은 개념이 되어버린다.

마지막으로 복음주의 운동을 이끌면서 복음주의 개념에 대한 정의를 내리는 지도자들이 주로 데이턴이 표현하는 대로, 근시안을 지닌 엘리트적이고 부르주아적인 "장로교" 모델들이기에 에큐메니칼적으로도 복음주의란 개념이 전혀 도움이 되지 않는다는 것이다.

데이턴은 이 문제를 해결하기 위해 상당한 시간을 투자하며 노력했다. 그는 복음주의에 대한 정의를 시도하는 학자들은 복음주의의 본질과 중요성을 오도하는 책임을 져야한다고 주장한다. 이러한 부류의 학자들은 주로 복음주의 운동을 이끌었던 지적인 지도자들을 서술하는 데에 초점을 맞추고 있다. 그들이 묘사하는 복음주의 지도자들은 대체로 칼빈주의 세계관을 가지고 이질감을 느끼는 문화적 허식을 지니고 있는 백인 남성들이 대부분이다(조나단 에드워즈, 찰스 핫지, 칼 헨리 등).

하지만 데이턴의 견해에 따르면, 실제로 존재했던 평범한 복음주의 기독교인 대부분은 이러한 신앙의 위인과는 거리가 멀다. 복음주의자들 대부분은 실제로 그렇게 지적이지 않았으며, 백인 남성들은 소수일

---

9   Donald W. Dayton, "Some Doubts about the Usefulness of the Category 'Evangelical,'" in *Variety of American Evangelicalism*, 251. 또한 Donald W. Dayton, "The Holy Spirit and Christian Expansion in the Twentieth Century," *Missiology: An International Review* 16(1988): 403을 보라. 그리고 idem, "'Evangelical': More Puzzling Than You Think," *Ecumenical People Programs Papers*, *Occasional Paper* no. 29(May 1988): 5-6.

뿐이었고 칼빈주의 세계관을 가지지도 않았었다. 오히려 미국을 포함한 전 세계 복음주의자들 대부분은 "오순절파" 기독교인이며 그들은 주로 노동자 계층의 사람들이었다(여기에서 데이턴이 사용하는 "오순절"[Pentecostal]이란 개념은 "장로교인"[Presbyterian]이나 칼빈주의 지성인과는 상반되는 의미를 가지며 알미니안주의자, 웨슬리파, 성결교도, 오순절주의자들을 가리킨다). 물론 데이턴의 주장이 모두 옳다고 볼 수는 없을 것이다. 그렇지만 데이턴은 복음주의가 지니는 다양성을 충분히 고려해서 칼빈주의를 지닌 지성들이 복음주의라는 개념을 일방적으로 규정하거나 정의하는 시도에 반대했던 것이다.

심지어 데이턴과 다른 입장을 가진 저명한 역사가이자 논쟁에 탁월한 현대 복음주의 학자인 조지 마스덴(George Marsden)도 자신이 복음주의적 칼빈주의자임에도 불구하고 이러한 비판적 입장에 영향을 받았다. 그 역시 복음주의 운동을 정의하고 설명하고자 오랫동안 노력해왔다. 그는 데이턴의 견해와 비슷하게 말하기를 "복음주의자는 짧게 말하자면 빌리 그레이엄(Billy Graham)을 경배하는 사람들이다"고 하면서 복음주의의 개념을 분명히 정의하려고 하지 않았다.

활발히 활동하고 있는 칼빈주의자인 마이클 호튼(Michael Horton)과 하트(D. G. Hart)는 위에서 다루었던 복음주의를 정의하는데 따르는 여러 어려움들로 인한 문제들과 이로 인한 혼란을 비판했다. 호튼은 "복음주의 개념에 대한 논쟁은 시간과 에너지를 낭비하는 것일 뿐"이라고 주장했으며 하트도 복음주의는 신앙적인 정체성을 포기해야 하는데 그 이유로는 복음주의가 실은 존재하지 않기 때문이라고 주장했다.[10]

---

10 Michael Horton, "The Battle over the Label 'Evangelical,'" *Modern Reformation* 10, no. 2(March/April 2001): 16. 그리고 D. G. Hart, *Deconstructing Evangelicalism: Conservative Protestantism in the Age of Billy Graham*(Grand Rapdis: Baker Academic, 2004), 16.

호튼과 하트는 이전의 복음주의 지도자들처럼, 다른 복음주의자들과 협력하는 모험을 하기 보다는 그들의 동료인 칼빈주의자들과의 동맹을 강화하는 데에 더 많은 관심을 보이고 있다. 그러므로 누가 대체 복음주의 정체성에 대해 소득이 없는 지속되는 논쟁을 제공한 사람들을 책망할 수 있겠는가? 만약 우리 복음주의자들이 우리가 누구인지를 정의하는 데 그토록이나 어려워한다면 어떻게 우리가 복음주의자들로서 함께 연대하여 일할 수 있겠는가? 만약 복음주의자들이 다양성으로 인한 논쟁들을 지속해야한다면 복음주의의 장엄한 모험이 미래에는 무익한 것이 되지는 않겠는가?

오늘날 복음주의를 정의하는 데 있어 겪게 되는 이러한 어려움과 좌절은 이해할만하며 사실 특별한 것도 아니다. 하지만 정말 세 번째 밀레니엄 시대를 맞는 우리 교회가 이 어려움과 좌절을 겪어야만 하는가? 물론 만약 저자인 필자가 이와같은 생각을 했다면, 복음주의의 본질과 역사에 대해 기술하는 이 책을 저술하지 않았을 것이다.

필자는 현재 이 시대에도 여전히 복음주의 운동을 명확히 정의내리는 것이 가능하다고 본다. 복음주의는 역사상 가장 생명력 있는 기독교 운동이다. 복음주의자들은 엄청난 다양성 속에서도 부유함을 지닌 사람들이다. 더욱이 현대 다문화적인 시대에 우리는 하나님의 은혜로 주어진 복음주의의 다양성을 기뻐하고 축하할만한 여러 이유를 가지고 있다. 또한 우리 복음주의자들이 계속 다르지만 않을 것으로 전망한다. 실제로 우리 복음주의자들은 서로의 문화적 경계들을 넘어서는 소중한 가치를 많이 공유하고 있다. 우리는 복음주의자들로서 여러 원리와 실천의 유산을 공유하고 있다. 그리고 우리는 다양한 방법으로 이러한 풍부하고 공통된 유산을 우리 복음주의의 자산으로 만들어왔다.

결론적으로 말하자면, 이 장은 복음주의에 대한 정의를 언급함으로 복음주의의 공통된 유산이 가지고 있는 소중하고 좋은 것들이 무엇인지를 요약해서 설명할 것이다. 복음주의는 역사적 기독교의 정통에 뿌리를 두고 있으며 복음에 대한 프로테스탄트적 이해에서 시작해서 "18세기 기독교의 왜곡"(eighteenth-century twist)으로 인한 다른 여러 운동과는 구별된 모습을 보여준다. 간단히 말하자면, 복음주의는 18세기 기독교의 왜곡을 경험한 정통 개신교 운동이다. 확실히 우리는 유일하게 존재하는 참된 기독교인이 아니며 "복음주의적"(evangelical)이라는 개념을 적용할 수 있는 유일한 사람도 아니다. 하지만 복음주의자는 전 세계에 복음을 증거하도록 위임받은 사람으로, 그 특징을 언급하자면, 프로테스탄트 종교개혁 기간에 아주 분명히 언급된 강력한 믿음과 대각성으로 불리는 부흥 운동으로 형성된 실천을 들 수 있다.

이제 복음주의 개념의 정의에 충실할 것이다. 복음주의에 대한 몇 가지 핵심적인 용어들을 설명하자면, 운동(movement), 정통 개신교인(orthodox Protestant), 18세기 기독교의 왜곡(eighteenth-century twist)이다.

복음주의는 일종의 운동으로 교회나 교파를 의미하지 않는다. 복음주의는 공동의 목표인 복음증거의 목적을 위해 함께 사역하는 기독교인의 연맹체이다. 따라서 복음주의자들 개인이나 전체를 통제하는 정해진 규칙이나 규율은 존재하지 않는다. 어떤 사람들은 복음주의 운동의 중심에 다른 사람들보다 더 가까이 서 있을 수 있다.

하지만 복음주의 운동의 중심은 그 운동이 성장하거나 변화함에 따라 조금씩 이동한다. 그리고 복음주의 연맹을 해체하는 것은 불가능하다. 복음주의 운동은 자발적인 참여와 자신의 선택을 통해 이루어지기 때문이다. 복음주의가 지닌 부요함(로마 가톨릭과 동방 정교회는 제외하더라도)으로 인해 복음주의가 가진 모든 것에 동의하지 않아도 복음주의 운동을 선택하면 복음주의자가 될 수 있다.

복음주의자는 초대 기독교 신조들과 복음의 메시지에 관해 루터(Luther), 츠빙글리(Zwingli), 칼빈(Calvin)과 같은 종교개혁자들이 발전시킨 정통주의(올바른 교리와 예배) 프로테스탄트 종교개혁의 후예들을 가리킨다. 어떤 사람들은 정통주의를 억압적이고 편협한 것으로 생각하기도 하지만 복음주의자들은 그렇게 생각하지 않는다. 어떤 복음주의자들은 정통주의를 떠올리면 정통을 유지하고자 일어났던 마녀사냥과 여러 권력 다툼을 연상할 수도 있지만 반드시 그렇게 생각할 필요는 없다고 본다.[11]

복음주의자들은 모두 개신교인도 아니고 특정한 교파에 소속되어 있지도 않은 사람들이다. 따라서 모든 복음주의자가 기독교 교리와 신앙을 동일한 방식으로 믿지도 않는다. 하지만 복음주의 운동의 중심에는 "사람이 의롭다하심을 얻는 것은 율법의 행위에 있지 않고 믿음으로 되는 줄 우리가 인정하노라"(롬 3: 28)는 말씀처럼 복음(*euangelion*)에 대한 확고한 위임이 있다. 많은 사람은 이 구절을 우리가 "오직 은혜"(*sola gratia*), "오직 믿음"(*sola fide*), "오직 그리스도"(*solus Christus*)로 구원받는다는 종교개혁의 원리로 해석한다. 모든 복음주의자는 올바른 교리는 "오직 성경"(*sola Scriptura*)에 기초한다는 사실에 동의한다. 요약하자면, 복음주의자는 성경에 기초한 복음의 메시지와 그 메시지를 전 세계에 전파하는 데에 헌신한 사람들이다.

한편, 현대 복음주의자는 다른 기독교 단체들과 구별된다. 그 이유는 복음주의 운동이 18세기 문화적 배경, 즉 하나의 왜곡된 토양으로부

---

11   정통을 의미하는 두 용어 Orthodox와 Orthodoxy에 대해 오늘날 뜨거운 논쟁이 있긴 하지만 이 용어들은 보수적(Conservative)이라는 의미보다는 복음주의 운동을 나타내는 데에 훨씬 더 적합하다. 복음주의자들은 교리적으로는 항상 보수적이었지만 문화적 또는 정치적으로 항상 보수적이었다고는 볼 수 없기 때문이다.

터 나타났기 때문이다. 현대 복음주의자들은 복음의 메시지에 대해 동일한 견해를 소유하는 대각성 운동을 계승한 사람들이다. 대각성 운동은 역사를 바꾸었다. 다음 장에서 우리는 대각성 운동과 이에 관련된 인물들, 장소, 사건들을 포함하는 18세기 대각성 운동의 역사를 다룰 것이다.

◆ 심화학습을 위한 도서 목록

Balmer, Randall. *Blessed Assurance*: *A History of Evangelicalism in America*(Boston: Beacon Press, 1999). 미국 복음주의에 대한 간략한 소개를 하고 있으며 사회적, 정치적 사안에 관심을 가진 저널리스트 등에게 도움이 되는 책이다.

_____. *Mine Eyes Have Seen the Glory: A Journey into the Evangelical Subculture in America*(New York: Oxford University Press, 1989). 발머가 "미국의 대중 종교"라 부르는 복음주의에 대해 퀼트의 다채로운 색채를 가지고 생동감 있게 조망한 책이다.

Bebbington, David W. *Evangelicalism in Modern Britain: A History from the 1730s to the 1980s*(London: Unwin Hyman, 1989). 잉글랜드, 스코틀랜드, 웨일즈에서 복음주의 역사를 학문적으로 잘 조망한 책이다.

Christian Scholar's Review 23(September, 1993). "복음주의란 무엇인가?"에 대한 문제를 다루고 있으며 도날드 데이턴이 "군림하는 장로교 패러

다임"이라 부르는 것에 상반되는 개념으로 미국 복음주의자들을 다루고 있다.

Dayton, Donald W., Robert K. Johnston, eds. *The Variety of American Evangelicalism*(Knoxville: University of Tennessee Press, 1991). 미국 복음주의자들의 다양성에 대한 최고의 자료로서, 존 스톤의 "가족간의 유사성"과 데이튼의 복음주의에 대한 "판단 유보"가 강조된다.

Hart, D. G. *Deconstructing Evangelicalism: Conservative Protestantism in the Age of Billy Graham*(Grand Rapids: Baker Academic, 2004). 하트의 주장을 잘 다루고 있는 책. 하트는 복음주의와 복음주의 교회는 존재하지 않는다고 생각하는 것이 더욱 좋았으리라고 주장한다. 그는 결론에서 "복음주의가 없었다면 개신교 기독교는 연맹할 수는 없었겠지만 계속 진행은 되었을 것이며 국가적으로 영향력을 행사하는 연합이 아니었다면, 하인즈 57개 성분들(하인즈 제품의 다양성을 드러내는 상표-역주)처럼 다양성을 지닌 미국 개신교인은 훨씬 더 건강해질 수 있었을 것"(191)이라고 주장한다.

Lippy, Charles H., Robert H. Krapohl. *The Evangelicals: A Historical, Thematic, and Biographical Guide*(Westport, CN: Greenwood, 1999). 미국 복음주의 이해에 도움이 되는 책. 복음주의 운동의 간략한 소개와 지도자들에 대한 핵심 기록들, 타임 라인과 이외에도 도움이 될 만한 여러 자료들을 담고 있다.

Marsden, George M. *Understanding Fundamentalism and Evangelicalism*(Grand Rapids: Eerdmans, 1991). 마스덴이 복음주의에 대해 소개하는 전문적이고 학문적인 작품이다.

McGrath, Alister, *Evangelicalism and the Future of Christianity*(Downers Grove, IL: InterVarsity, 1995). 복음주의에 대한 긍정적인 평가와 세계 기독교의 미래에서 복음주의의 역할을 다루고 있다.

Noll, Mark A. *American Evangelical Christianity: An Introduction*(Oxford: Blackwell, 2001). 미국 복음주의 역사에 대한 학문적인 연구로 특히 미국의 정치, 과학, 문화에 대한 복음주의의 공헌을 잘 다루고 있다.

2장

놀라운 하나님의 역사

예수께서 대답하여 이르시되 진실로 진실로 네게 이르노니 사람이 거듭나지 아니하면 하나님의 나라를 볼 수 없느니라(요 3: 3).

현대 복음주의는 지금부터 300년 전 세상이 이제까지 경험하지 못했던 초유의 영적 운동에서부터 시작되었다. 대각성 운동(Great Awakening)으로 알려진 이 영적 운동은 유럽대륙에서 시작해서 영국과 북미 지역, 서구 세계 전체로까지 빠르게 확산되었다.

대각성 운동 이전 프로테스탄트 세계는 민족적, 문화적 경계로 인해 예배와 복음전파에 있어서 다양한 모습으로 분열되어 있었다. 1510년대의 종교개혁 후예들은 교회와 신앙의 문제에 있어 서로 다른 성경 해석과 적용의 문제로 오랫동안 충돌했다. 물론 개신교 교회들은 이 시기를 거치며 광대하고 풍성한 영적 추수를 거둘 수 있었고, 교인은 성경 지식을 가지는 축복을 누렸으며 복음의 자유에 대해서도 새로운 인식을 가지게 되었다. 그리고 개신교인은 개인적으로 예배의 삶을 살면서 자신이 가진 신앙을 실천하고 적용하는 생활을 했다. 이 장에서는 대각성 운동을 주로 다루면서 18세기 왜곡을 강조하기 위하여 초기 개신교 사상이 지니고 있던 한계들을 함께 지적하고자 한다.

종교개혁 기간 동안 로마 가톨릭과 프로테스탄트는 공존했지만 무력에 의존할 수밖에 없었다. 그들은 신앙의 차이로 인해 서로 죽고 죽이는 치열한 싸움을 벌여야 했다. 그들은 정치 지도자들이 어떤 종교를 선호하느냐에 따라 자신들의 신앙을 보호받을 수 있었다. 예를 들면, 독일에서는 아우그스부르크 평화조약(Peace of Augsburg, 1555)에 기초해 정치지도자의 신앙에 따라 그들이 다스리는 백성의 신앙이 결정되었다(cuius regio, eius religio). 유럽의 다른 지역들에서도 프로테스탄트 신앙이 받아들여지는 장소와 시간에 따라 개신교 세력은 그들의 근거지를 확보할 수 있었다. 종교개혁의 여파로 개신교 지도자들은 로마 가톨릭과 싸우던 것과 비슷하게 자신들끼리도 충돌하고 다투어야 했다. 신앙과 정치 문제로 서로 분열된 개신교 지도자들은 그리스도의 한 몸을 분리시키면서 지역 교회들을 발전시켰다.

이러한 개신교 내 분열의 모습은 수많은 기독교인이 신앙의 문제로 생명을 잃었던 30년 전쟁(Thirty Years' War, 1618-48)에서 찾아볼 수 있다. 전통적인 국가 교회에서 여러 변화를 거친 후에 이전보다 평화로운 유럽의 새로운 종교 지도가 만들어졌다. 유럽에서 독일어를 사용하는 지역이 대부분인 일부 스칸디나비아 지역과 일부 슬라브 족 지역에서는 루터란 교회가 자리를 잡았으며 스위스와 독일의 남부와 서부, 북부인 네덜란드와 헝가리의 일부 지역, 심지어 트란실바니아 지역(Transylvania, 루마니아 서부 지역-역주)까지는 루터란보다는 개혁파 혹은 칼빈주의 교회가 우세했다.[1] 영국(Great Britain)에서는 개신교 성향을 지닌 정치가들이 주로 개혁파 신앙을 선호했지만, 새로운 교회의 모습에 대해서는 의견이 일치하지 않았다. 잉글랜드의 군주들은 로마 가톨릭과 유사하면서 나름 독특한 신앙의 모습을 가지는 성공회(Anglican Christianity)를 후원했다. 하지만 스코틀랜드인은 이와 달리 칼빈주의 장로교 신앙을 쟁취하기 위해 투쟁해야만 했다.

이러한 종교개혁 세력 간의 분열과 다툼으로, 프로테스탄트 세계는 분열되어 각기 국가 교회 형태로 나뉘게 되었다. 이외에도 신학자들은 경쟁적으로 자기 교파의 신앙고백이나 교리적 문서들을 발전시켜 자신들의 신앙을 보호해주는 위정자들을 지지했다. 개신교 지도자들은 신학적인 문제로 논쟁하면서 바울이 말했던 "주도 한 분이시요 믿음도 하나요 세례도 하나요"(엡 4:5)를 공유하기보다는 자신들을 칼빈주의자나 알미니안주의자, 루터란이나 재세례파로 인식했다. 이러한 모습은 지나치게 자기 신앙에 대한 신념을 강화시켜서 선교 사역에서 조차도 서로 협력하지 못하게 하는 결과를 초래하고 말았다(우리가 이후에 살펴보겠지만, 어떤 사람들은 잘못된 성경 해석에 기초해서 다른 문화에 복음을 전하는 선교 사역을 반대하기도 했다). 이처럼 개신교 지도자들은 전 세계를 향한 공통된 증인으로서의 사명 감당에 실패한 모습을 보여주었다.

하지만 대각성 운동과 그 이후의 커다란 변화가 하나님의 선하신 인도하심 가운데 일어났다. 놀라운 하나님의 은혜와 성령의 역사로 인해 수많은 개신교 지도자들이 신앙의 경계를 초월해서 복음전도 사역에

---

1 이 기간 로마 가톨릭과 오토만 제국의 이슬람 세력이 지배하면서 혼란을 겪었던 지역인 헝가리와 트란실바니아에는 루터란들도 많이 살고 있었다. 소수의 칼빈주의자들이 프랑스와 폴란드-리투아니아 연방 지역에 살고 있었다. 하지만 이들도 위정자들의 공식적인 보호를 받지는 못했다.

협력하기 시작했던 것이다. 그렇다고 그들이 새로운 교파를 세운 것은 아니었다. 오히려 그들은 교파를 초월한 기도합주회(concerts of prayer)와 공동금식을 통해 협력을 도모하면서 강단을 서로 교류하고 순회 복음설교를 장려하면서 오랫동안 프로테스탄트 세계를 분열시켜왔던 견고한 장애물들을 하나씩 무너뜨렸다.

개신교 진영의 지도자들은 유럽과 북미의 복음주의자들을 연결시켜 의사소통을 가능케 하는 새로운 네트워크의 도움으로 이러한 일들을 이룰 수 있었다. 역사가들은 18세기를 서신 교환을 할 수 있게 된 위대한 시기로 평가한다. 하나님의 섭리 가운데 복음주의자들은 엄청난 양의 편지들을 서로 주고받으면서 연락을 쉽게 취할 수 있었다. 또한 이 시기에 부흥의 촉매제 역할을 한 영국의 잡지들과 신문들, 언론 매체들이 상당수 발간되었고, 세계 전체에서 하나님이 행하신 놀라운 사역에 대한 정보들을 기독교인끼리 공유할 수 있었다.

일부 개신교 지도자들은 복음의 발전에 관한 지식을 전달하는 정기 간행물들을 발간하기 시작했다. 당시 대표적인 정기 간행물들로는 조지 휫필드(George Whitefield)의 「에반젤리칼 매거진」(*Evangelical Magazine*)과 토마스 프린스(Thomas Prince)의 「크리스찬 히스토리」(*Christian History*), 제임스 로브(James Robe)의 「크리스찬 만틀리 히스토리」(*Christian Monthly History*), 존 웨슬리(John Wesley)의 「알미니안 매거진」(*Arminian Magazine*) 등이 있다. 이러한 간행물을 읽는 독자들은 민족과 교파를 초월한 기독교적 정체성을 가질 수 있었다. 사람들은 이것이 바로 하나님이 주관하시는 새로운 세계적 운동이라는 사실을 깨달았으며 그들의 지경이 놀랍게 확대되었다. 더욱 중요한 것은 기존의 교구 중심적 프로젝트의 한계를 극복하여 예수님의 이름으로 공동의 프로젝트를 발전시켜 이를 성취할 수 있게 된 것이었다.

요약하자면, 대각성 운동은 복음전파의 긴급성과 교회들의 협력 사역을 위한 새로운 정신을 형성했다. 그렇다고 해서 복음주의 지도자들이 서로 간에 완전한 평화나 공평한 분배를 경험한 것은 아니었다. 하지만 부흥 운동으로 인해 일부 개신교 지도자들은 자기들의 교회만을 고집하지 않고 거리로 나와 복음을 전하는 데에 매진했다. 그들은 그리스도를 전파하고자 야외에서 설교했고, 각 교구의 경계선을 넘어 전 세계가 이제 자신들의 교구라고 고백하게 되었다. 이를 통해 개신교 지도자들은 다른 여러 지역에서 비슷한 생각과 비전을 지닌 많은 동료들을 얻을 수 있었으며 서로 간에 신뢰를 쌓을 수 있었다. 서로가 지닌 차이점들은 기독교인으로 함께 협력하는 데에 아무런 문제가 되지 않는다는 사실을 깨닫게 되었던 것이다.

대각성 운동은 이전에 일어난 몇몇 개신교 운동들에 그 기원을 두고 있다. 따라서 대각성 운동을 설명하기에 앞서 우리에게도 잘 알려진 영국의 청교도 운동과 유럽 대륙의 경건주의 운동을 대각성 운동의 기원으로 살펴볼 필요가 있다.

1. 영국(British) 청교도 운동

청교도 운동은 잉글랜드에서 많은 사람이 엘리자베스 여왕(Queen Elizabeth, 1558-1603)[2]과 왕실의 종교개혁이 충분하지 못하다고 생각하면서 일어난 운동이다. 많은 성직자는 법으로 제정된 그들의 교회의 예

---

2 개인 연도를 표기하는 경우, 왕과 여왕의 경우에는 재위 기간을, 이외 다른 사람들의 경우에는 생애를 나타낸다.

배와 의식이 여전히 로마 가톨릭과 다르지 않다고 비판하면서 영국에서 더욱 철저하게 종교개혁을 진행시켜 나갈 것을 요구하였다. 이 과정에서 "청교도"(Puritan)란 말이 생겼는데 이는 원래 영국의 종교개혁을 요청하면서 경건하고 의로운 체하는 사람들이라며 빈정거리는 데서 고안된 말이었다. 하지만 결국 "청교도"는 잉글랜드국교회(Church of England)를 내부에서 정화할 것을 목표로 하는 개신교 운동가들을 가리키는 말로 사용되었다.

잉글랜드 청교도들은 종교개혁에 대해 주요한 세 가지 주장을 하였다.

첫째, 청교도들은 설교를 하나님 말씀에 기초해야만 한다고 했다. 그들은 단지 피상적으로 성경을 해석하는 것으로 그치지 않고 심오한 해석을 요구했다. 그들에게 설는 자신이 무엇을 배웠는지를 단순히 나열하거나 진부한 윤리적 내용을 설명하는 것으로 그치는 것이 아니다. 설교는 매우 주요한 사역이기에 한 편의 설교에는 오랜 시간이 걸린다(당시 청교도들의 설교는 일반적으로 1시간 넘게 걸렸다). 그리고 설교는 성경의 영적인 내용을 열어주는 역할을 해야 하는 것이다.

둘째, 청교도들은 주일이 기독교인의 안식일로 성수되어야 한다고 주장했다. 주일은 예배, 휴식과 함께 주님을 위한 사역을 감당하는 날이기에 사람들이 즐기는 세상의 오락이나 놀이들은 의도적으로 금지하고 피해야만 한다는 것이다.

셋째, 청교도들은 성도의 마음에서 일어나는 참된 신앙을 가장 중요한 것으로 강조하면서 체험적 기독교를 강조했다. 청교도들이 주장하는 참된 신앙은 부모로부터 물려받거나 하늘에서 갑자기 떨어진 것이 아니라 그리스도와의 실재적인 관계를 통해 성도의 내적 변화가 일어나는 것을 의미했다.

청교도들은 그들의 교회 내부의 예배가 지니고 있던 로마 가톨릭의 여러 잔재들을 반대하고 성경에 근거해 주일 아침마다 예배를 드리도록 요구했으며 세례 예식에서 십자가 성호를 긋는 행위와 성직자들이 구별된 예복(vestments)을 입는 모습에 반대했다. 그리고 그들은 성만찬 예식에서 무릎을 꿇는 행위나 오르간을 사용하고 기독교 성상(Christian images)을 사용하는 것도 비판했다. 이러한 비판으로 인해 청교도들은 실제로 일부 사람들에게서 기독교 예술을 파괴한다는 비난을 받기도 했다. 수많은 청교도는 성경에서 발견할 수 없는 어떤 행위나 의식도 예배에서 제거되어야 한다는 "규제 원리"(regulative principle)로 알려진 엄격한 규칙을 채택했는데 이 규칙은 잉글랜드국교회에 대해 청교도가 요구했던 개혁적인 주장들을 명확하게 담고 있다.

청교도들이 바라는 진정한 개혁의 종착점은 죄인인 인간이 하나님 말씀을 받아들이고 이해하면서 상상해 낼 수 있는 모든 인간적 요소를 배제하는 것이었다. 청교도들은 종교적 형식이나 외양이 아니라 하나님 말씀과 성령만이 인간을 구원한다는 믿음을 가졌기 때문에 그들은 무엇보다 이웃들이 인격적으로 하나님을 만나도록 도왔으며 이를 추구하였다.

청교도 운동 초기, 그들은 의회와 상류사회에서 상당한 지지를 받았으며, 심지어 한 때는 엘리자베스 여왕도 그들을 지지했다. 하지만 여왕은 급진적 종교개혁에 대한 청교도들의 요구를 거절했다. 1603년, 여왕이 죽자 제임스 1세(James I, 1603-25)가 왕위를 계승했는데 그는 청교도들의 주장에 적대적이었다. 제임스 1세는 스튜어트 가문 출신으로, 스코틀랜드에서 칼빈주의자로 성장했던 인물이다. 따라서 청교도 지도자들은 제임스와 그의 통치에 많은 기대를 걸었다. 청교도들은 왕위에 오르기 위해 런던으로 떠나는 제임스를 만나 "천인 청원"(Millenary Petition, 일천 명의 성직자의 요구를 대표하기에 붙여진 이름)을 제출했다. 이 청원은 왕위에 오른 제임스가 청교도들의 요구를 지원해 달라는 내용을 담고 있었다. 제임스는 의회를 개최해서 청교도들의 불만을 듣기는 했지만 감독제도(episcopacy)를 폐지해달라는 요구는 거절했다. 그리고 왕은 점차 청교도들과 멀어져갔다. 오히려 제임스는 "감독 없이는 왕도 없다"(No bishop, no king)고 단호히 선언했는데, 이는 잉글랜드의 국가 교회의 계급적 통치의 약화는 그의 권위도 역시 약화시킬 것이라고 생각했기 때문이었다. 그는 킹제임스버전(King James Version)으로 잘 알려진 성경을 번역하도록 후원해서 7년만인 1611년에 완성하도록 돕기도 했다. 하지만 제임스는 변화를 요구하는 청교도들의 의견을 줄곧 무시하거나 억압했다.

제임스의 아들인 찰스 1세(King Charles I, 1625-49)는 청교도들에게 더욱 적대적이었다. 그는 프랑스 출신이자 로마 가톨릭 신앙을 소유한 마리아(Henrietta Maria)와 결혼했다. 찰스는 의회 없이 10년 이상을 통치했고, 1633년에는 열렬한 청교도 반대파인 윌리엄 로드(William Laud, 1573-1645)를 캔터베리 대주교에 임명했다. 찰스와 로드는 함께 잉글랜드 전역에 극단적인 고교회 정책을 시행하고 이를 거부하는 사람들을 체포해서 감옥에 가두었다. 공포에 질린 많은 청교도는 그들의 은신처에 숨어 목숨을 구할 수 있었고, 심지어 해외로 도피해야만 했다.

많은 사람이 교회를 개혁하기 위한 최선의 방법으로 외국 이주를 선택했다. 이런 사람들 중 일부는 청교도들로 신앙생활을 자유롭게 할 수 있는 신대륙인 뉴잉글랜드를 찾아갔다(이들이 주로 매사추세츠 만 식민지를 건설하였다). 그러나 청교도들 대부분은 영국에 남아 있었기에 그 긴장은 높아져만 갔다.

1642년 즈음, 영국에서 전면적인 청교도 혁명이 일어났다. 청교도들은 의회를 통제하고 새로이 훈련시킨 저항군을 조직해 영국 대부분의 지역을 빠른 시간 내에 통치할 수 있었다. 혁명이 진행되면서 청교도들은 1645년에는 윌리엄 로드를, 1649년에는 찰스 1세를 처형하였다. 1649년부터 1650년대 말까지 청교도들은 잉글랜드 정부를 실질적으로 운영하였다. 의회 의원이자 혁명군의 지도자였던 올리버 크롬웰(Oliver Cromwell, 1599-1658)은 청교도의 강력한 수장으로 명성을 떨쳤다. 1653년 크롬웰은 런던에서 의회를 해산하고 호국경(Lord Protector)의 자리에 올랐다.

하지만 크롬웰이 죽고 나서 왕정을 중단시켰던 청교도 통치는 막을 내리게 되었다. 크롬웰의 아들인 리차드(Richard, 1626-1712)가 권력을 계승했지만 그는 국가를 통치할 인물이 못되었다. 이로 인해 왕정이 복고되어 찰스 2세(Charles II, 1660-85)가 왕의 자리에 올랐다. 찰스 1세의 아들인 찰스 2세는 은신하던 처지에서 왕이 되자 청교도들을 심하게 핍박했다. 왕이 되고 나서 20년 동안 찰스 2세는 여러 법을 통과시켰는데 이 모든 법은 청교도들과 그들이 진행한 개혁들을 불법으로 만들어 버리는 내용을 담고 있었다. 이 법들로 인해 약 2,000명의 청교도 목회자들이 성직을 박탈당해야 했다. 결국 찰스 2세는 로마 가톨릭 신앙을 고백하면서 죽었다. 1685년에는 찰스 2세의 뒤를 이어 그의 형제이자 열렬한 로마 가톨릭 신자였던 제임스 2세가 왕위를 계승하였다.

이 무렵 영국 국민은 로마 가톨릭 신앙을 지닌 왕과 더 이상 함께할 수 없었기에 개신교 신앙을 가진 오렌지의 윌리엄(William of Orange, 1688-1703)을 영국의 왕으로 추대했다. 이와 함께 청교도 운동도 쇠퇴하게 되었다. 청교도들의 정신의 일부는 비국교도 목회자들에 의해 형성되었고(이들은 잉글랜드 내의 세워진 교회들에 반대하고 그로부터 스스로를 구분했다), 약 50년 후 영국의 대각성 운동에 일조했다. 그러나 청교도 운동 그 자체는 잉글랜드의 교회를 발전시키는 데 실패했고, 대영제국 밖에서만 지대한 영향을 미쳤다.

2. 유럽 대륙 경건주의

17세기 후반, 잉글랜드의 청교도들처럼 중부 유럽에서는 경건주의자들이 교회 갱신을 요구하기 시작했다. 국가 교회 체제에서 죽은 정통주의 문제와 30년 전쟁으로 인해 정신적, 도덕적으로 피폐한 상태에 이르게 되자, 경건주의자들은 그들의 마음에 열정과 감동을 주는 기독교 경건을 추구했다. 그렇게 요구된 기독교 경건은 기독교인으로서 실생활을 강조하면서 일상생활에서 불신자들과 구별되어 살게 하는 신앙을 증진시키는 내용을 담고 있었다.

경건주의자들은 마틴 루터(Martin Luther, 1483-1546)가 종교개혁을 일으키면서 기독교 교리에만 관심을 둔 것이 아니라 실천적인 면에서도 개혁을 추구했음을 환기시켰다. 초기 경건주의자들은 주로 독일인로, 루터란 지역에서 일어났다. 종교개혁을 일으킨 루터에 대한 그들의 호소는 일종의 전략이었다. 경건주의자들이 추구한 중요한 프로젝트 중의 하나는 성경 연구와 공동기도를 위한 소그룹 운동의 증진이었다. "경건의 모임"(collegia pietatis 또는 ecclesiolae in ecclesia)으로 알려진 이 소그룹들은 현대 기독교의 셀그룹과 비슷한 역할을 하는 것이었다. 소그룹 운동은, 모든 구성원이 국가적으로 통일된 신앙 형태를 성실히 따르면서도 신앙의 개인적 표현을 허용했다.

경건주의 운동은 루터파 목회자와 신학자로서 다수의 저서를 남긴 요한 아른트(Johann Arndt, 1555-1621)와 같은 사람들의 헌신에 기초해서 필립 야콥 슈페너(Philipp Jakob Spener, 1635-1705)가 일으켰다. 슈페너는 슈트라스부르크에서 수학하고 그 도시와 프랑크푸르트에서 목회활동을 했다. 그는 프랑크푸르트에서 일주일에 두 번, 교구민들을 자신의 가정으로 초청해서 "경건의 모임"을 시작했다. 사실 오래 전부터 이런 소그룹 모임은 다른 지역에서도 존재하고 있었기에 슈페너는 이 모임을 위한 가정을 제공했을 뿐이었다. 1675년, 슈페너는 프랑크푸르트에서 교회를 섬기며 기독교 영성의 고전이 되는 작품을 출판하게 되는데 이것이 바로 『경건의 열망』(Pia Desideria)이다. 이 책은 경건주의 운동을 대표하는 고전작품이 되었다. 슈페너는 이 책에서 하나님이 경건주의자들을 독일 교회를 일으키는 데에 사용하실 것이라고 주장하면서 교회 개혁을 위해 "여섯 가지 제안"을 했다.

첫째, 슈페너는 기독교인이 무엇보다 개인적으로 성경 연구에 힘써야 할 것을 강조했다. 성경이야말로 하나님과 동행하는 데에 가장 유용한 도구이기 때문이다.

둘째, 평신도들은 그 유명한 루터의 만인제사장설에 기초해서 사랑으로 서로 섬기면서 성직자의 역할을 수행해야 한다.

셋째, 기독교 신앙의 실천을 강조했다. 기독교는 단지 교리로만 이해할 수 있는 종교가 아니기 때문이다.

넷째, 모든 신학적 충돌에 대해서는 너그럽게 다룰 것을 제안했다. 슈페너는 기독교인에게 정말 중요한 것은 교리적인 차이가 아니라 사람의 마음을 변화시키는 것이라 믿었다.

다섯째, 슈페너는 학문적 신학연구를 재구성할 것을 주장했다. 신학생과 신학 교수 모두 경건에 대한 높은 기준이 요구된다는 것이다.

여섯째, 슈페너는 당시 개신교 내에서도 설교의 개혁을 제안했는데 설교는 주로 청중들에게 교리 교육을 하는 것이 아니라 성도들의 마음에 감동을 주어야 한다고 생각했기 때문이다.

슈페너와 그의 작품 『경건의 열망』은 종교개혁 정신과 큰 차이가 없는 주장이었음에도 불구하고 목회자들 가운데 많은 논쟁을 불러일으켰다. 결국 슈페너는 이 책으로 인해 많은 목회자와 적대적인 관계가 되었다. 1686년, 그는 이를 피해 삭소니 지방으로 이주하여 드레스덴에서 법정 설교자로 사역했다. 하지만 삭소니의 라이프치히대학교(University of Leipzig)를 중심으로 많은 적대자들이 생겨 경건주의 운동을 심하게 반대하는 상황에 처하게 되자 5년 후 슈페너는 베를린으로 이주하여 다시 교구를 관리하는 목회자가 되었다. 베를린에서 슈페너는 경건주의 운동의 중심적인 역할을 감당하는 할레대학교(University of Halle)를 설립하는 데에 힘을 모으기도 했다.

경건주의에서 슈페너 다음으로 유명한 지도자는 루터파 학자인 아우구스트 헤르만 프랑케(August Hermann Francke, 1663-1727)를 들 수 있다. 독일의 에르푸르트(Erfurt)와 킬(Kiel)에서 철학과 신학을 공부한 그는 라이프치히대학교에서 강의를 시작했다. 프랑케는 이곳에서 슈페너와 만난 후 친밀한 관계를 유지하면서 경건주의 운동을 수용하게 되었다.

프랑케는 대학에서 『경건의 열망』을 교재로 채택하여 성경 공부 소그룹 운동을 이끌었으며, 지적인 합리성보다는 헌신적인 합리성을 추구했다. 이 운동으로 학교 내부에서부터 새로운 부흥이 일어나 라이프치히 전역으로 확산되었다. 하지만 학자와 경건주의자로서의 명성에도 불구하고 프랑케는 라이프치히대학교에서 해고되어 새로이 설립된 할레대학교의 교수로 부름을 받아 사역을 이어갔다. 프랑케는 이후 여생을 보낸 할레대학교에서 목회 사역을 감당하며 학생들을 교육하고 고아원과 가난한 사람들을 위한 학교, 약국, 기독교 출판사 등을 설립했다.

경건주의 운동 자체는 그리 오랜 기간 지속되지 못했지만 이 운동이 남긴 실천과 기독교적 이상에 대한 교훈은 이후의 기독교, 특별히 복음주의 운동에 지대한 영향을 미쳤다. "경건의 모임"과 같은 소그룹 운동은 전 세계에 확산되었다. 경건주의자들은 평신도를 대상으로 하는 성경 출판을 위한 표준들을 마련하기도 했다(이를 위해 할레에 있는 경건주의 출판사에서는 그 지역의 방언으로 기록된 성경을 출판했다).

경건주의자들은 개신교 역사에서 가장 많은 선교사를 외국으로 파송했다. 약 60명의 경건주의 선교사들이 할레대학교에서 파송되었는데 이러한 놀라운 선교 사역은 당시 많은 목회자를 감동시키고 그들에게 영감을 불어넣었다.

슈페너처럼 프랑케도 경건주의자들을 하나로 묶는 역할을 했다. 또한 프랑케는 경건주의 운동이 독일 지역 루터파 교회들뿐만 아니라 유럽의 다른 지역(덴마크, 네덜란드 등)으로 전파되는 데도 중요한 역할을 감당했다. 그러한 "제2의 종교개혁"(Nadere Reformatie)은 청교도 운동과 함께 여러 경건주의 운동을 통해 확인할 수 있다.

3. 대서양을 건넌 대각성 운동

프랑케 자신은 인식하지 못했지만, 그는 대각성 운동을 준비하는 역할을 했다. 중부 유럽에서 발생한 경건주의 운동은 여러 지역에 영향을 미쳤다. 상대적으로 경건주의가 강한 지역에서 부흥 운동이 발생했다. 중부 유럽에서 일어난 대각성 운동을 이끌었던 지도자는 할레대학교에서 프랑케에게 수학했던 진젠도르프(Nikolaus Ludwig Count von Zinzendorf, 1700-1760)였다.

진젠도르프는 삭소니 출신의 부유한 귀족으로 자신이 소유한 넓은 사유지에 기독교 공동체를 설립했다. 그는 드레스덴에서 출생해서 할레대학교와 비텐베르크대학교(University of Wittenberg)에서 수학하고, 이후에 네덜란드와 프랑스를 여행했다. 그는 잠시 법원에서 일하기도 했지만 프랑케의 제자로 경건주의 운동을 통해 복음 사역에 대한 열정을 품게 되었다. 진젠도르프는 1722년부터 이주민인 모라비안(Moravian)들이 자신의 영지인 헤른후트(Herrnhut, "주님의 감시"를 뜻하며 그의 사유지의 언덕에 위치했기에 붙여진 명칭이다)라고 불리던 지역에 살도록 해주었다. 개혁사상으로 인해 순교했던 보헤미아 지역(체코 지방)의 얀 후스(Jan Hus, 1372-1415)의 후예인 모라비안들은 모라비아 지방(보헤미아의 동편)에 정착했던 후스파로 온건한 성향을 가지고 있었다.

그리고 그들은 우니타스 프라트룸(Unitas Fratrum), 즉 공동형제단(United of Brethern)을 세웠다. 30년 전쟁의 결과로, 공동형제단은 여러 지역으로 흩어졌다가 진젠도르프의 지도 아래 함께 모여 공동체를 형성하면서 삭소니에서 신앙의 부흥을 일으켰다.

그들의 공동체는 신앙의 자유를 찾는 여러 프로테스탄트들(모라비안들, 독일 루터파들, 개혁파들, 재세례파들)에게 안식처를 제공하고 기독교의 국제적인 연합의 새로운 모델을 제시했다. 모라비안 공동체에서 생활하기 위해서는 개인의 신앙규칙을 제출하고 선교 사역에 참여하는 정신을 보여주어야 했다.

모라비안들의 선교에 대한 열정은 여러 방면으로 영향을 미쳤는데 그 중 하나가 바로 영국에서 일어난 대각성 운동이었다. 영국에서 부흥운동의 빛이 된 존 웨슬리(John Wesley, 1703-91)는 모라비안의 사역 아래서 회심을 체험했다. 존 웨슬리는 아버지 사무엘 웨슬리(Samuel Wesley)와 어머니 수산나(Susannah)의 열다섯 번째 자녀로 엡워스(Epworth)에 위치한 목회자 사택에서 태어났다. 웨슬리가 다섯 살 때에 집에 화재가 나서 불속에서 간신히 구출되었는데 이 체험을 통해 그는 자신을 "불속에서 꺼낸 불 꼬챙이"(암 4:11)라고 생각하면서 특별한 사명을 위해 하나님이 기적을 통해 자신을 보호하셨다는 믿음을 가지게 되었다.

옥스퍼드대학교에서 학사와 석사 학위를 마친 후에, 웨슬리는 루트

(Wroot)에서 아버지의 목회 사역을 도왔다. 1729년, 웨슬리는 다시 옥스퍼드로 돌아와 새로운 신앙모임에 참가하게 되었는데 이는 독일 경건주의 운동의 "경건의 모임"을 모범으로 해서 그의 동생인 찰스 웨슬리(Charles Wesley, 1707-1788)가 시작한 모임이었다. 1730년까지 성경벌레들(Bible Moths)이나 규칙주의자들(Methodists)로 불린 "홀리 클럽"(Holy Club)은 다섯 명의 핵심 위원들이 운영하고 있었다. 1740년, 하나님의 뜻 가운데 웨슬리 형제와 조지 휫필드가 분열되긴 했지만 이들 모두는 교회를 개혁하는 대중 운동을 앞에서 이끄는 지도자들로 성장했다.[3]

1735년 후반부터 1737년까지 웨슬리 형제는 영미 식민지였던 조지아 선교에 참가할 기회를 가지게 되었다. 조지아 총독이던 제임스 오글솔프(James Oglethorpe, 1696-1785)가 존을 선교지에 거주하는 영국인 담당 목회자로, 찰스를 행정 담당 비서관으로 초대했던 것이다.[4] 하지만 웨슬리 형제의 선교 사역은 실패로 끝나고 말았다. 존 웨슬리는 인디언들에게도 설교하고 복음을 전하고자 했지만 영국인에게만 목회 사역을 집중해주기 원했던 총독은 이를 방해했다. 그리고 존은 소피 홉키(Sophy Hopkey)란 여자를 사랑했지만 실패하고 말았다. 웨슬리 형제는 개척자들과도 어려움을 겪어야 했다. 개척자들은 대부분 거친 사람들로 그들 중에는 범죄 경력을 가진 사람들도 상당수 있었다(조지아는 북쪽으로는 영국 식민지와 난폭한 스페인 탐험가들, 남쪽으로는 인디언들 사이에 완충지대로 건설되었기에 원래 가석방자들이 많이 살던 곳이었다).

여러 어려운 문제들에도 불구하고, 신대륙에서의 경험은 존 웨슬리

---

[3] Wesley와 함께 한 홀리 클럽 출신들 역시 부흥 운동을 도왔다. 그들 중에 가장 유명한 Benjamin Ingham(1712-72)은 능력있는 설교자로 요크셔에서 사역을 감당했으며 후에 모라비안 운동에 참가하였다.

[4] Wesley의 친구들인 Benjamin Ingham과 Charles Delamotte(1714-86)가 Wesley 형제와 동행하였다.

의 인생에서 중요한 이정표가 되었다. 그 중 하나가 바로 모라비안들과의 만남이었다. 존 웨슬리는 대서양을 횡단하는 도중에 진젠도르프를 추종하는 모라비안들과 함께 한 배를 타고 여행하게 되었다. 여행 도중 엄청난 폭풍우를 만나자 존 웨슬리는 배에서 거의 초죽음이 되어버린 반면, 모라비안들은 침착하게 하나님을 의지하는 놀라운 신앙의 모습을 보여주었다. 존 웨슬리의 기록에 따르면, 1736년 1월 25일, 심한 폭풍우가 불어오자, 모라비안들은 예배를 드리기 위해 함께 모였다고 하면서 다음과 같이 기술하고 있다.

> 모라비안들의 예배가 시편을 읽으면서 시작되자, 파도가 크게 일어나 배의 돛대를 부숴버렸고, 배를 덮어버려 바닷물이 배안으로 밀려 들어왔다. 커다란 파도는 이미 우리를 삼켜버린 상태였다. 끔찍한 비명소리가 영국인 사이에서 들려오기 시작했다.
> 그런데 그 비명 가운데 독일인이(모라비안) 조용히 찬양하는 소리가 들려왔다. 나는(존 웨슬리) 훗날 그 사람들 중의 한 사람에게 "당신은 두렵지 않습니까?"라고 물었다. 이에 대해 그 사람은 말하기를, "나는 하나님께 감사합니다. 나는 두렵지 않습니다." 내가 다시 묻기를 "하지만 당신의 아내와 아이들이 두려워하지 않습니까?" 그는 온화하게 대답했다. "네, 아내와 아이들도 죽는 것을 두려워하지 않습니다."[5]

하나님의 섭리를 의지하는 모라비안들의 신앙에 충격을 받은 존 웨

---

5   Elizabeth Jay, ed., *The Journal of John Wesley: A Selection*(Oxford: Oxford University Press, 1987), 15.

슬리는 "울부짖으며 두려워떨고 있는 영국 사람들에게 가서 고난의 때에 하나님을 두려워하는 자신과 하나님을 두려워하지 않는 자신 사이에 차이가 있음"을 지적했다.[6] 존 웨슬리는 매일 독일어를 공부해서 모라비안들과 의사소통할 수 있는 수준까지 이르게 되었다. 선교사로서 실패하고 잉글랜드로 돌아와 낙심해 있을 때, 존은 비록 인디언들을 회심시키기 위해 조지아에 갔지만 사실 자신이야말로 회심이 필요한 존재임을 깨닫게 되었던 것이다.

존 웨슬리는 잉글랜드로 돌아와 런던에서 모라비안들과 자주 교제하는 기회를 가졌다. 모라비안들 역시 당시에 영적 부흥을 전하면서 그들의 선교 사역을 도와줄 헌신자들을 찾고 있었다. 이러한 서로의 필요로 인해 존 웨슬리는 젊은 모라비안 목회자인 피터 뵐러(Peter Böhler, 1712-1775)와 우정을 나누는 친구가 되었다. 존 웨슬리는 영적으로 많은 노력을 기울였고, 뵐러는 하나님이 그의 영혼을 새롭게 하시리라는 확신을 가지도록 도전했다. 뵐러는 이런 노력의 일환으로 존 웨슬리가 런던의 페터레인신도회(the Fetter Lane Society)라고 불리는 모라비안 소그룹 모임에 참여하도록 설득했다. 시간이 지나면서 웨슬리 형제는 신앙의 열정을 지닌 모라비안들과의 만남을 통해 자신들의 영적 상태에 대해 깊은 불안감을 가지게 되었다.

찰스가 먼저 1738년 5월 21일에 극적인 회심을 체험하였다. 3일 후에는 런던의 올더스게이트 거리(Aldersgate Street) 모임에 참석한 존이 루터의 로마서 서문을 읽는 중에 갑자기 마음이 뜨거워지면서 회심을 체험하게 되었다. 존이 당시 기록한 내용은 다음과 같다.

---

6   Ibid.

나는 그리스도를 확실히 믿고 있음을 느꼈다. 그리스도만이 우리를 구원하실 수 있으며 그분이 나의 죄를 소멸해서 죄와 사망의 법에서 구원하셨다는 확신을 가지게 되었다.[7]

이처럼 존 웨슬리도 회심을 체험하고 구원의 확신을 가지게 되었다. 그리고 웨슬리의 올더스게이트 회심은 결국 세계를 변화시키는 계기가 되었던 것이다.

바로 그 다음 주일에 웨슬리는 오직 하나님의 은혜로(sola gratia), 오직 믿음으로(sola fide), 오직 그리스도(solus Christus) 안에서 의로움을 얻는다는 성경적 칭의론에 대해 설교했다. 헤른후트 공동체를 떠나고 나서 3주 후에 존 웨슬리는 진젠도르프를 개인적으로 만났다. 진젠도르프는 영적 상태를 체크할 수 있는 매우 민감한 영혼의 소유자였다. 이 두 사람은 잉글랜드에 새로운 복음주의 운동을 일으킨 대각성 운동의 지도자로서 그들의 여생을 보냈다.

찰스 웨슬리는 기독교 역사에 길이 남을만한 찬송시 작가가 되었다. 찰스 웨슬리는 설교도 많이 남겼지만, 그가 작성한 약 7,000곡의 찬송시 중에 약 5,500개의 찬송시에 곡이 붙여져 찬송가로 불려졌다. 존 웨슬리는 전 세계로 확산되는 감리교 운동의 창시자가 되었고, 이를 통해 복음주의 역사에 지대한 영향을 미친 인물 중의 하나가 되었다.

존은 이후 약 50년간 4만 2,000편의 설교를 하였고 이를 위해 말을 타고 매년 8,000마일을 여행하였다. 존은 죽음 직전에는 영국에서만 7만 1,668명의 신실한 감리교인을 목회하는 294명의 감리교 목회자들의 수장이 되어 있었다. 감리교 운동은 대서양을 건너 미국에도 전파되어 당

---

7   Ibid., 34-5.

시 4만 3,265명의 신실한 미국 감리교인을 보유하였다.

영국 이외의 지역에서도 여러 지도자가 대각성 운동 기간에 많은 활약을 펼쳤다. 웨일즈에서는 하웰 해리스(Howell Harris, 1714-1773)가 탁월한 부흥설교자로 명성을 떨쳤다. 1735년, "웨일즈 부흥의 새벽별"로 불리는 그리피스 존스(Griffith Jones, 1683-1761)가 집례한 성찬식에서 회심을 체험한 해리스는 웨일즈에서 칼빈주의적 감리교를 건설하고자 하였다. 스코틀랜드에서는 에베네저 얼스킨(Ebenezer Erskine, 1680-1754)이 이끄는 목회자들이 자주 야외에서 복음을 전하며 설교했다. 1742년, 이러한 노력들이 대부흥으로 이어져서 목회자인 윌리엄 맥쿨로히(William McCulloch, 1691-1771)는 캠버스랭(Cambuslang)에서 그리고 제임스 로브(James Robe, 1688-1753)는 킬시스(Kilsyth)에서 부흥을 일으켰다.

대각성 운동 기간 동안 세계적으로 가장 유명했던 설교자는 국제적으로 부흥 운동을 이끌었던 조지 휫필드(George Whiltefield, 1714-1770)일 것이다. 그는 웨슬리 형제와 하웰 해리스의 친구이기도 했다. 휫필드는 글로스터(Gloucester)에서 가난하게 태어나 1살 때 아버지를 여의고 벨 여관(Bell Inn)을 운영하는 어머니를 도우면서 살았다.

1732년 가을에 휫필드는 옥스퍼드 펨브로크대학(Pembroke College)에 입학해서 근로장학생으로 공부했다. 1733년에는 웨슬리 형제가 인도하는 "홀리 클럽"에 참여하고 1735년 사순절 기간에 회심을 체험했다. 1736년에는 잉글랜드국교회 목회자(deacon)로 안수를 받았다. 1738년 선교를 위해 조지아로 향하는 웨슬리 형제들과 함께 동행해서 그 지역에 고아원을 설립하기도 했다.

같은 해 잉글랜드로 돌아온 휫필드는 야외에서 원고 없는 설교를 시작했다. 이는 당시 얼스킨과 해리스 등의 설교 방식을 따른 것이었다. 휫필드는 자신의 설교로 사람들을 매혹시킬 수 있는 대단한 능력을 가지고 있었기에(심지어 "메소포타미아"라는 단어를 발음하는 것만으로도 사람을 녹일 수 있었다) 수많은 군중이 그가 전하는 메시지를 듣고자 모여들었다. 신문들은 휫필드의 독특한 설교스타일과 평생 그에게 육체의 가시가 된 사시(crossed eyes)를 조롱하기도 했다.

하지만 이러한 여러 어려움에도 불구하고 휫필드는 당대에 전 세계에서 부흥 운동을 이끄는 가장 뛰어난 지도자로 부상하게 되었다.

존 웨슬리가 대각성 운동의 특징 중 하나가 된 야외설교를 하도록 한 장본인이 바로 휫필드이다. 웨슬리는 휫필드가 자신의 조지아 선교에 함께 동행하도록 설득했다.

조지 휫필드
(George Whitefield)

National Portrait Gallery,
Smithsonian Institution의 허락하에 사용

1739년 3월 휫필드는 미국에서 당시 설교 사역을 준비하고 있었고 동시에 브리스톨 교외 지역에서 주요한 부흥 운동을 이끌고 있었다.

자신의 전도 여행으로 인해 브리스톨 사람들이 복음을 듣지 못할 것을 염려한 휫필드는 웨슬리에게 도움을 요청하는 편지를 썼다. 웨슬리는 자신이 비록 복음설교를 해야할 필요가 있다고 믿었을지라도 그는 정당성을 중요시 여기는 고교회파 국교도였다. 웨슬리는 자신의 일기에서 다음과 같이 고백한다.

> 나는 익숙하지 않은 야외설교에 대해 상당히 염려했다. 나는 예식 혹은 질서와 연관된 모든 요소를 고집했다. 나는 영혼 구원 사역이 교회 안에서만 이루어져야 한다고 생각하고 있었다.[8]

그럼에도 휫필드가 야외설교를 고집하자 웨슬리는 1739년 4월 2일 "브리스톨에 인접해 있는 평지에서 약간 높은 곳에 올라 약 3,000명의 사람들에게 구원의 기쁜 소식을 생동감있게 선포하였다".[9]

휫필드의 두 번째 미국 여행은 대성공을 거두었다. 실제로 그는 다섯 번에 걸쳐 미국 전도 여행을 했는데 마지막 여행 도중에 하나님의 부르심을 받아 매사추세츠 지역에 안장되었다(오늘날도 많은 사람이 뉴베리포트에 있는 그의 무덤을 방문하고 있다).

휫필드는 7,500회에 걸쳐 설교했으며 수십만 명의 사람들에게 복음을 전하였다. 휫필드의 설교를 들었던 당시 기독교인의 이야기를 직접 듣는 것은 불가능하다. 하지만 휫필드의 설교로 회심을 체험한 코네티

8　Ibid., 41.
9　Ibid.

컷 출신인 나단 콜(Nathan Cole, 1711-1783)은 휫필드가 복음에 대한 열정을 불러일으키는 설교를 했다고 다음과 같이 기술하고 있다.

> 하나님이 휫필드를 이 땅에 보내셔서 그의 설교를 필라델피아에서 들을 수 있게 된 것은 참으로 기쁜 일이었다. 수많은 사람이 그가 전하는 복음을 듣기 위해 몰려들었고, 회심하고 그리스도께 돌아오는 역사가 일어났다. 하나님의 영이 나를 확신 가운데 인도하고 계심을 느낄 수 있었다….
>
> 어느날 아침 8시와 9시 사이에 갑자기 어떤 사람이 와서 여러 사람들에게, "휫필드가 어제 하트포드(Hartford)와 웨더스필드(Wethersfield)에서 설교했고 오늘 아침 10시에 미들타운(Middletown)에서 설교한다"는 소식을 알려주었다. 이 소식을 듣고 나는 들판에서 일하다가 손에 든 연장을 놓고는 집으로 달려와 아내에게 미들타운에서 하는 휫필드의 설교를 듣기 위해 빨리 외출 준비를 하도록 했다. 그리고 혹이라도 늦어 그의 설교를 듣지 못할 것을 염려하며 말을 가져오기 위해 힘껏 목장으로 달려갔다.
>
> 나는 말을 집으로 가져와 아내를 태우고는 달릴 수 있는 최대한 빨리 달렸다. 말이 숨을 힘겹게 내뱉자, 나는 아내를 안장에 앉히고는 서거나 꾸물거리지 말고 가능한 빨리 말을 몰게 했다. 나는 말이 지치지 않게 하고자 말에서 내려 숨이 차기까지 달렸고 다시 말에 올라타기를 몇 번이나 반복했다. 결국 우리는 12마일을 1시간 좀 더 걸려 도착할 수 있었다. 높은 지대에서 내 앞에 구름과 안개가 뭉게뭉게 올라오는 것을 보았다.
>
> 나는 먼저 커다란 코네티컷 강과 거리를 두고 달리리라 생각했다. 하지만 내가 큰 길에 가까이 갈수록 말들이 달리며 내는 덜거덕 소

리를 듣게 되었다. 이 구름들은 말이 달리면서 만들어내는 먼지가 올라온 것이었다. 언덕과 나무 위를 넘어 멀리서 여러 막대기들이 하늘 위로 치솟아 올랐다. 내가 길에 있는 20개 정도의 막대기들을 보았을 때, 나는 그림자 같은 구름을 따라 달리고 있는 사람들과 말들을 볼 수 있었다. 내가 더 가까이 갔을 때, 그 사람들과 말들은 마치 끊임없이 흐르는 시내처럼 보였다. 땀으로 범벅이가 된 여러 말들이 아주 밀착해서 달리고 있었다….

우리는 그 무리들과 함께 내려갔다. 나는 약 3마일을 달리면서 어떤 누구도 한 마디 하는 것을 듣지 못했다. 모든 사람은 빨리 앞으로 가려고만 했다. 우리가 오래된 교회에 도착했을 때, 그곳에는 약 3,000-4,000명 정도의 많은 사람이 이미 모여 있었다. 우리는 말에서 내려 먼지를 떨어냈다.

이어 목회자들이 교회로 들어왔다. 나는 고개를 돌려 커다란 강을 보았는데 거기에는 나룻배가 빠르게 앞뒤로 움직이면서 많은 사람을 실어 나르고 있었다. 노젓는 사람들은 민첩하고 바르게 노를 젓고 있었다. 사람들, 말들, 배들 모두가 삶을 위해 투쟁하고 있는 것처럼 보였다.[10]

많은 사람이 삶과 투쟁하면서 그리스도 안에서의 새로운 삶을 이와 같은 기록으로 남겼다. 대각성 운동이 한창일 때, 많은 사람이 교회에 몰려들었다. 휫필드는 1739-45년 사이 미국에서 어떤 누구보다 많은 책을 출판하고 판매할 수 있던 당대 최고의 인물이었다. 휫필드는 그가

---

10 Ian Murray, *Jonathan Edwards: A New Biography* (Carlisle, PA: Banner of Truth Trust, 1987), 163-4.

얻은 대중적 인기로 인해 벤자민 프랭클린(Benjamin Franklin, 1706-90)의 「펜실베니아 가제트」(*Pennsylvania Gazette*)와 같은 유명 언론에서도 인지도가 높은 인물이었다.

1740년, 휫필드는 세계적인 복음 운동을 일으켰다. 일반 세속학자들이 휫필드의 사회적 중요성에 초점을 맞추는 경향이 있지만, 하나님은 그의 명성을 복음을 전파하는데 사용하셨다. 휫필드 이후 많은 복음주의 목회자가 그의 설교를 모범으로 삼는 이유가 여기에 있다. 사라 에드워즈(Sarah Edwards, 1710-58)는 다음과 같은 기록을 남긴다.

> 그[휫필드]가 성경의 명료한 진리를 전하면서 청중을 매혹하는 모습을 보는 것은 놀라운 일이었다. 나는 숨소리도 죽이고 조용히 그의 말에 열중하고 있는 수천 명의 사람들을 보았다.
> 때때로 억누르면서 흐느끼는 소리만이 들릴 뿐이었다. 그는 교육받지 못한 사람들에게 깊은 감동을 주었다. 교육받고 세련된 사람들도 역시 그의 설교에 감명을 받았다. 영국의 광부들은 그의 설교를 들을 때면 그들의 거무스름한 뺨 아래로 눈물이 흘러내려 하얀 고랑이 생긴다고 들었다.
> 이곳에서 그의 설교를 듣기 위해 기계공들은 가게 문을 닫았고 일용직 노동자들은 일하기를 포기했다. 이처럼 그에게 영향을 받지 않은 사람이 거의 없을 정도였다….
> 그는 사랑으로 뜨거운 진심을 담은 설교를 했다. 그리고 열변을 토했는데 어느 누구도 이를 거부할 수 없었다.[11]

---

[11] Ibid., 162.

미국에서 휫필드만이 부흥 운동을 이끌었던 것은 아니었다. 실제로 그는 많은 미국인 동료들과 함께 대각성 운동을 일으켰다. 뉴잉글랜드의 솔로몬 스토다드(Solomon Stoddard, 1643-1729)와 같은 청교도 후예들은 17세기 이후로 부흥 운동을 성공적으로 이끌었다.

이어 잉글랜드의 중부식민지에서 독일출신의 경건주의자인 테오도르 프렐링하이젠(Theodore Frelinghuysen, 1691-약 1747)이 1720년대 이후 네덜란드 이민자들로 구성된 교회에서 부흥을 일으켰고, 윌리엄 테넌트(William Tennent, 1673-1746)와 길버트 테넌트(Gilbert Tennent, 1703-64) 같은 스코틀랜드계 아일랜드 장로교인은 1730년대 이후로 뉴저지와 펜실베니아의 장로교회들에서 부흥을 일으켰다.[12]

남부지방에서는 1750년대 초 주로 버지니아와 북캐롤라이나에서 장로교 목회자인 사무엘 데이비스(Samuel Davies, 1723-61)와 침례교인인 슈발 스턴스(Shubal Stearns, 1706-71)가 부흥 운동을 이끌었다.

미국에서 가장 주요한 복음주의자로는 회중교회 목회자인 조나단 에드워즈(Jonathan Edwards, 1703-58)를 들 수 있다. 휫필드와 스코틀랜드의 뛰어난 여러 복음주의자들의 친구이기도 했던 에드워즈는 대각성 운동의 신학적 천재로서 짧은 시간에 명성을 떨쳤다.

그는 티모시 에드워즈 목사(Rev. Timothy Edwards)와 에스더 스토다드 에드워즈(Esther Stoddard Edwards, 솔로몬 스토다드의 딸)의 다섯 번째이자 유일한 아들로 코네티컷의 이스트 윈저(East Winsor)에서 태어났다. 에드워즈는 어린나이인 6살 때부터 라틴어를 공부했다. 13살이 되기 전에 이미 그는 헬라어와 히브리어로 책을 읽을 수 있었다.

---

12 Frelinghuysen은 독일에서 출생했지만, 그는 네덜란드개혁교회(Dutch Reformed Church)의 지원 아래 뉴저지의 래리탄 계곡에서 목회하였다.

조나단 에드워즈
(Jonathan Edwards)

Stockbridge Library
Assocation Historical
Collection의
허락하에 사용

1716년 9월 에드워즈는 겨우 12살의 나이에 예일대학교(Yale University)에 입학하였다. 1720년 가을, 대학을 졸업하고 1722년에는 석사학위를 받았다. 이 때 에드워즈는 개인적 회심을 체험한 것으로 보이는데 약 1721년 5월, 6월 정도로 추정된다. 에드워즈는 예일대학교에서 목회자가 되기 위한 준비를 했다. 그가 자신의 회심을 기록한 "개인이야기"(Personal Narrative)에서 회상하는 내용을 보면, 예일대학교에서 체험한 회심은 그의 삶과 정신이 참된 변화를 체험하는 놀라운 일이었다.

무엇보다 먼저 내가 기억하는 것은 하나님과 신적인 것들 안에 있는 달콤한 내적 기쁨의 발견이었다. 나는 디모데전서 1:17의 말씀, "영원하신 왕 곧 썩지 아니하고 보이지 아니하고 홀로 하나이신 하나님께 존귀와 영광이 영원무궁하도록 있을지어다 아멘"을 읽는데, 이제까지 경험하지 못했던 하나님의 영광스러움을 새로이 느낄 수 있었다. 지금까지 성경의 어떤 말씀도 이 말씀처럼 나에게 다가왔던 적은 없었다. 나는 이 말씀을 묵상하면서 그분이 얼마나 위대한 분이신지를 묵상했다. 또한 내가 천국에서 이 하나님을 즐기며 그분에게 사로잡혀 영원히 그분 안에 거한다면 얼마나 행복할지도 상상해 보았다. 이 말씀이 내게 계속 말씀하심으로 나는 그 말씀을 노래하였고 기도하기 위해 하나님께 나아갔다. 그리고 나는 이전 방식과는 아주 다르게 새로운 종류의 사랑으로 기도할 수 있었다….

대략 이 때부터 나는 그리스도, 구속 사역, 구원의 영광스러운 방식에 대한 새로운 종류의 이해와 생각들을 가지기 시작했다. 나는 때때로 마음으로 느끼는 달콤한 내적 감각을 가지게 되었다. 그리고 나의 영혼은 즐거운 생각들이 떠오르고 그것들을 묵상하도록 이끌렸다. 내 마음은 그리스도와 그분의 인격이 지닌 아름다움과 탁월함, 그리스도의 값없이 주시는 은혜로 인한 사랑스러운 구원의 방식에 관해 읽고 묵상하는데 시간을 보냈다….

그리고 나는 때때로 내적 즐거움을 발견했는데 이 기쁨으로 인해 깊은 묵상에 빠져들었다. 나는 이 기쁨을 어떻게 표현해야 할지 모르겠다. 이 세상의 모든 염려에서 벗어나 내 영혼이 고요하고 달콤한 세계로 나아가는 것이라고 밖에는 표현할 방법이 없다…자주 갑작스럽게 일어나는 신적인 것에 대해 내가 소유한 감각은 마음에서 열정이 되어 달콤하게 타오른다. 나는 이것을 어떻게 표현해

야할지 정말 모르겠다.¹³

　1722년 8월 에드워즈는 뉴욕에서 자신의 첫 목회지인 장로교회를 섬겼으며 얼마 후인 1723년 4월 집으로 돌아와 칭의론을 주제로 하는 그의 석사논문을 완성했다. 에드워즈는 이 논문을 1723년 9월 예일대학교 졸업식에서 라틴어로 발표했다.

　졸업 후 에드워즈는 코네티컷의 볼튼(Bolton)에서 설교를 시작하면서 회중교회에서 목회 사역을 감당했다. 이어 그는 1724년 여름부터 거의 2년에 걸쳐 예일대학교에서 선생으로 가르쳤지만 과도한 업무로 인해 힘들게 사역을 했다. 이어 에드워즈는 외할아버지인 솔로몬 스토다드(Solomon Stoddard)가 목회하는 노스햄턴교회에 부목사로 청빙되어 1726년 후반, 노스햄턴으로 이주하였다. 에드워즈는 1727년 2월, 목사 안수를 받고 사라 피어폰트(Sarah Pierpont)와 7월 28일 결혼했다. 1729년 2월 11일, 스토다드가 갑자기 하나님의 부르심을 받으면서 에드워즈는 약 700명의 교인이 출석하고 있던 노스햄턴교회의 담임목사가 되었다.

　에드워즈는 곧 대각성 운동을 예감케 하는 부흥을 이끌었다. 1734년 그는 30대 초반에 (예일대학교 석사 논문에 기초하여) 현재까지도 복음주의의 중요한 신학적 교리 중의 하나인 칭의론에 대한 연속설교를 시작했다. 에드워즈가 깨닫기 전부터 이미 부흥은 시작되어 수많은 지역 주민이 회심을 체험하는 놀라운 일들이 벌어지게 되었다. 이 부흥은 코네티컷 리버 벨리(Connecticut River Valley) 지역의 다른 여러 교회에 확산되었다.

13　Jonathan Edwards, *Letters and Personal Writings*, ed. George S. Clayhorn, *The Works of Jonathan Edwards*, vol. 16(New Haven: Yale University Press, 1998), 792-93.

사라 피어폰트 에드워즈(Sarah Pierpont Edwards)

조셉 배드거 (Joseph Badger) 作 Mrs. Jonathan Edwards (Sarah Pierpont) (1710-1758)

유진 펠프스 에드워즈 (Eugene Phelps Edwards) 개인 소장 Yale University Art Gallery의 허락하에 사용

에드워즈는 부흥에 대한 기록을 남겼는데 이 책이 바로 『하나님의 놀라운 사역에 대한 신실한 이야기』(*A Faithful Narrative of the Surprising Work of God*, 1737)이다. 이 작품은 먼저 런던과 보스턴에서 출판되어 성령의 사역에 대해 세계적인 관심과 흥미를 일으켰고 독일과 네덜란드에서도 연이어 출판되었다. 에드워즈의 이야기는 존 웨슬리가 야외설교를 하도록 결정하는데 도움을 주었고 휫필드가 미국 여러 지방에서 복음의 약속에 대해 설교하게 하는 계기가 되었다. 몇 년이 채 안 되어, 서구 세계는 성령으로 불타올랐으며, 지역적인 부흥을 위한 다양한 노력들이 청교도들과 경건주의자들을 중심으로 널리 영향을 미치면서 국제적 대각성 운동으로 발전되었다.

대각성 운동이 절정을 이루었던 시기는 1740년대 초반이다. 유럽에서 시작된 하나님의 놀라운 사역은 성령께서는 인간이 예상하지 못하던 방식으로 교회를 세우신다는 믿음을 가진 미국과 서구 전체의 기독교인에게 영향을 미쳤다. 대각성 운동은 교회가 목도한 역사상 첫 부흥은 아니었지만 개신교인이 자신들의 편협한 인종적, 지역적, 교파적 관심을 넘어서서 선교에서 협력사역을 추구하게 된 첫 순간이었다.

에드워즈는 부흥 운동과 그 의미를 설명하는 여러 작품들을 통해 당시 어느 누구보다 많이 부흥에 대한 공통적인 증언들을 찾아냈다. 자신들이 체험한 표적과 이적을 이해하지 못해 힘들어하던 기독교인에게 에드워즈는 실재적이고 성경적인 설명을 제공했다. 이런 작품들로는 『성령 사역을 구별하는 표지들』(Distinguishing Marks of a Work of the Spirit of God, 1741), 『부흥론』(Some Thoughts Concerning Revival, 1742) 그리고 아주 주요한 작품인 『신앙감정론』(Religious Affections, 1746) 등이 있다.

칼빈주의자들은 하나님이 선택받은 자들만을 구속하신다는 자신들의 주장을 부흥 운동가들이 무시하고 대각성 운동을 무분별하게 이용해서 복음주의나 복음의 약속이 모든 사람에게 미칠 수 있다고 주장하는 문제에 대해 우려했다. 이 문제에 대해 에드워즈는 자신의 저서인 『의지의 자유』(Freedom of the Will, 1754)에서 "자연적 능력"(natural ability)과 "도덕적 무능력"(moral inability) 사이를 분명하게 구별하고 있다.

당시 일부 칼빈주의자들은 그들이 지닌 선택과 예정의 교리로 인해 복음을 그들 공동체 밖의 사람들에게 설교할 필요가 없다고 생각하기도 했다. 이는 신앙적 보수주의자들이 대각성 운동을 반대하는 오늘날에는 이상하게 볼 수 있는 생각일 것이다. 하지만 대각성 운동 기간 영국에서는 잘못된 전통이 하나 내려오고 있었는데 회개와 중생이 이방인에게 가능하다고 제안하는 것은 자신들의 감당할 수 있는 한계 밖의 일로 생각했던 것이다.

에드워즈 시대에 영국 침례교인 존 길(John Gill, 1697-1771)과 존 브라인(John Brine, 1703-65)은 올바르게 질서 잡힌 언약 공동체의 울타리 안에서만 회개와 중생이 이루어질 수 있다고 가르쳤다. 에드워즈의 신학은 대각성 운동으로 돌아가 자기 교파와 인종적 그룹들을 초월해서 그 영역 밖의 사람들에게도 복음을 전하려는 많은 복음전도자들에게 분명한 길을 제시해줄 수 있었다. 그것은 바로 비기독교인은 자기 스스로를 구원할 수 있는 능력을 가지고 있다는 말을 복음전도자들이 하지 않으면서도 복음을 자유롭게 설교할 수 있도록 길을 열어 준 것이었다.

대각성 운동은 종교적 논쟁을 불러 일으켰다. 부흥 운동은 오히려 가족들과 교회들, 공동체들을 분열시키고 개신교 세계 전체를 재편했던 대각성 운동도 분열시켰다. 1750년 6월, 에드워즈는 부흥으로 인해 악화된 여러 갈등으로 인해 노스햄턴교회에서 사임해야 했다.

1740년대 초에는 웨슬리와 휫필드 역시 서로 간 극복할 수 없는 신학적 차이로 인해 나뉘었다. 알미니안이었던 웨슬리와 칼빈주의자였던 휫필드로 인해 영국에서는 두 개의 다른 감리교 전통이 형성되었다. 모라비안들은 "선별의 시간"(the time of sifting, 1745-49)으로 알려진 기간 동안 고통을 겪어야 했으며 그동안 모라비안들 중 일부는 신학적으로 자제심을 상실하기도 했다.

하지만 대각성 운동은 세계적인 변화를 가져왔다. 정통주의 개신교인은 성령께서 이끄시는 새롭고 참된 다문화적 운동을 형성하면서 이제 세계적인 협력관계를 유지하게 되었다. 얼마 지나지 않아 대각성 운동은 복음 전파에 종사하는 전도자들에게는 오랜 시간 그들의 정체성을 형성해왔던 경계들보다 더욱 중요한 것이 되었다. 1742년 5월, 휫필드는 친구에게 다음과 같이 말했다.

만약 주님이 우리에게 분파와 분파적 열정에 매이지 않는 자유롭고 참된 보편적 정신(catholic spirit)을 주신다면 우리는 사역을 훨씬 더 잘 감당할 수 있을 것이다…하지만 우리 모두가 그리스도를 설교하면서도 서로 생각의 차이를 보이는 논쟁적인 문제들에서 빠져나오려고 하지 않는다면, 하나님은 우리를 더 이상 축복하지 않으실 것이다. 우리가 보편적 정신에 대해 아무리 떠들어댄다고 해도 우리가 그 말과 달리 행동한다면 우리는 사람들을 자신들의 분파로만 끌어들일 것이며, 그들을 올무에 매이게 할 것이다. 나는 주님께…내가 그 정신을 계속 유지하게 해달라고 기도한다.[14]

1740년대의 수많은 사람이 휫필드처럼 이런 기도를 드리고 있었다.

◆ 심화학습을 위한 도서 목록

Brown, Dale W. *Understanding Pietism*(Grand Rapids: Eerdmans, 1978). 경건주의 운동을 쉽게 소개해놓은 책이다.

Dallmore, Arnold A. *George Whitefield: The Life and Times of the Great Evangelist of the Eighteen-Century Revival*. 2 vols(Carlisle, PA: Banner of Truth Trust, 1970). 휫필드를 다루는 기독교 전기로, 주로 루크 타이만이 저술한 *Life of George Whitefield*에 기초한 내용을 담고 있는 책이다.

---

[14] George Whitefield, *A Select Collection of Letters of the Late Reverend George Whitefield*, 3 vols. (London: Edward & Charles Dillz, 1772), 1:393-4.

Hindmarsh, Bruce. *John Newton and the English Evangelical Tradition: Between the Controversions of Wesley and Wilberforce*. 1996, reprint(Grand Rapids: Eerdmans, 2000). 찬송가, "나같은 죄인 살리신"(Amazing Grace)을 작사한 저자의 뛰어난 학문적 연구와 잉글랜드 복음주의 운동에서의 그의 역할, 복음주의 운동에 대한 영국적 배경과 뉴튼의 결정적인 역할에 대해 잘 설명하고 있는 작품이다.

Lambert, Frank. *Inventing the "Great Awakening"*(Princeton: Princeton University Press, 1999). 미국 대각성 운동의 기준이 되는 학문적 역사서이다.

Marsden, George M. *Jonathan Edwards: A Life*(New Haven: Yale University Press, 2003). 에드워즈에 대한 학문적 전기이다.

Murray Ian H. *Jonathan Edwards: A New Biography*(Carlisle, PA: Banner of Truth Trust, 1987). 기독교 전기 전문가이자 에드워즈의 열렬한 추종자인 머레이가 저술한 작품이다. 머레이의 에드워즈는 실제의 에드워즈를 가려버리는 문제가 있다. 하지만 이 책은 기독교 관점에서 본 에드워즈의 일생과 목회에 대한 교훈적 내용들을 내포하고 있다.

Noll, Mark A. *The Rise of Evnagelicalism: The Age of Edwards. Whitefield, and the Wesleys. A History of Evangelicalism: People, Movement, and Ideas in the English Speaking World I*(Downers Grove, IL: InterVarsity, 2003). 18세기 영미(Anglo-American) 상황에서 복음주의 발생에 대한 설명을 담고 있다. 데이비드 베빙턴(David Bebbington)이 관여한 새로운 시리즈물 중의 일부이다(이 시리즈가 CLC에서 출판된다-편집자주).

Podmore, Colin. *The Moravian Church in England*, 1728-1760(Oxford: Oxford University Press, 1998). 잉글랜드 대각성 운동에 모리비안들이 끼친 공헌에 대한 최고의 연구이다.

Rack, Henry D. *Reasonable Enthusiast: John Wesley and the Rise of Methodism*. 2nd ed(Nashville: Abingdon, 1993). 존 웨슬리의 삶과 목회에 대한 아주 뛰어난 학문적 연구이다.

Stoeffler, F. Ernest. *Continental Pietism and Early American Christianity*(Grand Rapids: Eerdmans, 1976). 조금 시간이 지났음에도 여전히 도움을 주는 미국 경건주의자들의 영향에 대해 소개하고 있다.

Stout, Harry S. *The Divine Dramatist: George Whitefield and the Rise of Modern Evangelicalism*(Grand Rapids: Eerdmans, 1991). 휫필드의 목회 사역에 대한 여러 논쟁적인 해석을 담고 있다. 기독교인이 저술했지만 일반 세속적 관점으로 저술. 저자는 예일대학교에서 미국 기독교의 조나단 에드워즈 교수로 사역하고 있다.

Tracy, Joseph. *The Great Awakening: A History of the Revival of Religion in the Time ofn Edwards and Whitefield*. 1842. reprint(Carlisle, PA: Banner of Truth Trust, 1976). 복음주의 목회자와 부흥 운동가에 의해 저술된 대각성 운동에 대한 고전적 해석이다.

Ward, W. R. *The Protestant Evangelical Awakening*(Cambridge: Cambridge University Press, 1992). 미주와 유럽에서 일어난 대각성 운동에 대한 학

문적 연구. 특별히 부흥 운동이 유럽대륙에서 어떻게 일어났는지를 잘 다루고 있지만 비전문가들이 읽고 이해하기에는 다소의 어려움이 따를 수 있다.

Wood, Arthur Skevington. *The Burning Heart: John Wesley, Evangelist*(Grand Rapids: Eerdmans, 1967). 감리교 목회자이자 복음주의자인 저자가 웨슬리의 목회 사역을 친절하게 설명하고 있으며 복음주의자들에게 영감을 제공한다.

The American Evangelical Story

3장

새 부대 만들기

이르시되 너희는 나를 누구라 하느냐 시몬 베드로가 대답하여 이르되 주는 그리스도시요 살아계신 하나님의 아들이시니이다. 예수께서 대답하여 이르시되 바요나 시몬아 네가 복이 있도다 이를 네게 알게 하신 이는 혈육이 아니요 하늘에 계신 내 아버지시니라 또 내가 네게 이르노니 너는 베드로라 내가 이 반석 위에 내 교회를 세우리니 음부의 권세가 이기지 못하리라 내가 천국 열쇠를 네게 주리니 네가 땅에서 무엇이든지 매면 하늘에서도 매일 것이요 네가 땅에서 무엇이든지 풀면 하늘에서도 풀리리라 하시고(마 16: 15-19).

복음주의자들은 대체로 교회 사역을 유지해주는 제도화된 기관들을 필요로 하면서도 이러한 현실을 불편하게 생각하는 경향이 있다. 고상한 영적 운동이 지속적으로 진행되기 위해서는 현실적으로 계획, 조직, 여러 기관의 협력이 필요하다. 하지만 복음주의자들은 관료체제(bureaucracy)가 영적인 성령의 역사를 제한하고 억누를 수 있다고 보기에 이를 반대하는 입장이다. 따라서 복음주의자들은 실제로 사회질서와 기관들을 충분히 이용하지 못함으로 인한 여러 잘못을 범해왔다. 이처럼 복음주의자들은 다방면의 사회영역들을 복음으로 정복해가면서도 정작 하나님의 나라 사역의 다음 단계에 필요한 조직과 기관들을 소홀히 하는 경향이 있다.

그렇다고 복음주의자들이 조직이나 질서를 무시만 해온 것은 아니다. 많은 사람이 지적하는 것처럼, 기독교 역사를 통해 오랫동안 성령과 조직, 또는 역동적인 영성과 구조적인 제도들 사이에는 긴장관계가 유지되어 왔다. 역사에서 이러한 모습은 하나의 패턴으로 반복되고 있다. 즉 교회와 조직들을 갱신하는 새로운 활력을 불어넣자마자 이를 성취한 주역들은 자신들이 이루어놓은 변화를 새로운 조직의 형태로 유지하고자 한다. 하지만 이 새로운 조직의 형태는 시간이 지날수록 점차 경직되어 새로운 변화가 일어나야할 필요성을 느끼지 못하는 상태에 이르게 된다. 이러한 모습으로 인해 복음주의자들은 제도화를 신뢰해오지 않았던 것이다.

그러나 복음주의자들이 이처럼 역사에서 반복되는 만성적인 긴장(chronic tension)으로 인해 스스로 불편함을 느끼지 못할 때, 복음주의 역사는 그 긴장으로 인해 파생되는 여러 문제들을 보여주고 있다. 복음주의자들과 같이 열정을 지닌 사람들은 생동감있는 영성을 추구하는데, 이는 주로 고된 사회생활과 연관되어 있다.

대각성 운동 이후로 우리는 커다란 영적 걸음을 내딛는 주기적인 "부흥과 쇠락의 사이클"(cycle of revival and decline)을 목도해왔다. 우리는 부흥을 주기적으로 일으키고, 지도자들의 윤리적 카리스마를 일정한 틀에 담아 성령과 함께하는 영적 생활을 일상화시키기 위해 여러 필요한 계획들을 세우고 조정하면서 새로운 조직이나 기관들을 만들어낸다. 하지만 이러한 제도화 사역이 진행될수록 제도화된 것들은 그 자체가 부패되어 영적 운동의 순수성을 훼손하고 또 다른 개혁을 필요로 하게 된다.

이러한 "부흥과 쇠락의 사이클"은 아이러니하게도 셀 수 없을 정도로 많은 복음주의 조직과 기관을 만들어왔으며, 이 조직과 기관들은 초기 선구자들의 생활을 다시 소생시켜야할 책임을 가진다. 또한 이러한 조직이나 기관들은 서로를 분열시키는 당파심을 발전시켜왔는데, 이는 대각성 운동의 절정기에 휫필드가 염려하며 기도했던 분열의 모습이기도 하다. 이러한 조직들은 영적 운동의 모습을 전체적으로 재편해서 교회와 교파들, 전 세계로의 사역을 감당하게 한다. 이 조직들은 거대한 복음주의 문화를 발생시키고 세상에 대항하는 여러 영적 문화를 후원하기도 하지만, 이제 자기들의 관점으로 자기만족에 도취해서 새로운 변화를 추구하는 그룹들로부터는 오히려 고립되어버리는 이중적인 모습을 보여준다.

이 장은 우리가 성령으로 인한 영적 생활을 제도화하면서 일어나는 긴장을 조망하면서도 복음주의 운동의 초기 제도화 사역(institutional work)을 도표화함으로 이러한 제도화가 어떻게 현재까지 이르게 되었는지에 대해 설명할 것이다. 기독교 역사에 나타나는 다른 여러 그룹처럼, 복음주의자들도 제도화(사역을 형성하면서도 한편에서는 이를 제한하는 정기적인 실천, 관계성, 여러 제도들)의 위험성을 경계해왔다. 하지만 사회를 개혁하려는 다른 모든 운동처럼, 복음주의 운동도 결국에는 제도화가 필요하다는 사실을 발견하게 되었다.

1. 부흥의 시기 재편

 대각성 운동이 미국을 강타하면서 신앙생활에 중요한 재편이 이루어졌다. 뉴욕, 펜실베니아, 뉴저지에서는 장로교회들이 "신파"(New Side)와 "구파"(Old Side)로 분열되어 각기 자신들의 대회(synods)를 만들었다. 신파는 길버트 테넌트(Gilbert Tennent)를 지도자로 삼아 부흥 운동과 갱신을 지지했으며 1746년에는 뉴저지대학(College of New Jersey, 현재 프린스턴대학교의 전신)를 설립했다. 남부에서는 신파에 속한 교인이 복음주의자로서 사회적이고 영적인 억압에 반대해서 예식적이고 계급적인 성공회의 방식에 개혁을 일으켰다(성공회는 남부에서는 합법적으로 설립되었으며 국교회 지도자들은 대체로 복음주의의 침투에 반대했다).
 우리가 4장에서 살펴보겠지만, 이러한 개혁은 인디언 기독교인을 영적으로 추수하도록 기회를 제공했다. 수많은 인디언이 거듭남을 체험하는, 그러한 인디언 선교의 물결로 인해 프랑스와 적대관계에 있던 영국과 인디언들 사이에 동맹이 강화되어 정치적인 동반자 관계를 맺을 수 있었다. 또한 5장에서도 다루겠지만, 대각성 운동은 미국 흑인 노예들에게 깊은 영향을 미쳐서 흑인 교회들이 설립되는 데에도 지대한 공헌을 하였다.
 대각성 운동은 초기 미국 복음주의 운동의 중심지인 뉴잉글랜드에서 여러 종교 기관과 제도를 만들어냈다. 유럽과 미국에서 대각성 운동이 발생한 수십 년간 뉴잉글랜드는 새로운 복음주의 조직들을 설립하는 데에 주도적인 역할을 했다. 물론 이 과정에서 오래된 조직들은 분열하기도 하고 사라지기도 했다. 1740년 초, 이 지역의 회중 교회들은 "새빛파"(New Light)와 "옛빛파"(Old Light)로 분열되었다. 옛빛파는 부흥 운동이 지닌 열광주의와 새빛파의 순회설교를 반대했다. 이러한 갈등이 지

속되면서 약 100개의 교회가 분열되어 새로운 예배처소를 만드는 교회 분열 운동으로 발전했다.¹

복음주의 운동이 대세가 된 시대에 사는 우리는 초기 복음주의 지도자들이 직면했던 논쟁의 상황을 자주 잊어버린다. 대각성 운동의 절정기에 많은 사람은 그들이 수없이 많은 영혼들의 운명을 위해 용감히 싸우는 영적 전쟁에 참전하고 있다고 믿었다.

예를 들어 1740년, 휫필드는 하버드대학교와 예일대학교에서 학자들의 빛이 어두워졌기에 다시 불을 지펴 진리의 빛을 밝혀야한다고 주장했다. 1741년 4월, 길버트 테넌트는 한 주 동안 17회에 걸쳐 뉴헤이븐 지역 사람들에게 설교했는데 그 내용은 예일대학교의 "근대적 바리새주의"(modern Pharisees)를 경고하고 그들의 굳어버린 마음이 학문이라는 외식에 숨지 말 것을 권고했다. 3개월 후에는 제임스 데이븐포트(James Davenport, 1716-57)가 뉴헤이븐의 목회자들을 비난하는 설교를 했다. 그는 조셉 노이즈(Joseph Noyes, 1688-1761)를 양의 옷을 입은 사악한 늑대로 지칭하면서 그가 목회하는 교인에게는 다른 교회에 다니라고까지 권면했다.

가을이 되자 뉴저지의 인디언들을 위한 복음 사역을 개척했던 데이비드 브레이너드(David Brainerd, 1718-47)는 촌시 휫텔시(Chauncey Whittelsy, 1717-87) 교수를 모욕했다고 해서 예일대학교에서 퇴학당했다. 브레이너드가 "그[휫텔시]는 의자보다도 은혜가 없다"고 한 말이 문제가 되었다. 그 이듬해 봄, 예일대학교가 학생들의 반발로 학교를 운영하기 어려운 상황이 되자 토마스 클랩(Thomas Clap, 1703-67) 학장은 학교 문

---

1 역사가들은 코네티컷 주에 있는 교회들 중 1/3과 매사추세츠 주 교회들 중 1/5이 대각성 운동의 결과로 분열을 경험했다고 평가한다.

을 닫고 학생들을 집으로 돌려보냈다.[2] 오래 전에 코네티컷 총회는 이러한 문제를 염려해서 설교할 자격이 없는 사람들의 순회설교를 법으로 금지시킨 적이 있었다.

당시 뉴잉글랜드의 부흥 운동은 4개의 주요 분파로 분열되었다.

첫 번째 분파는 급진적 새빛파(radical New Lights)로 가장 큰 문제가 된 그룹이다. 대각성 운동의 절정기에 이들은 회중 목회를 배교라고 비난하면서 분리주의자들이 되었다. 그렇다고 그들 모두가 소문난 제임스 데이븐포트(James Davenport)처럼 갈등과 분열을 일으켰던 사람들은 아니었다. 실제로 급진적 새빛파에 속한 사람들 대부분은 그 지역의 영적 상태에 대해 상당히 염려하고 있었다.

하지만 불행하게도 데이븐포트의 선동적이고 기괴한 행동이 분열을 조장하는 모습으로 비쳐졌다. 「보스턴 위클리 포스트-보이」(*Boston Weekly Post-Boy*)가 장문으로 보도한 당시 기사를 보면, 1743년 3월 데이븐포트는 코네티컷의 뉴런던에서 설교했다.

> 데이븐포트가 도착하자 그를 깊이 존경하는 기독교인이 구름처럼 그의 주위로 몰려들었다. 데이븐포트는 자신이 하나님이 아니라 사람이라고 고백하며 겸손한 척 했지만 사실은 그들의 충성도를 점검하고 있었다….
> 3월 6일은 주일이었는데, 예배를 마치기 직전 사람들이 귀가를 준비하고 있던 때 사람들을 놀라게 하는 커다란 소음과 비명소리가 들려왔다. 많은 사람이 그 마을의 공공장소로 급히 서둘러 갔다. 그곳에는 일부 사람들이 거리에 불을 피워놓고는 그 주위를 둘러

---

2 독립 이전 미국 대학생들은 주로 10대 청소년들이었다.

싸고 있었다. 그들은 수많은 책들을 가지고 왔는데 그 책들은 주로 개신교 목회자들이 좋은 책으로 인정한 신학 서적들이었다…그들의 집회에서 보인 오만함은 사람들을 놀라게 했다. 그들은 책들이 불 속에서 비명을 지른다고 생각하면서 소리쳤다. "이 책들을 지은 저자들의 영혼은 이미 죽은 사람이라면 현재 지옥의 불 가운데에서 고통당하고 있을 것이다. 그리고 그 저자들이 현재 살아있다면 그들 역시 지금 즉시 회개하지 않으면 동일한 운명에 처하게 될 것이다." 다음날 그 사람들은 동일한 장소에 모여 동일한 방식으로 큰 모닥불을 피웠다. 그들은 이단과 우상들을 공격할 준비가 되어 있었다….

데이븐포트는 말하기를, 사람들이 자신의 장신구를 우상시하는 죄를 범하고 있기에 이것들을 모두 풀어 불에 던져 태우도록 했다. 그들 중에 흥분한 몇 사람들은 무분별하게 옷을 벗어 사도(데이븐포트)의 발 앞에 던지기도 했다. 일부는 망설였지만 대부분은 그들이 우상으로 삼는 것이 아무 것도 없음을 그에게 담대히 고백했다. 데이븐포트는 이에 응답하기를, 그와 같은 고백은 자신에 대한 불순종이기에 그들의 옷을 벗어야만한다고 말했다….

데이븐포트는 기도하면서 그의 입고 있는 바지를 벗어 옷과 장신구들이 쌓여있는 더미에 던지면서 말했다. "그 나머지들과 함께 가라." 한 정숙한 젊은 여성은 더 이상 외투들과 코트들, 바지들의 더미를 보는 것을 견딜 수가 없어 분노하면서 데이븐포트의 바지를 잡아 그에게 돌려주었다. 이 때 예민한 영적 감각을 지녔다고 하는 인근 마을에서 온 한 남성이 데이븐포트에게 말하기를 "송아지 우상를 만들고 있으며 악마가 그 속에 있다"고 했다. 데이븐포트는 이에 답하기를, "나도 그렇게 생각한다"고 하면서 "하나님이 나를

떠나서서 악한 영의 영향을 받고 있다"고 외쳤다.[3]

이 광경을 목격한 많은 사람은 데이븐포트의 정신 상태가 과연 온전한지를 의심하게 되었다. 다음 해에 데이븐포트는 『고백과 취소』(Confessions and Retractions)를 저술하였다. 그의 동료들은 데이븐포트를 장로교회에서 목회 사역을 지속하게 하려했지만, 결국 그는 뉴저지에 위치한 몇 개의 신파 교회들을 목회할 수 있었다. 하지만 그때까지 데이븐포트와 분리주의자들은 부흥 운동을 반대하는 대적들에게 오히려 공격당할 빌미를 제공하고 있을 뿐이었다.

두 번째 분파는 부흥 운동의 반대자들이다. 그들은 자신들을 옛빛파라고 불렀다. 신망있는 보스턴제일교회의 목사인 찰스 촌시(Charles Chauncy, 1705-87)가 주도하는 이 모임은 자신들을 참된 신앙의 수호자로 보았다. 촌시와 그 주위 사람들이 보편구원론(Universalism, 모든 사람이 궁극적으로 구원받을 것이라는 신학적 견해)을 채택한 것처럼 이 모임은 신앙적 자유주의를 통해 사회적 네트워크를 유지하고 있었다. 결국 이 그룹의 후예들은 하버드대학교에서 유니테리안주의(Uniterianism, 삼위일체 교리를 부인하는 반칼빈주의 운동)로 열매를 맺었다. 하지만 대각성 운동 기간에 이 그룹의 사람들은 "복음주의적 열광주의"(evangelical enthusiasm)를 비판하고 합리적이고 온건한 기독교적 경건을 장려했다.

세 번째 분파는 대각성 운동이 일어나고 10년 정도 후에 발생했다. 이들은 조나단 에드워즈와 그의 제자들의 영향력에 반대했다. 모제스 마더(Moses Mather, 1719-1806)와 예일대학교 총장이던 에즈라 스타일즈

3　Richard L. Bushman, ed., *The Great Awakening: Documents on the Revival of Religion*, 1740-1745(New York: Atheneum, 1970), 51-53.

(Ezra Stiles, 1727-95)가 이끌던 이 그룹은 자신들을 "구칼빈주의자들"(Old Calvinists)로 불렀으며, 에드워즈 사역에 기반한 새로운 신학 운동인 뉴디비니티(New Divinity) 학파도 비판했다. 이들은 제2차 대각성 운동 기간에 소멸되었는데 소수였기에 당시 경쟁하던 다른 그룹들의 세력에 의해 밀려났다. 하지만 약 반세기 동안 그들은 뉴잉글랜드의 미래에 대해 다른 의견을 가지고 불협화음을 냈다.

네 번째 분파는 뉴잉글랜드 정신을 구현하기 위해 열정적인 노력을 기울였다. 조나단 에드워즈와 그의 추종자들인 조셉 벨라미(Joseph Bellamy, 1719-90), 사무엘 홉킨스(Samuel Hopkins, 1721-1803), 티모시 드와이트(Timothy Dwight, 1752-1817)가 주도한 이 그룹은 부흥 운동을 온건하게 장려(온건한 새빛파, moderate New Lights)하는 입장이었다. 이들은 옛 빛파와 급진파의 두 극단적인 분파 가운데서 이들을 중재하는 역할을 했다.

에드워즈주의자들로 이루어진 뉴디비니티 학파는 주로 부흥과 회심의 체험을 다루었다. 칼빈주의자들로서 이들은 초자연적 은혜만이 그리스도에 대한 신앙을 가질 수 있게 한다고 믿었다.

이와 함께 복음주의자들로서 이들은 구원하시는 은혜가 복음을 통해 주어진다고 생각했다. 따라서 이들은 전할 수 있는 곳이라면 어디에서든지 "누구든지 천국에 갈 수 있다"며 복음을 전했다. 이들에 의하면, 죄인은 믿음을 지닐 수 있는 자연적 능력을 지닌다. 오직 하나님의 선택만이 성도로 거듭나게 하지만 죄인은 자신의 죄를 회개해야만 한다.

에드워즈주의자들은 사람이 원한다면 구원을 얻을 수 있다고도 생각했다. 문제는 사람이란 존재가 본질적으로 하나님께 회개하고 복종하기를 원치 않는 반역한 죄인이라는 점이다. 따라서 사람은 복음을 따르는 선천적인(육체적) 능력을 가지고 있으면서도 그 마음은 잘못된 곳에

가 있다. 결국 이러한 사람들은 십자가 앞에 무릎을 꿇지 않는다고 그들은 주장했다.[4]

2장에서 다루었던 것처럼, 자연적 능력과 도덕적 능력에 대한 이러한 이중적인 태도는 많은 기독교인에게 직접적인 회개를 무조건적으로 요청하는 부흥 운동에 참여하도록 했다(복음을 듣는 사람이 구원을 받은 예정된 자인지 아닌지에 상관없이). 구칼빈주의자들은 잃어버린 자를 회심케 하는 것은 불가능하다고 생각했기에 이러한 에드워즈주의자들의 신학적 주장을 새롭고도 심지어 위험한 사상으로 간주했다.

에드워즈주의자들의 회심에 대한 헌신은 개혁주의 목회자들이 교회를 갱신하도록 만드는 원동력이 되었다. 즉 참된 종교와 거짓 종교 사이의 중요한 차이를 일상생활로 끌어들여 교인이 순결한 삶을 살도록 했던 것이다. 에드워즈는 대각성 운동 기간 중에 교인에게 "회심은 세상에서 가장 중요하고 이를 체험한 사람들은 행복하다. 그리고 그들은 이제까지 소유하지 못한 기적을 체험하며 살아가는 사람들이다"[5]라고 설교했다.

이 문제는 뉴잉글랜드의 국가 교회 체제(state-church, 모든 사람은 교회에 출석해야 하고 정부는 세금으로 목회 사역을 지원)에서 사람들의 영적인 건강을 위해 아주 중요한 것이었다. 에드워즈주의자들은 분리주의(separatism)를 거부했다. 그들은 국가 교회 안에 머물기를 원하면서도 청교도 전통에 따라 교회 안에서부터 자신들을 순결하고 중생케 하는

---

4   엄밀히 말하자면, 알미니안주의에는 이 교리가 없지만 일부 사람들은 이것을 기독교인이 칼빈주의자들처럼 생각하고 알미니안주의자들처럼 행동해야 한다는 대중적인 격언의 원천으로 인용했다.

5   Jonathan Edwards, "The Reality of Conversion," in *The Sermons of Jonathan Edwards: A Reader*, ed. Wilson H. Kimnach, Kenneth P. Minkema, and Douglas A. Sweeney(New Haven: Yale University Press, 1999), 83, 92.

기독교적 제자도를 요구했던 것이다.

뉴디비니티 신학자들은 여러 교리들을 발전시키면서 지역 교회들을 그들의 제도와 함께 성공적으로 이끌었다. 그들은 뉴잉글랜드목회협의회(New England's ministerial associations)를 주도하게 되면서 예비 목회자인 신학생들을 시험보고 자격을 주는 주요한 역할을 감당했다. 신학교들이 설립되기 이전부터 그들은 목회 사역을 하면서 예비 목회자들을 훈련시키는 "예언자학교"(schola prphetarum)를 세웠다. 이 학교에서는 당시 명망있는 목회자들이 교육을 담당했는데, 이들은 목회를 지망하는 학생들을 집으로 데려와 교육하고, 교리 연구를 감독하고, 실제로 설교를 시켜보고, 상담도 하였다.

뉴디비니티 신학자들은 많은 글을 쓰고 또 책들을 출판하여 에드워즈의 신학적 견해를 널리 확산시켰다. 또한 부흥 운동을 지지하면서 뉴잉글랜드를 이끄는 기도합주회(concerts of prayer)와 공동금식(common fasts), 복음주의컨퍼런스모임(evangelistic conference meetings)을 조직하기도 했다. 마침내 이들은 교회의 성례전을 강화하고 회심을 간증하지 못하는 사람이 성만찬에 참가할 수 있던 오랜 전통을 바꾸었다. 이러한 노력의 결과로 18세기말까지 뉴잉글랜드 교회들에서는 에드워즈주의자들이 주류를 형성하게 되었다. 이제 에드워즈주의가 맺은 열매에 만족하는 많은 분리주의자는 다른 지역으로 이주해서 거기에서도 여러 규칙을 만들었다. 이후에 에드워즈주의자들은 제2차 대각성 운동도 이끌게 되었다.

18세기 부흥 운동은 에드워즈가 희망했던 대로 제대로 실현되지 못했다. 부흥 운동은 한편에서는 분열을 낳았고 영적 증오심을 불러일으켰다. 더욱이 부흥 운동을 이끌던 복음주의 지도자들은 당시 경쟁하는 여러 종교 그룹들 중의 하나에 불과했다. 아이러니하게도 대각성 운동은 교회지도자들이 개혁을 시작한 바로 그 교회들을 분열시키면서도, 지도자들이 교회개혁을 안정적으로 수행할 수 있는 적절한 지위를 그들에게 보장해 주었다. 18세기 말까지 그들은 이와 같은 지위를 활용하여 서구 세계에 부흥의 정신과 함께 그 조직과 체계를 세울 수 있었다.

2. 크리스텐덤의 붕괴와 복음주의 발생

근대 복음주의 운동이 크리스텐덤(Christendom)[6]의 몰락과 함께 일어난 것은 우연이 아니다. 기독교 역사를 살펴보면 복음은 대체로 기독교 국가들의 영토 확장으로 전파되지 않았다. 즉 합법적으로 설립된 교회를 가진 기독교 국가들은 외국 영토를 식민지로 만들어 무력으로 기독교화시켜 복음을 전파한 것이 아니었다. 18세기와 19세기, 서구 대부분의 국가 교회들은 신앙을 통일하려는 그들의 목적으로 인해 오히려 약화되고 있었다. 근대 사상가들이 종교의 자유에 대한 권리를 주장하면서부터 국가 교회 지도자들은 세속 권력을 상당히 상실하게 되었고 신앙의 자유에 대한 권리 수호가 가장 큰 미덕이 되었다. 이는 현재 대부분의 미국인이 종교에 기대하는 모습이기도 하다.

초기 복음주의자들 대부분은 이러한 모습에 익숙하지 않았다. 그들은 미국 문화에서 기독교적 영향력이 상실되는 것을 두려워했다. 그들은 또한 개방적이고 자유로운 신앙으로 인한 불신앙적 모습에 반대했

---

[6] 크리스텐덤(Christendom)이란 용어는 국가 지원을 받은 기독교 국가주의의 영토와 그 이상(ideal)을 의미한다. 여기서 영토와 이상은 로마 황제 Constantine의 회심(주후 312년), Theodosius 황제의 기독교 국교화, 신성로마제국(주후 800년에 출현해서 크리스텐덤의 명확한 형태와 중세의 형태를 제공함)의 지정학적 아젠다에 기원을 둔다.

다. 하지만 복음주의자들은 이러한 경향이 만들어내는 사회질서를 이용해서 결국 초교파 운동을 촉진하는데 이용할 수 있었다. 복음주의자들은 이러한 "국교제도의 폐지"(disestablishment)가 복음주의와 영적 갱신사역을 뒷받침하는 자발적 정신(spirit of voluntarism)을 일으킬 수 있다고 보았다. 복음주의자들은 또한 부흥 운동을 촉진하는 그들의 여러 시도를 어렵게 해왔던 교구의 경계들을 넘어서서 자유롭게 활동할 수 있었다. 한편으로 국교제도의 폐지로 인해 종교 기관들이 더 이상 합법적인 인가를 필요로 하지 않게 되면서 기하급수적으로 종교기관들이 증가하는 계기가 마련되었다.

다른 한편으로 기존의 종교 시장은 해체되었고, 새로운 종파들이 이전에는 볼 수 없을 정도로 성장할 수 있었다. 비기독교 전문가들이 자주 지적하는 것처럼 복음주의자들은 항상 그들의 신앙을 상품화하는 데에 뛰어난 역량을 발휘해왔다. 이러한 기존 질서의 해체는 종교의 자유시장(free market for religion)을 만들어냈으며 여기에서 복음주의자들은 대성공을 거둘 수 있었다.

미국에서 교회성장의 크리스텐덤 모델은 독립전쟁과 건국 초기에 붕괴되기 시작했다. 몰락하는 마지막 국가 교회들은 코네티컷(1818), 뉴햄프셔(1819), 매사추세츠(1833)의 회중주의자들이었다. 1810년대까지 이 국가 교회들에 보수적 삼위일체론자들, 보편구원론자들, 유니테리안들이 함께 뒤섞여 있었지만 그들의 국가 교회로서의 법적 특권이 지속될 것이라고 믿는 사람은 거의 없었다. 국교제도의 폐지는 19세기 초기에는 불가피했다. 이로 인해 많은 전문가가 교회출석의 중요한 변동에 놀라고 충격을 받기까지 했다. 1776년 독립전쟁 이전, 교회에 출석하는 사람들의 절반 이상은 회중주의, 장로교회, 성공회 예배에 나갔으며 교회를 법적으로 설립하는 것을 지지했다.

1850년이 되어 이러한 교파들은 교회 출석자들의 약 20퍼센트 이하로 하락한 반면, 복음주의 교회들은 성장하고 우세하게 되었다. 침례교인과 감리교인만으로도 전인구의 절반 이상을 차지했다. 짧은 기간 안에 다른 여러 교파의 생명이 싹트기 시작했다. 신앙의 민주화는 미국의 독립과 함께 이루어졌다. 이전에 중요하게 다루어지지 않던 모든 그룹-복음주의자들, 로마 가톨릭 교도들, 유색 인종, 여성들-이 발전의 새로운 기회를 얻게 된 것이다.

  침례교와 감리교가 대단한 성장을 이루었다. 학자들에 의하면, 독립전쟁이 시작되기 이전까지 미국 전역에 침례교회는 494곳이었다. 1795년까지 이 숫자는 1,152곳으로 2배 이상 많아졌으며 침례교인은 다음 세기 교회에 엄청난 영향력을 미치게 되었다. 그들은 남부 지역에서 강한 교세를 가지게 되면서, 여러 지역에 교회들을 세우고 그들만이 지닌 (교리적) 유연성으로 인해 크게 성장할 수 있었다. 1845년에 설립된 남부침례교연합(The Southern Baptist Convention)은 지속적으로 성장해서 현재 미국에서 가장 큰 규모의 개신교 교단이 되었다. 독일과 스웨덴 침례교 교단들도 거의 동시에 역사의 현장에 나타났다(1843년, 1852년). 1850년까지만 해도 침례교는 당시 수십 개 되는 기독교 교파들 중에 교세에서는 로마 가톨릭과 감리교보다 열세였다.

  미국 감리교회는 볼티모어에서 그 태동을 알리는 역사적인 크리스마스 컨퍼런스가 개최된 1784년부터 시작되었다. 설립자인 토마스 코크(Thomas Coke, 1747-1814)는 웨슬리에게 목사 안수를 받고나서 목회 사역을 감독하기 위해 미국으로 파송되었다.

프란시스 에즈베리
(Francis Asbury)

일리노이 주 휘튼의
Billy Graham Center
Museum 제공

　코크는 프란시스 에즈베리(Francis Asbury, 1745-1816)에게 목사 안수를 주었는데, 에즈베리는 독립전쟁 동안 미국에 남아 사역을 지속했다. 사실 웨슬리는 독립전쟁을 반대했다. 코크와 에즈베리는 웨슬리안 목회자들의 모임을 조직하면서 공식적으로 감리교감독교회(the Methodist Episcopal Church)를 설립했다. 하지만 코크가 귀국해서 자신의 여생을 영국에서 보낸 반면, 에즈베리는 계속 미국에 남아 미국 감리교회를 세우고 발전시키는 주요한 역할을 감당했다.

　잉글랜드의 버밍햄 근처에서 태어나 감리교 신앙을 지닌 가정에서 자란 에즈베리는 선교 사역을 도와줄 것을 요청하는 웨슬리의 부탁을 받고 1771년에 필라델피아로 이주했다. 에즈베리는 얼마 지나지 않아 자신이 정력적인 설교자요, 열정적인 복음주의자라는 사실을 현장에서 입증했다. 그는 자신의 동료들이 다소 편안한 도시의 교회들에 안주하지 말고 광활한 지역을 순회하면서 복음을 전하도록 촉구했고 자신이 직접 이를 실천하면서, 쉬지 않고 여러 지방을 순회했다.

실제로 에즈베리는 거의 45년간 말을 타고 30만 마일을 여행했다. 이 과정에서 애팔레치아 산맥을 60차례 이상 넘었으며, 1만 6,000회의 설교와 4,000명의 감리교 설교자들에게 목사 안수를 주었다. 그는 청렴해서 자기 집을 소유하지 않았으며 오직 영국인 친구의 주소를 통해서만 미국 전역에서 활동하던 자신에게 오는 편지들을 받을 수 있었다.

말을 타고 순회목회(circuit-riding ministry)를 감당하는 에즈베리가 보여준 자기희생의 모범은 감리교를 성장시키는 중요한 밑거름이 되었다. 침례교인과 같이 감리교인도 아틀란타 중부 지역, 남동부 지역, 국경 지역에서 기성 교파와 교회들이 돌보지 못하던 소외된 사람들을 섬기면서 엄청난 수적 부흥을 이룰 수 있었다. 애팔레치아 산맥의 서부 지역에서 전무후무한 성장을 지속하던 당시 순회설교자들의 소박하면서도 지속적인 목회 사역은 복음 사역의 본질이며 성장의 요인이 되었다.[7]

수천 명의 순회설교자가 말을 타며 전국 곳곳에 복음을 전했다. 그들의 사역은 때로는 잔인할 정도로 고된 일이었다. 순회설교자들은 얼마 안 되는 사례비를 받았기에 가난했고, 교육도 거의 받지 못한 사람들이었다. 그들은 주로 말의 안장 위에서 생활했고 야외에서 잠을 자면서 사역을 감당했다. 이러한 열악한 환경으로 인해 수많은 순회설교자가 젊은 나이에 하나님의 부르심을 받았다.[8] 하지만 그들은 다른 교파

---

7 1776년 미국 총 인구는 260만 명이었다. 독립전쟁 이후 1860년까지 인구는 12배 증가한 3,150만 명이었다. 이와 관련해서 1790년부터 1840년까지 겨우 반세기 동안, 400만 명 이상이 애팔레치아 산맥의 서부 지역으로 이주하였는데 이는 독립전쟁기간의 총 인구보다 많은 수치였다.

8 1780년에서 1818년까지, 감리교 순회설교자들의 35퍼센트가 23세에서 29세의 젊은 나

나 교회의 어떤 복음전도자들도 하지 못했던 미국 전역의 곳곳에 복음을 전할 수 있었다. 이런 놀라운 사역의 결과로 인해 사람들은 19세기를 "감리교의 시대"(the age of Methodism)[9]로 기억하게 되었다.

1770년 미국 북부 지역에는 감리교인이 1,000명 미만이었다. 50년 후에 25만 명으로 증가하더니 1830년에는 거의 50만 명을 자랑하게 되었으며, 이즈음에 감리교인은 복음의 순수성 문제로 논쟁을 벌이기도 했다.

1830년대에는 많은 사람이 영적인 방종으로 빠지는 것은 아닌가를 우려한 복음주의 운동의 한 흐름인 "성결 운동"(Holiness movement)이 발생했다(6장 참조). 성결 운동은 감리교에서 분열되기 이전부터 기존 감리교회와 인종, 정의, 교회 운영방식 등의 문제로 대립하고 있었다. 1790년대에는 제임스 오켈리(James O'Kelly)가 에즈베리 감독의 교권문제로 인해 공화감리교회(Republican Methodist)를 분리시켰으며, 1812년 전쟁 이후에는 캐나다감리교회(Canadian Methodists)가 분리해 나가 교단 조직을 구성했다. 1816년에는 흑인감리교감독교회(African Methodist Episcopal Church)가 독립하였고 5년 후인 1821년에는 흑인감리교감독시온교회(African Methodist Episcopal Zion Church)가 독립했다.

이에 요절했다. 이외 27퍼센트는 30세에서 39세의 나이에 죽었다. 순회설교자들에 대한 보다 정확한 정보는 이 장 마지막 부분에 기록된 "심화학습을 위한 도서 목록" 목록에서 Hatch와 Wigger의 책들을 참조하라.

[9] 감리교 순회설교의 전통은 오늘날까지 지속되고 있다. 19세기 말에는 미국인 개척자들이 거의 소멸되었다고 할지라도, 감리교 감독들은 여전히 오랫동안 그들의 설교자들의 정착을 원하지 않아서 설교자들을 새로운 지역으로 몇 년마다 이주시키곤 했다. 강하고 건장한 설교자들이 점차 이주 명령을(유력한 교구민들의 도움으로) 회피하게 되자, 감독들은 이 정책을 보다 유연하게 적용하기 시작했다. 하지만 대부분 지역에서 감리교 설교자들은 여전히 자신들을 교회의 준비된 종들(ready servants)로서 인식하고 있었다. 그들에게는 아직 전 세계가 그들의 교구였던 것이다.

순회설교자

일리노이 주 휘튼의
Billy Graham Center
Museum 제공

1830년에는 감리교프로테스탄트교회(Methodist Protestant Church)가 감독권 문제로 분열되었다.

1844년에는 남부감리교감독교회(Methodist Episcopal Church South)가 노예제도에 대한 남부의 입장을 변호하면서 분열했다. 이와 반대로 웨슬리감리교회(Wesleyan Methodist Church, 1843)와 자유감리교회(Free Methodist Church, 1860)는 감리교감독교회(Methodist Episcopal Church)가 노예제도에 대해 유연한 입장을 취하자 분열해서 나왔다.

이러한 분열에도 불구하고, 웨슬리안감리교(Wesleyan Methodism)는 19세기 동안, 놀라운 성장을 이루어 알미니안주의가 미국 복음주의의 주류가 되었다. 1844년에는 감리교가 미국에서 가장 커다란 교단이 되었는데 이를 수치로 보면, 당시 전체 교인이 106만 8,525명, 순회설교자가 3,988명, 지역 목회자들이 7,730명이었다. 이처럼 감리교의 영향력은 대단한 것이었다. 감리교인은 제2차 대각성 운동을 시작하면서 복음주의 운동의 형성에 커다란 변화를 가져왔다.

3. 제2차 대각성 운동과 의로운 제국

대각성 운동에도 불구하고, 18세기 말에 많은 복음주의 지도자는 미국의 영적 생활에 대해 우려하기 시작했다. 교회는 무기력했고, 계몽주의가 강조했던 합리성(기독교에 적대적)의 영향과 독립전쟁을 통해 사람들은 이제 신앙의 문제가 아니라 세속적인 문제에 더욱 많은 관심을 두게 되었다. 이어 서부 개척과 이주로 인해 국내 전도와 교회 개척에 훨씬 더 많은 노력이 필요하게 되었다. 당시 복음주의자들은 미국에서 새로운 국가원동력이 될 수 있는 영적 갱신을 주도할 수 있는 부흥의 역사가 필요하다고 믿었다. 이러한 상황 속에서 여러 복음주의 지도자의 노력으로 인해 부흥의 역사가 다시 일어날 수 있었다.

미국에서 다시 부흥을 일으키고자 기독교 지도자들이 노력함으로 인해, 많은 사람이 "과연 제2차 대각성 운동의 본질은 무엇인가?"에 대한 의문을 가지게 되었다. 최근까지 대부분의 학자들은 제2차 대각성 운동을 제1차 대각성 운동과 대조되는 사건으로 구별해서 연구해왔다. 일반적으로 제1차 대각성 운동은 칼빈주의에 기반해서 에드워즈의 표현처럼 "하나님의 놀라운 사역"(a surprising work of God)으로 보았다.

이와 반대로 제2차 대각성 운동은 신학적으로는 알미니안주의로 죄인이 자신의 회심에 영향을 미칠 수 있다는 점을 강조했다. 칼빈주의자들은 복음주의 역사에서 이러한 알미니안들의 역할을 못마땅하게 생각하고 지금까지 복음주의 운동에 문제를 일으키는 주범으로 간주해왔다. 하지만 알미니안들은 제2차 대각성 운동에서 주요한 역할을 했으며, 특히 많은 감리교인이 부흥 운동을 주도하면서 복음주의적 실천의 모습을 향상시키는 데에 헌신했다. 하지만 이는 지나치게 단순화된 설명이다. 실제로 제2차 대각성 운동은 아주 다양하게 진행되었다. 이 운동은 3개의 주요한 무대에서 일어났으며 각 무대마다 교리와 스타일 자체가 상당한 차이가 있었다.

제2차 대각성 운동의 첫 번째 주요 무대는 에드워즈 복음주의자들(Edwardsian evangelists)이 주도하던 뉴잉글랜드 지역이다. 실제로 제2차 대각성 운동은 뉴잉글랜드의 내적 문화화(enculturation: 선교학 용어로 무의식중에 일상생활 가운데 자연적으로 학습되어지는 것-역주)에 상당한 역할을 했다. 1790년대 후반 예일대학교 총장이던 티모시 드와이트(Timothy Dwight, 1752-1817)와 같이 에드워즈를 추종하는 지도자들은 청년들과 그 지역의 주요 교회들에서 부흥 운동을 장려하기 시작했다.

1820년대까지 부흥 운동이 진행되어 1830년대 초까지는 유니테리안들을 제외하고는 뉴잉글랜드에 위치한 거의 모든 교회가 뉴디비니티 운동에 참여했다. 드와이트의 학생들은 각 지역에서 부흥 운동을 확산시켜 나갔다. 목회자이자 행동가인 라이만 비처(Lyman Beecher, 1775-1858)는 자신이 속한 교구 교회들(리치필드교회와 보스턴교회)에서 국내 전도를 강조하는 설교를 열정적으로 감당했다.

예일대학교 교수였던 나다니엘 테일러(Nathaniel Taylor, 1786-1858)는 뉴잉글랜드 인근 지역의 많은 교회에서 복음주의 신학과 부흥을 설교했다. 아사헬 네틀튼(Asahel Nettleton, 1783-1844)과 같은 순회설교자들은 뉴잉글랜드 지역의 기독교인을 칼빈주의 메시지를 통해 하나로 연합시켰다. 목회자들은 교회들을 분열시키는 방식으로 뉴디비니티 유산을 수정했다. 뉴디비니티 운동과 그 자원이 기하급수적으로 확장될

수록, 그들은 19세기에 에드워즈의 사상을 가르치는 것이 어떤 의미가 있는지에 대한 문제로 논쟁하게 되었다. 하지만 그들은 부흥 운동에서 에드워즈의 뉴디비니티 신학과 그 메시지를 어떤 형태로든지 줄곧 전달했다.

제2차 대각성 운동의 두 번째 주요 무대는 뉴욕 주 이리 해협(Erie Canal) 북쪽에 위치한 "불붙은 지역"(burned-over district)이라 불리는 곳이다. 이 지역은 부흥 운동의 강도와 그 열정으로 인해 이처럼 불리는데, 이 지역 대부분은(비록 침례교인과 감리교인도 이 지역에서 사역을 감당했지만) 장로교인과 회중교인이었다. 이곳의 지도자들은 뉴잉글랜드 동부 지역에 주로 뿌리를 두고 있었으며, 기독교 신앙과 실천의 전통적 형태를 보존하는 데에 무관심한 사람들이었다. 부흥 운동의 방법과 견해에서 진보적 입장을 취하면서 그들은 자신들이 지닌 칼빈주의에 대해서도 다소 열려있는 입장을 보였다. 결론적으로 그들은 개혁주의 공동체 내에서 논란을 일으키면서 뉴잉글랜드 지역의 에드워즈주의자들을 놀라게 했다.

뉴욕에서 가장 주요한 지도자로는 장로교 성향을 지닌 회중주의자 찰스 피니(Charles Grandison Finney, 1792-1875)를 들 수 있다. 그는 비록 코네티컷에서 태어났지만 뉴욕에서 주로 성장했다. 피니는 법률가로 사회생활을 시작해 1821년 극적인 회심을 체험했다. 회심한 날 아침, 피니는 그의 의뢰인 중의 한 사람인 바니 집사를 만났다.

바니는 "피니, 10시에 나의 소송이 진행되는 것을 알고 있지요?"라고 물었다. 이 때 피니는 "바니 집사님, 저는 주인 되신 예수 그리스도의 소송을 맡았기에 더 이상 당신을 변호할 수가 없군요"라고 말했다.

이후로 피니는 변호사 일을 중단하고 조지 게일(George Gale, 1789-1861) 목사에게 신학을 공부하여 1824년에 어느 한 장로교회에서 목사 안수를 받았다. 그리고 그 후 몇 년을 뉴욕과 보스턴, 필라델피아 등지에서 순회설교자로 사역을 감당했다. 1832년 뉴욕에 정착한 피니는 먼저 장로교회인 채쌈스트리트채플(Chatham Street Chaple)에서 목회를 하다가 후에는 회중교회인 브로드웨이장막교회(Broadway Tabernacle)를 섬겼다.

1835년, 피니는 노예제도를 반대하던 복음주의자들이 세운 오벌린대학교(Oberlin College)에 신학 교수로 청빙을 받아 오하이오로 이주했다. 이후 40년 동안 그는 이 학교에서 신학을 가르쳤고, 정기적으로 오벌린제일회중교회(First Concregational Church of Oberlin)에서 설교했으며(1837-72), 부흥 운동가로 전국을 순회하고, 오벌린대학교의 총장(1851-66)으로 활동했다. 그는 『부흥에 대한 강연』(Lectures on Revivals, 1835)과 『조직신학에 대한 강연』(Lectures on Systematic Theology, 1846)과 같은 책들을 출판하기도 했다. 피니는 그가 살던 시대에 가장 영향력 있는 복음주의자들 중 한 사람이었다.

피니는 "신앙은 사람의 일"(religion is the work of man)이라고 가르쳤다. 부흥은 기적이 아니라 적절한 방법들을 올바르게 사용한 결과라는 주장이다.[10] 물론 피니도 초자연주의자였기에 결코 그가 성령의 도우심을 무시한 채 부흥과 회심을 주장한 것은 아니었다. 그러나 부흥을 체험해 본 피니로서는 이처럼 신령한 것들은 인간의 노력이 함께 협력해야 열매로 나타날 수 있다고 믿었다. 피니에 따르면, 하나님의 섭리 가운데 적절한 방법들은 부흥 운동을 촉진시킬 수 있다. 물론 하나님의 은혜는 필요하다. 하지만 하나님은 억지로 자신의 은혜를 강요해서 구원을 이루시는 분이 아니다. 은혜는 그 은혜를 갈구하는 죄인이 자신들

---

10 Charles G. Finney, *Revivals of Religion*(Old Tappan, NJ: Revell, n.d.), 15.

을 자발적인 윤리적 능력으로 이끌고 가게 하는 것이다. 즉 은혜를 열렬히 구하는 사람에게 약속된 것이 바로 은혜인 것이다.

찰스 그랜디슨 피니
(Charles Grandison Finney)

오하이오 주 오벌린의
Oberlin College Archives
의 허락하에 사용

피니는 다음과 같이 말한다.

> 세상은 천년 왕국이 완전히 도래하기 전까지 아마 그 상태일 것이다. 부흥의 방법들이 신앙을 불러일으킬 수 있다. 인간의 죄와 죽음의 영향은 오직 신앙의 자극에 의해서만 중화될 수 있다.[11]

---

11 Ibid., 2-3.

그러므로 복음주의자들은 부흥을 일으키기 위해 할 수 있는 모든 것을 해야만 한다. 하나님은 크리스텐덤의 경계를 확장하지 않으시고 대각성의 방법들로 기독교를 확장하신다는 확신을 가진 피니는 영적인 열정을 불러일으키는 여러 부흥의 방법들을 발전시켰다. "새로운 수단들"(new measures)로 알려진 이 방법들을 살펴보면, 대중 광고, 길어지는 대중 집회(집회는 성령께서 인도하시는 한 지속됨), 평신도 리더십, 남성과 여성의 차별 없는 공예배 기도, 구도자석(anxious bench: 기도를 갈망하는 의자-역주) 등이다.[12] 특히 이 구도자석은 많은 논쟁을 불러일으켰다. 구도자석은 집회동안 불안해하는 죄인이 기도와 특별한 주목을 받도록 하고자 회중들 앞에 놓아두었다.

비평가들은 새로운 수단들이 기독교의 회심을 인위적으로 조종한다고 비판했다. 하지만 피니는 실용주의자로서 그 수단들이 부흥의 역사를 일으키기 때문에 영혼을 돌보는 사람은 이 수단들을 잘 활용해야 한다고 주장했다. 1827년, 피니의 주장은 결국 뉴잉글랜드의 에드워즈주의 목회자들과 충돌했다. 에드워즈주의자들인 네틀톤(Nettleton)과 비처(Beecher) 그리고 그 동료들은 새로운 수단들에 대한 우려를 표명했다.

1827년 7월, 뉴욕의 뉴레바논에서 개최된 컨퍼런스에서 에드워즈주의자들인 뉴잉글랜드 사람들은 피니와 그 추종자들의 무모함을 제한하고 규제하길 원했지만 이에 실패했다. 실제로 피니의 변호가 진행될수록 그는 자신의 열정과 신실함을 통해 오히려 그의 대적들에게 깊은 인상을 남겼다. 그 후 5년이 지나서 피니는 아이러니하게도 대적이었던 비처의 교회에서 비처와 여러 에드워즈주의자들의 지지 속에 설교를

---

[12] Finney의 새로운 수단들은 여러 논쟁에도 불구하고 제2차 대각성 운동 기간에 유지되었다. 그리고 오늘날 그 수단들은 복음주의 예배에서 다양한 형태로 나타나고 있다.

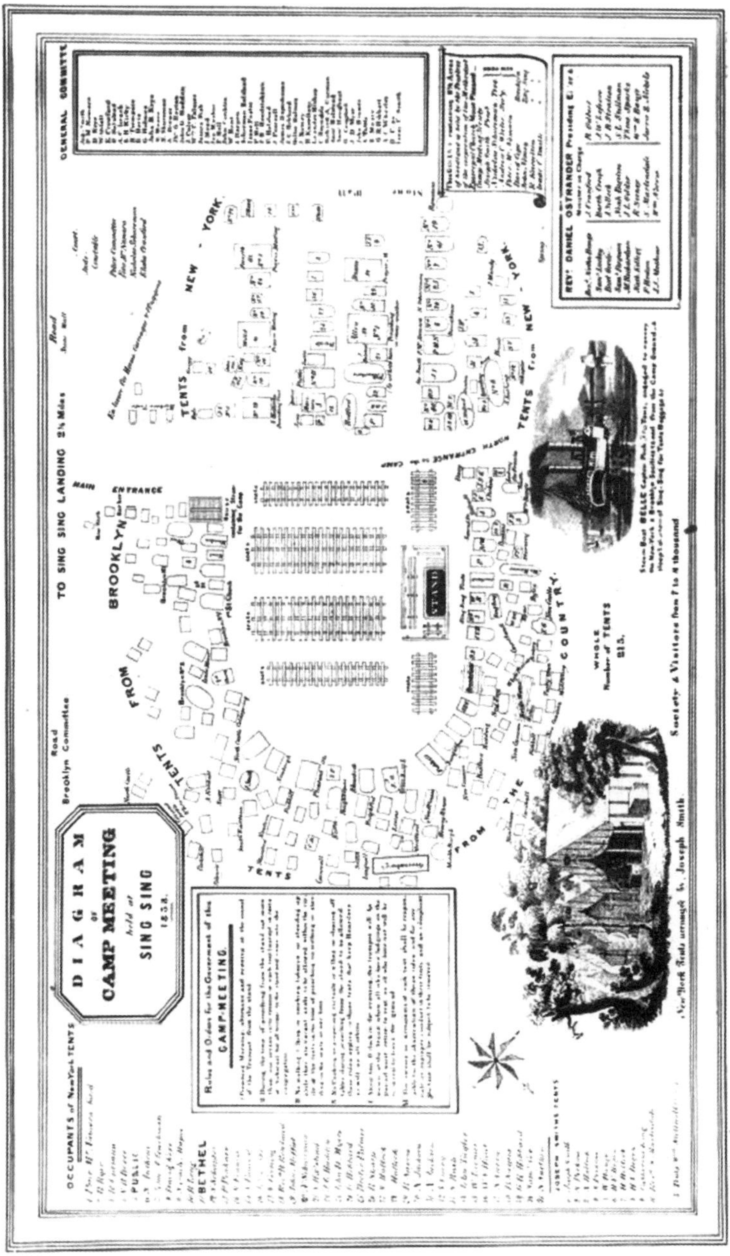

캠프 집회의 모습. 일리노이 주 휘튼이 Billy Graham Center Museum 제공

하게 된다. 이러한 피니의 행보는 복음주의 미래를 예표하고 있었다. 부흥주의는 복음주의 운동을 나타내는 탁월한 특징이요, 성공적인 부흥 운동가들은 이제 복음주의 운동의 뛰어난 지도자가 되었던 것이다.

제2차 대각성 운동의 세 번째 주요 무대는 컴버랜드 리버밸리(Cumberland River Valley) 지역이다. 동부의 칼빈주의자들이 피니주의자들을 경계했지만, 켄터키 중부와 테네시에서 일어난 일들에 비하면 사소한 것이었다. 앞에서 살펴보았던 것처럼, 두 번째 주요 무대였던 "불붙은 지역"은 대체로 수정 칼빈주의자들(inconsistent Calvinists)이 지도자로 활동하는 지역이었다. 수정 칼빈주의자들은 뉴잉글랜드에 뿌리를 두었지만 신학적 정확성보다는 신앙적 결과에 관심을 둔 피니와 비슷한 생각을 지닌 사람들이었다. 이와 달리 세 번째 주요 무대인 컴버랜드는 자신들을 알미니안주의자로 공언하는 사람들, 즉 알미니안주의자라 확신하는 감리교인, 알미니안 경향을 가진 장로교인과 침례교인이 주도하고 있었다. 사실 이는 장로교와 침례교 전통에서 보면 아주 생소하고 독특한 모습이었다.

이 세 번째 무대에서 가장 잘 알려진 사건으로 케인릿지 부흥(Cane Ridge Revival, 1801)을 들 수 있다. 이 부흥 운동은 성령의 놀라운 역사로 인해 자주 "미국의 오순절"(America's Pentecost)이라고도 불린다. 이 부흥은 서부 개척자들의 영적 필요를 채워주고자 순회설교자들이 일으킨 거대한 캠프집회였다. 19세기 초 번성한 캠프집회들은 빠르게 지방 복음주의 운동의 중추로 자리를 잡았다. 캠프집회에서 개척자들은 넓은 캠프 야영지에서 복음설교를 하고 기독교적 양육과 생동감 있는 교제를 위한 집회를 가졌다. 나무로 만든 강단은 캠프 주위 여러 군데에 세워졌.

대체로 집회 참가자들의 마차와 천막들은 주위를 둘러 에워쌌다. 집회 스케줄은 부흥회와 격식 없는 지역 파티를 근간으로 해서 상호 교감하는 설교와 민속 음악, 음식, 재미가 함께 병행되었다. 집회들은 대체로 주중에 시작해서 4일에서 5일간 지속되었다. 그리고 주일에는 축제 형식의 특별집회로 마무리했다. 캠프집회들은 교회가 없는 외딴 시골 지역에 살고 있는 성도들을 위해 생명의 복음을 전달하는 소중한 역할을 감당했다. 수천 명이 이러한 캠프집회들에 참여했으며 당시 서부 개척자들에게는 아주 중요한 사회적 이벤트였다.

케인릿지 집회는 켄터키의 버본(Bourbon)에서 시작되었으며 바튼 스톤(Barton Stone, 1772-1844)이 인도했다. 스톤은 에큐메니칼 복음주의자로 메릴랜드의 농사를 짓는 가정에서 태어나 버지니아에서 홀어머니 밑에서 자라났다. 그리고 노스캐롤라이나의 새빛파의 장로교회에서 교육을 받았다. 스톤은 두 명의 장로교 목회자들인 제임스 맥그레디(James McGready, 1758-1817)와 윌리엄 핫지(William Hodge, 1819 또는 1820사망)의 설교를 듣고 회심했다. 그는 이후에 스모키 산을 넘어 컴버랜드에서 여생을 보냈다. 이 지역에서 그는 스코틀랜드 아일랜드 출신의 부흥설교자인 알렉산더 캠벨(Alexander Campbell, 1788-1866)과 함께 기독교회/그리스도의제자들(Christian Church/Disciples of Christ) 교단을 설립했다.

1801년 8월, 스톤은 장로교인으로 케인릿지에서 부흥 운동을 전개했다. 장로교와 침례교, 감리교 목회자들이 함께 힘을 합쳐 복음에 대해 설교하면서 스톤의 사역을 도왔다. 열정을 가진 1만 명에서 2만 5,000명으로 추산되는 서부개척자들이 이 집회에 참가했다. 당시 켄터키에서 가장 커다란 도시인 렉싱턴의 인구가 겨우 1,795명이었던 것을 감안하면 이는 대단히 많은 사람이 모인 집회였다. 이 케인릿지 부흥은 그 범위와 정도에서도 엄청났다. 수많은 사람이 여러 기적과 이사를 체험했으며, 성령의 역사로 인해 개처럼 짖어대고, 몸이 떨리고, 황홀경에 빠지고, 춤을 추고, 소리를 지르기도 했다. 많은 동부인은 그런 열정적인 몸짓들을 이상하게 쳐다보았다. 하지만 서부인은 이를 의식하지 않고 영적 만족을 체험했다. 감리교 설교자인 피터 카트라이트(Peter Cartwright, 1785-1872)가 비슷한 유형의 다른 지역 집회에서 지적한 것처럼, 그들은 일반적으로 경멸당할 정도로 천박하게 보였다.

피터 카트라이트
(Peter Cartwright)

일리노이 주 휘튼의 Billy Graham Center Museum 제공

성인이든 죄인이든, 그들은 온화한 찬양과 설교를 들었고, 피할 수 없는 갑작스런 경련을 일으켰다. 그들이 거부할수록 오히려 그들의 경련은 더욱 심해졌다…내가 속한 교회에서는 한 번에 500명 이상의 사람들이 이와 같은 경련을 일으키는 것을 본 적이 있다. 이러한 경련이 일어나는 사람들 대부분은 안정을 찾고자 일부는 일어서서 춤을 추고, 일부는 주변을 달리기도 했지만 멀리 갈 수 없었으며, 어떤 사람들은 경련에 저항했지만 그럴수록 경련은 더욱 심해졌다. 이처럼 명예를 존중히 여겨 머리에서부터 발끝까지

비단과 보석 등으로 장식된 옷을 입은 젊은 신사들과 부인이 경련을 일으키는 모습을 보고 있으면 웃음이 절로 나왔다.

당신이 거기에 있다면 경련을 일으키는 사람들이 쓰고 있던 다양한 종류의 모자들이 날아다니는 것을 보게 될 것이다. 그리고 그들이 머리를 흔들면서 긴 머리카락들이 마차꾼들의 채찍질과 같은 요란한 소리를 내는 모습도 볼 수 있다.[13]

서부의 세련되지 않은 부흥사들과 그들의 예배는 얼마 지나지 않아 정례화 되었다. 새신자들은 다양한 침례교인, 감리교인, 제자교인, 심지어 컴버랜드 장로교인의 교회에서 교단의 특성을 지닌 예배를 경험했다. 동부 지역 출신 복음주의자들은 컴버랜드 집회를 별로 좋아하지 않았는데, 그 이유는 컴버랜드 집회 설교자들이 교육을 제대로 받지 못했고 설교 방법 역시 세련되지 못했기 때문이었다.

회심자들 역시 대부분이 삶의 변두리에서 살고 있는 거친 사람들이었다. 하지만 컴버랜드 설교자들은 개척지에 흩어져 정착한 사람들에게 복음을 전하는 데 어느 누구보다 커다란 공헌을 했다. 부흥 운동과 국교제도의 폐지로 인해 복음주의 조직과 기관들은 미국 문화의 중심으로 부상하게 되었다. 1830년대의 복음주의 교회들은 미국 기독교의 주류를 형성했다. 복음주의 파라처치 모임들은 여러 사회봉사 운동에 앞장섰다. 당시 미국의 은행들만이 겨우 전국적인 기업 네트워크를 구축하였고 우체국이 유일한 전국적인 정부기관일 때 복음주의 그룹들의 사회봉사는 공공 문화를 미국 전역으로 확대하는 길을 놓았다.

---

13 W. P. Strickland, ed., *Autobiography of Peter Cartwright, the Backwoods Preacher*(Salem, NH: Ayer Company, 1972), 48-49.

많은 사람이 19세기 초반의 미국을 복음주의적인 "의로운 제국"(righteous empire)으로 보았다. 뉴잉글랜드의 에드워즈주의자들이 앞에서 인도하고 기독교인을 직원으로 둔 많은 기독교 사역 그룹들은 제2차 대각성 운동 기간 동안 미국에 깊은 인상을 남기기 위해 서로 힘을 모았다. 그들은 주일학교, 교육 기관들, 대학들, 신학교들을 세우면서 교육을 강조했다. 그들은 또한 엄청난 양의 소책자들과 저서들, 기독교 정기 간행물들을 출판해냈다. 1825년에 설립된 미국소책자협회(American Tract Society)만이 1820년대 말이 되어서야 비로소 600만 권 이상의 책들을 출판할 수 있었는데, 당시 기독교 출판물의 양이 이에 상응한 것이었다. 비슷한 시기에 미국성경협회(American Bible Society, 1816)는 매년 30만 권의 신약성경을 배포했다. 수치로 보면, 복음주의 기관들이 출판하는 출판물의 양이 미국 전역의 출판업계에서 상업적으로 발행하는 책들보다 많았다.

복음주의자들은 장애인과 정신적 문제를 가지고 있는 사람들을 위한 특별구호기관들을 설립하는 데에도 일익을 담당했다. 1804년 7월 11일, 국제적으로 주목받는 결투가 있었다. 뉴저지 주 위호큰(Weehawken)에서 부통령인 아론 버(Aaron Burr, 조나단 에드워즈의 손자)가 정적이었던 연방주의자 알렉산더 해밀턴(Alexander Hamilton)을 총으로 쏴 죽이는 사건이 발생했다.

이 사건으로 인해 복음주의자들은 듀엘식 결투(두 사람이 서로 총으로 결투하는 방식-역주)를 철폐하는 캠페인을 벌였다. 또한 그들은 미국에서 알코올 소비를 줄이도록 장려하면서 금주 운동을 이끌었다. 미국 역사에서 1인당 음주량이 가장 많았던 시기가 바로 19세기 초였다.

사실 1820년대까지만 해도 매년 1인당 음주량은 현재보다 4배나 높은 수치를 기록하고 있었다. 하지만 금주 운동의 결과, 1830년과 1845

년 사이에 음주 비율은 절반으로 감소했으며 복음주의자들은 절대금주(teetotalism)를 그들의 명예로 삼게되었다.

4장에서 살펴보겠지만, 복음주의자들은 해외 복음전파에 기름을 부었던 세계 선교 운동을 일으키는 데에 주요한 역할을 감당했다. 5장은 이외에도 복음주의자들이 다양한 반노예제도 운동에도 공헌했음을 보여줄 것이다. 이처럼 복음주의자들의 사역은 지속될수록 더욱 확대되고 증가해왔다. 복음주의자들은 보건문제 개혁, 프리메이슨 반대 운동, 새로운 이민자들과 인디언들을 위한 목회 사역 등에도 관여해왔다.

때때로 복음주의자들의 사역은 자족적이고 자민족중심적이며 심지어 인종차별적이기도 했던 것이 사실이다. 그들은 오늘날 우리가 인정하는 방법으로만 어렵고 가난한 사람들에게 항상 도움을 제공할 수 있었던 것은 아니다. 하지만 지역적으로, 국가적으로 복음주의자들은 쉬지 않고 효율적으로 하나님의 나라를 나타내고자 자신들에게 맡겨진 소중한 사역을 감당해왔다. 많은 사람이 복음주의자들의 이러한 사역이 위대한 밀레니엄 시대를 촉진시킬 것으로 기대했다.

복음주의 운동에서 남성들은 대부분 공적으로 자격을 갖춘 지도자들로서 자신에게 맡겨진 사역을 감당할 수 있었다. 여성들 역시 시간과 재능, 물질 등을 통해 여러 주요한 사역을 감당해왔다. 하지만 복음주의 운동이 명성을 얻게 된 제2차 대각성 운동의 말기에 복음주의가 점차 보수적인 경향을 띠게 되면서 공적인 지도력에서 여성들이 할 수 있는 역할은 오히려 감소되었다.

많은 여성이 이 시기 동안 설교자, 교사, 복음전도자로서 섬겼으며 복음주의 운동의 발생에 기여했다. 비록 대부분이 퀘이커 교도나 자유의지침례교단(Free Will Baptists)와 같은 분리주의 그룹에서 활약했지만 수백 명의 여성들은 실제로 대각성 운동에서 설교사역도 감당했다.

제2차 대각성 운동 이후 여성들의 역할은 제한되었지만 많은 여성이 대각성 운동으로 일어난 "의로운 제국"을 후원했다. 파라처치의 광범위한 여러 사역은 여성들이 아니었다면 지속될 수 없었을 것이다. 물론 여전히 얼마 안 되는 소수의 여성만이 설교했고 다소 유명해졌을 뿐이다. 당시 대표적인 여성 사역자들을 소개하자면, 흑인 감리교의 설교자인 야레나 리(Jarena Lee, 1783-약 1850), 성결 운동의 설교자인 피비 팔머(Phoebe Palmer, 1807-74), 약 7만 5,000명의 회심자들을 보유한 교단인 감리교감독교회(Methodist Episcopal Church)에서 설교하기 위해 안수를 받았던 마가렛 뉴튼 판 콧 목사(Rev. Margaret Newton Van Cott, 1830-1914) 등이 있다.

이외에도 여성들은 아주 다양한 분야에서 지도자로서 자기 역할들을 감당했는데, 캐서린 비처(Catharine Beecher, 1800-1878)는 교사와 신학자로서, 소저너 트루스(Sojourner Truth, 약 1797-1883)는 노예제도 폐지론자로서, 프란시스 윌라드(Frances Willard, 1839-98)는 금주 운동가로, 이외에도 역사의 뒤편에서 수많은 여성이 활발한 활동을 벌였다. 지금은 그 이름들이 잊혀져 버렸지만 그들이 남긴 유산은 복음 사역에서 결코 사라질 수 없는 것들로 평가할 수 있다.

복음주의 운동의 폭발적인 성장과 문화적인 지배는 그들 안에서 문제를 일으키기도 했다. 복음주의자들이 전체 개신교의 주류가 되자 복음주의 운동에 세속적인 가치들이 유입되었다. 6장에서 살펴보겠지만, 많은 사람은 복음주의 운동이 종말론적 긴급성을 상실했다고 주장했다. 그들의 말을 빌리면, 자선 기관들은 지나치게 관료화되어졌다. 복음주의 지도자들은 더 이상 신앙으로 사는 모습, 즉 그들의 영적 안식처가 아닌 이 세상 속에서 "외국인과 나그네"(히 11:13)와 같이 살지 않았다. 어떤 비평가들은 이를 간단하게 묘사해서 권력이 복음주의를 부패시켰다고 주장했다. 실제로, 어느 누구도 기독교 본래의 영적 실천의 모습으로 되돌아가려 하지 않았다. 스위스 출신의 학자 필립 샤프(Philip Schaff, 1819-93)는 유럽인에게 "미국의 기독교는 지금 시민정부와의 우호관계 속에서 자립하여 자유로운 교회를 구성했다"[14]고 강조했다.

하지만 많은 사람이 새로운 미국적인 환경, 즉 자유교회들이 주류가 되어 비국교도들이 권력을 장악하게 되었지만 여기에 오기까지 과정 어디에선가 한 줌의 소금의 맛을 잃어버린 이 환경에서 현재 우리 복음주의자들이 해야 하는 것이 과연 무엇인지 궁금해 하며 찾고자 하였다.

◆ 심화학습을 위한 도서 목록

Boles, John B. *The Great Revival: Beginnings of the Bible Belt*(Lexington: University Press of Kentucky, 1996). 미국 컴버랜드 리버밸리와 남부 지역에서 일어난 제2차 대각성 운동을 잘 다루고 있는 책이다.

Brekus, Catherine A. *Strangers and Pilgrims: Female Preaching in America, 1740-1845*(Chapel Hill: University of North Carolina Press, 1998). 대각성 운동 기간 활동한 복음주의 여성 설교자들에 대한 좋은 자료이다.

Conforti, Joseph. *Jonathan Edwards, Religious Tradition, and American Culture*(Chapel Hill: University of North Carolina Press, 1995). 미국에 있는

14　Philip Schaff, *Church and State in the United States, or the American Idea of Religious Liberty and Its Practical Effects*, Papers of the American Historical Association, vol. 2, no. 4.(New York: Putnam's Sons, 1888), 9.

조나단 에드워즈의 문화적 유산을 흥미롭게 개관한다.

Conkin, Paul Keith. *Cane Ridge: America's Pentecost*(Madison: University of Wisconsin Press, 1990). 케인릿지 부흥에 대한 훌륭한 짧은 소개서. 위에 소개된 볼즈(Boles)의 책처럼 케인릿지 부흥을 포괄적이고 독창적으로 다루지는 못하지만 더욱 세부적으로 서술하고 있는 책이다.

Finke, Roger, and Rodney Stark. *The Churching of America*, 1776-1990. *Winners and Losers in Our Religious Economy*(New Brunswic: Rutgers University Press, 1992). 국교제 폐지의 역사에서 일어난 복음주의의 발생에 대한 논쟁적인 설명이다. 저자들은 종교들 간의 경쟁이 가져다주는 이익에 관한 시장 이론에 지나치게 많은 지면을 할애하지만 그들이 "규제 철폐"(deregulation)라고 부르는 것을 평가하는 문제들을 잘 요약하고 있다.

Fitzmier, John R. *New England's Moral Legislator: Timothy Dwight*, 1752-1817. *Religion in North America*(Bloomington: Indiana University Press, 1998). 뉴잉글랜드의 제2차 대각성 운동에서 드와이트(조나단 에드워즈의 손자)와 그의 역할에 대한 좋은 자료이다.

Hamburger, Philip. *Separation of Church and State*(Cambridge: Harvard University Press, 2002). 미국 역사에서 교회와 각 지역의 분열을 조망하는 데 도움이 되는 책이다. 저자는 분열을 일으키는 경계에 대한 최근의 적용이 선조들이 의도한 것과 거기에서 파생된 것과는 어긋난다는 것을 성공적으로 주장한다. 가장 중요한 것으로는 19세기 중반 반가톨릭 사상을 들 수 있다.

Hatch, Nathan O. *The Democratization of American Christianity*(New Haven: Yale University Press, 1989). 최근 20년 안에 미국 기독교에 대해 저술된 가장 영향력 있는 책이다. 저자는 민주 혁명이 주로 사회에서 혁명을 반영했던 미국 초기의 기독교회들에게서 발생했다고 주장한다. 이 종교적 혁명은 식민지 건설로 인해 주변인으로 밀려난 다양한 종류의 신자들(복음주의자들을 포함)에게 능력을 부여했다.

Heyrman, Christine Leigh. *Southern Cross: The Beginnings of the Bible Belt*(New York: Knopf, 1997). 미국 남부 복음주의의 발생을 다룬 볼만한 책이다. 저자는 자신이 다루는 복음주의 주제들의 약점들과 남부의 세속적인 가치들을 수용할 정도로 과장하고 있다. 하지만 이 책은 소설처럼 쉽게 읽을 수 있다. 남부 기독교 보수주의자들조차 이 책을 읽다가 중단하기는 쉽지 않다.

Issac, Rhys. *The Transformation of Virginia*, 1740-1790(Chapel Hill: University of North Carolina Press, 1982). 버지니아 혁명에서 복음주의자들의 중요한 역할을 다루는 매력적인 역사서이다. 남부 기독교를 다루는 보충자료로 적당하다. 비전문가들에게는 다소 어려울 수 있다.

Marty, Martin E. *Righteous Empire: The Protestant Experience in America*. 1970; reprint(New York: Harper Torchbooks, 1977). 이른바 "의로운 제국"에 대한 본질과 중요성에 대한 고전적 자료이다.

Mathews, Donald G. *Religion in the Old South*(Chicago: University of Chicago Press, 1977). 미국 남부 초기 역사에서 기독교에 대한 연구이다.

Niebuhr, H. Richard. *The Kingdom of God in America*(New York: Harper & Brothers, 1937). 니버가 하나님의 나라 운동의 생명력을 억누르고 있는 사회 구조들을 통해 미국 역사에서 하나님의 나라 운동을 고찰했던 고전이다.

Pelikan, Jaroslav. *Spirit versus Structure: Luther and the Institutes of the Church*(New York: Harper & Row, 1968). 개신교 역사의 형성에서 성령과 구조 사이의 긴장과 함께하는 루터의 경험과 그 역할에 대한 연구이다.

Sweeney, Douglas A. *Nathaniel Taylor, New Haven Theology, and the Legacy of Jonathan Edwards*(New York: Oxford University Press, 2003). "의로운 제국"의 시대에 가장 영향력을 발휘했던 미국 신학자 테일러의 중요성에 대한 설명이다.

Wigger, John H. *Taking Heaven by Storm: Methodism and the Rise of Popular Christianity in America*(New York: Oxford University Press, 1998). 미국 초기 감리교에 대한 훌륭한 책. 특별히 개척자들에 대한 복음 전파에 있어서 순회설교자들의 역할에 대한 좋은 연구이다.

Wills, Gregory A. *Democratic Religion: Freedom, Authority, and Church Discipline in the Baptist South*, 1785-1900(New York: Oxford University Press, 1997). 남부 침례교인의 시작에 대해 아주 자세히 서술한 책이다.

4장

물이 바다 덮음 같이: 복음주의 선교의 시작

> 물이 바다를 덮음 같이 여호와를 아는 지식이 세상에 충만할 것임이니라(사 11: 9).

복음주의자들의 지상 목표는 세계 복음화였기에 그들은 대각성 운동을 계기로 삼아 세계 선교를 위해 많은 노력을 기울여왔다. 특별히 18세기 부흥 운동은 세계 선교 운동을 본격적으로 시작하는 계기가 되었다. 이와 함께 선교 사역을 이끌어가는 여러 기관이 설립되고, 복음의 메시지를 가진 많은 문학작품이 출판되었으며, 세계 각지로 추수할 일꾼들이 파송되었다.

물론 헌신된 그리스도의 제자들은 예수 그리스도의 영광스러운 부활 이후 이제까지 복음에 열정적인 증인이었다. 그러나 특별히 근대 복음주의가 시작되면서 많은 사람이 다양한 복음주의 네트워크를 이용해 해외 선교 사역을 감당하게 되는 등, 이제까지 그 선례를 찾아볼 수 없었던 놀라운 일들이 벌어졌다. 예를 들어 수천 명의 미국인이 수백만 달러의 지원을 받으며 여러 국가들에서 선교사로 복음을 전파했다. 이처럼 19세기는 "기독교 확장의 위대한 시기"(the great age of Christian expansion)로 기록된다. 따라서 많은 사람이 20세기는 "기독교의 시대"가 될 것이며 세계 역사의 종말론적 정점을 보게 될 것이라는 희망을 가지게 되었다.

이 장에서는 미국 복음주의 역사에서 이처럼 강력했던 근대 선교 운동의 역사에 대해 살펴볼 것이다. 선교 역사를 소홀히 하면 현재 복음주의 지도자들을 이끌어가는 방향과 정신을 이해하지 못하게 된다. 그러므로 이 장에서는 먼저 초기 개신교 선교의 모습을 살펴보고, 복음주의 세계 선교의 발생과 이후 "하늘과 땅의 모든 권세를 내게 주셨으니 그러므로 너희는 가서 모든 민족을 제자로 삼아 아버지와 아들과 성령의 이름으로 세례를 베풀고 내가 너희에게 분부한 모든 것을 가르쳐 지키게 하라 볼지어다 내가 세상 끝 날까지 너희와 항상 함께 있으리라 하시니라"(마 28:18-20)는 말씀대로 예수님이 주신 대위임령에 순종하여 성취하고자 했던 미국 복음주의가 시도한 세계 선교를 위한 여러 노력들에 대해 설명할 것이다.

1. 개신교 초기 선교

초기 종교개혁자들은 종교개혁을 그리스도의 재림을 준비하기 위해 전 세계에 참된 신앙을 촉구하시는 하나님의 놀라운 역사로 이해했다. 따라서 종교개혁자들은 세상의 종말이 얼마 남지 않았기에 마지막 때에 개신교 목회자들이 해야 할 일은 교회를 순결하게 하고, 사도적 신앙을 회복하도록 하여 담대히 복음을 선포함으로 죄와 죽음, 사탄의 세력에 대항하는 것이라 생각했다. 종교개혁자들은 이 긴급한 목표를 이루기 위해 선교를 선호했지만, 당시가 크리스텐덤의 시기였기에 그들의 선교에 대한 생각은 대각성 운동 이후 현재까지 우리가 가지게 된 선교관과는 상당한 차이가 있는 것이었다.

종교개혁 당시 로마 가톨릭의 선교방식과 같이 관료후원적 종교개혁자들(magisterial Reformers)[1]은 이른바 "고백주의"(confessionalization) 방식으로 선교를 이해했다. 즉 종교개혁자들은 세속 권력의 도움을 받아 그 관할권 내에서 당시 영적 혼동 상태에 있는 사람들에게 개신교 신앙을 자신들의 신앙고백으로 받아들이도록 가르치는 사역을 추구했다. 따라서 그들은 설교, 교리교육, 심방, 교회훈련과 참된 신앙을 실천하고 그들의 이웃들을 양육하면서 유럽의 새로운 개신교 지역에 복음을 전했다. 하지만, 불행하게도 당시 사람들은 다른 문화권에 복음을 전하거나 비기독교 지역에 가서 복음을 전하는 모습에 대해서는 상당히 우려했다. 복음 사역자들이 국경 밖의 다른 지역과 나라에 가서 목회를 하게 된다는 점이 문제가 되었다.

종교개혁자들은 100년 이상을 복음 전파와 확산을 억제하는 유럽의 (신앙)고백의 경계선 문제로 인해 지속적으로 싸우고 있었다. 일부 개신교 사상가들은 심지어 예수님의 대위임령은 오직 사도들에게만 적용되는 것이라고 가르치기도 했다. 따라서 그러한 개신교 사상가들은 사도시대 이후로 하나님은 복음이 언약 공동체의 조직적 성장을 통해서 전

---

1 "관료후원적 종교개혁자들"(magisterial Reformers)은 세속권력을 가진 정치가들의 도움으로 때로는 무력의 힘을 빌려 종교개혁을 추진했던 개혁자들로 Luther(1483-1546), Zwingli(1484-1531), Calvin(1509-64)을 들 수 있다. 이들은 일반적으로 재세례파를 지칭하는 "급진 종교개혁자들"(radical Reformers)과 구별된다. 급진 종교개혁자들은 평화주의자이면서도 교회와 국가의 분리를 요구하는 분리주의자들이었다(때로 이들은 무장도 하고 독립자치정부를 세우기도 했다).

파되기를 원하신다고 주장하면서 선교를 해석하고 있었다.

　이러한 상황에서 초기 개신교인은 대체로 다른 문화권에 복음을 전하는 선교 사역에 최선을 다하지 않았다. 물론 현재 복음주의자들은 선교에 대해 다른 기준과 생각들을 가지고 있다. 그렇다고 당시에 개신교 안에서 선교를 위한 노력이 전혀 없었다거나 복음을 전파하고자 유럽에만 머물러 있었다는 의미는 아니다. 교황청의 지원을 받는 수많은 예수회 선교사가 세계 선교에 앞장서고 있었기 때문에 이에 대응해서 많은 개신교 지도자는 로마 가톨릭의 확장을 우려하면서 개신교의 복음 전파를 위해 많은 노력을 기울였다.²

　1550년대 중반, 존 칼빈과 같은 개신교 지도자들은 브라질에 여러 목회자를 파송했다. 파송된 선교사들 대부분은 위그노들(Huguenots)³로 그 중에 쟝 드 레리(Jean de Léry, 1534-1611)가 대표적인 인물로 볼 수 있다. 이어 1559년에는 스웨덴인이 유럽의 최북단인 라플랜드(Lapland) 지역에서 복음 사역을 시작했다. 17세기 초에는 네덜란드와 영국의 무역회사들이 해외로 진출하면서 자국민들을 위해 목회자들을 동반했다.

　독일 출신의 루터란인 피터 하일링(Peter Heyling, 1607/8-약 1652)은 이집트와 에티오피아에서 설교자와 교사로 사역을 감당했는데, 파실리데스 왕(King Fasilides, 1632-67)을 위한 궁중의사가 되어 인근 지역의 고대 콥트 기독교인 가운데서 일하기도 했다. 17세기 동안, 네덜란드 개혁주

2　예수회로 알려진 제수이트들은 프로테스탄트 종교개혁에 대응하고자 로마 가톨릭교회 안에서 개혁을 촉구하며 1534년에 설립된 가톨릭 수도회이다. 이들은(특별히 가톨릭 교육의 전파와 연관된) 세계 선교 사역에 종사해왔다. 1967년 이후 선교대상을 지칭하면서 "신앙전파를 위한 회중"(the Congregation for the Propagation of Faith)을 "복음화를 위한 회중"(the Congregation for the Evangelization of Peoples)으로 변경해 불렀다.

3　위그노(Huguenots)는 프랑스 개혁주의 개신교인을 가리킨다. 어원에 대한 논쟁이 다소 있긴 하지만, 16세기 중반 이후로 그들이 속한 가톨릭 국가에서 박해와 추방을 받은 그룹을 의미한다.

의는 세계의 여러 지역에서 선교 사역에 힘썼다. 그들이 선교활동을 한 지역으로는 폴모사(Formosa, 현재 타이완), 인도네시아, 세일론(Ceylon, 현재 스리랑카), 브라질 등이었다. 당대 최고의 신학자였던 기버트 보엣(Gijsbert Voet, 1589-1676)은 17세기 중반, 개신교 선교 사역에 대한 책을 가장 먼저 출판했다.[4] 비록 실패로 끝났지만 올리버 크롬웰은 청교도혁명 기간에 로마 가톨릭과 경쟁할 수 있는 프로테스탄트전파대학(Protestant Propaganda College)의 설립을 계획하기도 했다.

17세기 후반, 퀘이커들 또한 미국과 중동아시아(예루살렘과 콘스탄티노플 이슬람교인을 대상으로)에서 선교를 능력있게 감당했다. 17세기 말에는 잉글랜드국교회 지도자들이 해외 선교를 위한 상설기관을 설립하려 했으며 이러한 노력의 일환으로 기독교지식보급회(Society for Promoting Christian Knowlege, 1698)와 해외복음전도협회(Society for the Propagation of the Gospel in Foreign Parts, 1701)가 세워졌다.

청교도들과 경건주의자들은 근대 선교 운동의 길을 닦는 역할을 감당했다. 청교도들이 뉴잉글랜드 지역의 인디언들에게 복음을 전하기 이전부터 개신교 세계는 거대한 규모의 해외 선교를 계획하고 있었다. 이어 경건주의자들이 이 계획을 실행해서 18세기 초반, 선교에서 대성공을 거두게 되었다. 매사추세츠의 청교도 개척자들은 선언하기를, 인디언들에 대한 선교가 자신들이 식민지 공동체를 설립한 중요한 목적들 중의 하나라고 했다.

물론 청교도들이 신대륙으로 이주하는 다른 여러 동기도 있었지만 많은 청교도 개척자는 인디언들이 고대 이스라엘의 후손들로 가나안

---

4 Gisbertus Voetius, *Selectae Disputationes Theologicae*, 5 vols.(1648-69). 그리고 *Political Ecclesiastica*, 3 vols.(1663-76).

땅에서 추방된 이후에 흩어졌던 "10개의 잃어버린 지파"로 보았기에 그들의 구원은 곧 그리스도의 재림 이전에 일어날 이스라엘의 회심(롬 11: 11-36)을 의미하는 것이라 믿고 있었다.

천년 왕국에 대한 기대와 함께, 청교도들은 배를 타고 대서양을 건너 해안에 정착하자마자 곧 이웃들에게 복음을 전했다. 비록 청교도들이 인디언들에게 복음을 전하기 위해서 계획적인 거대한 캠페인을 벌인 것은 아니었지만, 그들은 수십 년간 복음의 씨앗을 인디언들에게 지속적으로 뿌렸다. 1640년대에 영국 청교도 선교사인 토마스 메이휴(Thomas Mayhew, 1621-57)는 마사스 빈야드(메사추세츠 주 남동해안에 있는 섬-역주) 지역에서 선교프로그램을 시작했다.

이와 거의 비슷한 시기에, "인디언들의 사도"(Apostle to the Indians)로 알려진 존 엘리옷(John Eliot, 1604-90)이 매사추세츠 지역에 복음을 전했다. 엘리옷은 인디언들에게 설교하고 성경을 당시 그들이 사용하던 매사추세츠 방언으로 번역했으며 농사하는 법과 영국인과 무역하는 방법 등을 알려주었다. 인디언들이 거주하는 "기도하는 마을"(praying towns)들을 14개 처소에 건설했다. 엘리옷은 뛰어난 자질을 가진 몇몇 인디언들을 하버드대학교에 보내 그들이 수학하고 돌아와 자신의 사역을 돕게 했다.

일부 사람들은 인디언 선교에서 청교도들의 노력이 성취해야할 목표에 비하면 아직은 아주 미미한 것이라고 비판했다. 솔로몬 스토다드는 다음과 같이 청교도들의 인디언 사역에 대해 안타까와했다.

> 사람들은 인디언들에게 복음을 전하려 하지 않는다. 소수의 경건한 사람들이 이 사역을 감당하고 있지만…우리는 이런 소홀함에 대해 널리 비난받고 있다. 많은 사람은 그리스도의 지식으로 인디

언들을 회심시키기보다는 그들에게 먹을 것을 주는 데에 훨씬 더 많은 신경을 쓴다. 대헌장(CHARTER)에서 왕은 기업인이 하나님에 대한 지식을 인디언들에게 전달하는 것이 주요한 목적이었음을 공언했다. 하지만 우리는 그 목적을 실현하는 데에 자주 실패해왔다…우리는 인디언들이 우상숭배를 지속하는 것을 비난하기만 해서는 안 될 것이다.[5]

스토다드는 "하나님이 인디언들의 회심을 소홀히 생각하는 이 나라에 분노하지 않으시는 것"에 대해서 이상하게 생각했다.[6] 당시 다른 여러 사람들도 대각성 운동이 시작되는 18세기 초까지 이와 비슷한 생각을 가지고 있었다.

선교지에서 그들의 고상한 목표와 여러 열매에도 불구하고, 일부 개척자들은 자신들이 인디언들을 부당하게 대우하고 있음을 부끄러워했다. 또한 스토다드 시절 영국인 정착민들은 수많은 인디언을 죽이고 노예로 삼았다. 물론 영국인과 인디언들은 식민지 기간을 통해 여러 작은 충돌들이 있었지만, 독립 이전 미국에서 가장 많은 피를 흘린 치명적인 "킹 필립 전쟁"(King Philip's War. 1675-76)과 같은 사건은 인디언 선교에 커다란 상처를 남기고 말았다.

이 전쟁은 세 곳의 다른 지역 인디언들이 엘리옷이 선교를 하고자 세운 "기도하는 마을"에 거주하는 한 인디언을 살해하면서 시작되었다. 영국인의 살해 혐의를 받게 되자 인디언들은 그동안 영국인에 대해 가

---

5 Solomon Stoddard, *An Answer to Some Cases of Conscience, Respecting the Country*(Boston: Green, 1722), 11-12.
6 Solomon Stoddard, *Whether God is not Angry for Doing so Little towards the Conversion of the Indians?*(Boston: Green, 1723), 6.

지고 있던 분노가 폭발했다. 왐파노악 부족(Wampanoag)의 추장인 킹 필립(King Philip, 1640-76. 인디언 이름은 메타콤)이 그의 왐파노악 용사들에게 청교도 마을인 스완지(Swansea)를 약탈해 보복하도록 했다. 이에 대해 뉴잉글랜드 동맹은 뉴잉글랜드와 뉴욕에서 온 다른 인디언 부족들의 도움을 얻어 전쟁을 시작했다. 이 전쟁의 길고도 슬픈 이야기를 간략하게 설명하자면, 메타콤의 인디언들은 약 10개의 영국인 마을들을 파괴했으며, 뉴잉글랜드의 군인은 왐파노악 부족의 인디언들을 죽였다. 살아남은 인디언들은 9살난 메타콤의 아들을 포함해서 모두 노예로 팔려갔고 추장 메타콤의 머리는 4등분되어 여러 지역으로 나누어졌다. 이 승리로 인해 청교도들은 이제 어떠한 제약도 받지 않고 남부의 뉴잉글랜드를 통한 이동로를 확보할 수 있었다. 하지만 결과적으로 청교도들의 인디언 선교 사역은 커다란 타격을 받게 되었다.

경건주의자들은 청교도들처럼 국가 교회에 대한 개념을 가지고 있지 않았기 때문에 선교 사역에서 청교도들에 비해 성공적이었다. 중부 유럽에서 개신교 교회를 갱신하려했던 경건주의자들의 사역이 시작되기 이전부터 경건주의 진영의 초기 선교는 루터란이던 덴마크의 국왕 프레드릭 4세(Frederick IV, 1699-1730)가 시작했다. 인도 남부의 식민지 트랜퀘바(Tranquebar)에서 사역을 감당할 개신교 목회자가 필요하게 되자 프레드릭은 목회자를 보내기로 결정했지만 이곳에 자원해 가고자하는 마땅한 덴마크 목회자를 발견할 수 없었다.

결국 6년이 지난 1705년, 프레드릭은 경건주의자들이 세운 학교인 할레대학교(Halle University)에 도움을 요청했다. 독일 출신의 궁중목회자이자 경건주의자인 프란쯔 륏켄스(Franz J. Lütkens, 1650-1712)는 두 명의 열정적인 학생들을 선교후보생으로 왕에게 추천했다. 그들이 바돌로매우스 지겐발크(Bartholomäus Ziegenbalg, 1682-1719)와 그의 동료 하인리히 플륏샤우(Heinlich Plutschau, 1677-1752)였다. 1706년 7월, 이들은 국제적인 지원을 받으며 트랜퀘바에서 사역을 시작했다. 보스턴의 청교도 목회자인 코튼 마더(Cotton Mather, 1663-1728)와 런던에 위치한 기독교지식보급회가 이들을 지원했다. 특히 마더는 인도 선교를 위해 프랑케와 정기적으로 편지를 교환했다. 이후 트랜퀘바 사역은 아시아에서 가장 성공적인 모범으로 발전해 개신교 선교 사역의 센터가 되었다.

근대 복음주의 선교의 시작에 중요한 역할을 한 경건주의 공동체인 모라비안들은 수백 명의 선교사를 외국에 파송했다. 모라비안들은 이전의 어떤 개신교 단체들보다도 수적으로 많은 선교사를 파송했으며, 1730년대 초까지 그들은 자신들을 선교 공동체로 인식했다.

선교 역사에서 모라비안들이 중요한 이유는 그들이 복음 사역을 세계적으로 널리 감당했을 뿐만 아니라 서구의 영토적 야심이나 자신의 신앙을 국교로 삼는 국가 교회 형태에 관심을 두지 않았기 때문이었다. 오히려 모라비안 선교사들은 독립적이고 세계적이며 어떤 교파에도 종속되지 않는 특성을 가지고 있었다.

1732년 사역을 시작한 모라비안들은 유럽 대륙을 통해 지속적으로 선교사들을 영국과 인도 서부, 북미로 파송했다. 우리는 이미 그들이 유럽과 미국에서 일어난 부흥 운동들을 뒷받침하는 사회네트워크를 형성하는 데에 중요한 역할을 했음을 살펴보았다. 그들은 또한 카리브해 지역의 노예들을 대상으로 목회하고, 서구에서 첫 번째 흑인 교회를 세우는 사역도 감당했다. 진젠도르프를 도왔던 아우구스투스 슈팡엔베르그(Augustus Spangenberg, 1704-92)의 지도 아래 모라비안들은 당시 잉글랜드가 지배하던 북미에서 훨씬 더 북쪽까지 진출해 교회들을 개척했다. 펜실베니아의 사반나(Savannah, 1735)와 베들레헴(Bethlehem, 1741), 북캘리포니아의 살렘(Salem, 1753) 등지에 이들이 개척한 교회가 세워졌다.

이 교회 공동체들은 열정적인 체코 출신의 복음주의자인 데이비드 자이스버거(David Zeisberger, 1721-1808)의 지도를 받으며 인디언 선교를 위한 센터로 성장했다.

2. 복음주의의 발전

이후 복음 사역에서는 크기와 규모면에서 이제까지 아주 왕성한 활동을 벌여왔던 모라비안 선교를 능가하는 여러 선교단체들이 등장하게 되었다. 개신교인은 복음의 증인이 되고자 복음 전파의 기회를 잡기 위해 많은 노력을 기울였다. 이제 대각성 운동으로 맺은 열매들로 인해 개신교인이 복음의 증인으로 설 수 있는 여러 기회가 생겼다.

초기 개신교 선교로 인한 추진력과 부흥 운동의 초자연적 능력으로 힘을 얻은 복음주의 지도자들은 18세기 동안, 근대 선교 운동을 진행시켰다. 모라비안들처럼 그들은 전통적인 교단의 경계를 뛰어넘을 수 있었다. 당시 크리스텐덤이 막바지에 이르던 시기이기에, 복음주의 지도자들은 세계 복음화를 위해 그들의 이전 세대들이 연합했던 모습보다 훨씬 더 자유로이 연합하며 사역을 감당할 수 있게 되었다.

그들은 또한 초기 개신교 지도자들이 시작했던 선교방법 면에서도 여러 변화를 줄 수 있었는데 이 변화는 종교개혁 시대 신앙고백을 위한 수단으로 전도하고 선교했던 것에서 벗어나 모든 교리적 교파적 의무를 초월하는 순수한 회심으로 사람들을 하나님의 백성으로 부르는 것이었다. 이처럼 복음주의 지도자들은 18세기 대각성 운동을 통해 일어난 영적 에너지를 근대 선교를 여는 길로 변화시켰다.

스코틀랜드 출신 장로교 목회자인 로버트 밀라(Robert Millar, 1672-

1752)가 근대 선교의 길을 닦았다. 1723년 초, 밀라는 2권으로 된 『기독교 전도의 역사』(History of the Propagation of Christianity)를 출판했다. 이 책에서 밀라는 주장하기를, "이교도들이 세상의 거대 조직으로 만들어버린 노예제도에 동정심을 가지는 것은 아직 인류가 대적의 쇠사슬에 매여 있다는 증거"[7]라고 했다. 이어 밀라는 흥분해서 지적하기를, "세계 여러 지역의 기독교인은 이제 그리스도께서 값 주고 사신 구원을 온 세상에 알려야 한다는 사실을 이전보다 훨씬 더 깊이 깨닫고 있는 것처럼 보인다." 밀라는 "물이 바다를 덮음 같이 이 세상이 주님의 지식으로 충만해지도록"[8] 기도했다.

하지만 그는 로마 가톨릭의 선교 사역이 개신교를 능가하고 있음을 안타까워했다. 그의 책을 통해, 밀라는 개신교인이 선교에 대한 관심을 더욱 진지하게 가질 것을 호소하면서 로마 가톨릭의 지속적인 선교 사역이 개신교에 도전을 주고 있다고 했다. 그는 "로마 가톨릭 신자들은 전 세계에서 개종자들을 만들어내고 있는데 반해 우리 개신교인은 빈둥거리며 아직히 의자에 앉아 아무것도 하지 않고 있는 것이 아니냐?"[9]고 반문하기도 했다. 밀라는 자기 한 사람의 노력으로는 부족하지만, 자신의 사역은 세계 선교를 통해 새로운 역사를 감당했다는 기록으로 역사에 남을 것이며 앞으로 개신교에서도 선교 사역이 성공하기를 소망했다.

밀라의 메시지에 귀를 기울인 사람이 바로 뉴잉글랜드에 살던 조나단 에드워즈(Jonathan Edwards, 1703-58)이다. 그는 개신교 선교와 관련

---

7 Robert Millar, *The History of the Propagation of Christianity and Overthrow of Paganism*, 2nd ed., 2 vols.(London: G. Strahan, 1726), 1:ix.
8 Ibid., 1:xiv.
9 Ibid., 1:xii, 2:592.

된 다수의 책들을 소장하고 있었고 사람들이 선교 사명을 깨닫도록 일깨웠다. 그는 수많은 작품을 저술하여 칼빈주의 목회자들에게 문화의 경계를 초월하는 선교 사역을 촉구하는 영감을 제공했다. 에드워즈는 많은 사람이 선교사로서 복음 사역에 새로이 헌신토록 했다.

1747년, 에드워즈는 유럽과 미주의 대서양을 횡단하는 복음주의적 기도 모임인 "기도합주회"(concert of prayer)를 개최했는데 이는 신앙의 부흥과 그리스도 왕국의 진보를 위한 것이었다.[10] 1736년, 에드워즈가 담임하던 노스햄턴교회는 스톡브릿지 변방에 거주하는 인디언들의 선교 사역을 감당하는 기관을 설립하도록 후원했다. 1751년에는 에드워즈 자신이 스톡브릿지로 이주하여 직접 선교사 사역을 감당하기도 했다.

하지만 개신교 선교가 빠르게 확장되도록 커다란 역할을 한 것은 에드워즈가 편집한 『데이비드 브레이너드의 생애와 일기』(*Life of David Brainerd*, 1749)였다. 이 책은 널리 많은 사람에게 읽혀졌다.

3장에서 이미 언급했던 것처럼, 브레이너드는 뉴욕과 펜실베니아, 후에는 뉴저지에서 인디언들을 위한 복음전파 사역을 감당했다. 그는 에드워즈를 진실하고 뛰어난 기독교 경건을 지닌 살아있는 모범적 인물로 표현할 정도로 존경했다.[11] 브레이너드는 29세에 결핵에 걸려 에드워즈의 사택에서 하나님의 부르심을 받았다. 하지만 브레이너드는 수년 동안 많은 사람을 감동시키는 놀라운 영적 일기를 작성했다. 브레이너드는 선교지에서 5년도 채 안 되는 사역을 했지만 에드워즈는 그의

---

10 Jonathan Edwards, *A Humble Attempt to Promote Explicit Agreement and Visible Union of God's People in Extraordinary Prayer for the Revival of Religion and the Advancement of Christ's Kingdom on Earth, Pursuant to Scripture-Promises and Prophecies Concerning the Last Time*(Boston, 1747). 또한 Jonathan Edwards에 관한 자료로는, *Apocalyptic Writings*, ed. Stephen J. Stein, *The Works of Jonathan Edwards*, vol. 5(New Haven: Yale University Press, 1977), 307-436.

11 Jonathan Edwards, *The Life of David Brainerd*, ed. Norman Pettit, *The Works of Jonathan Edwards*, vol. 7(New Haven: New Haven: Yale University Press, 1985), 96.

일기에서 브레이너드의 인생을 정리하여 그를 기독교의 영웅으로 만들었다. 이로 인해 노스햄턴 공동묘지에 있는 브레이너드의 묘비는 이제 순례자들이 찾는 개신교의 성역이 되었다. 브레이너드의 이름은 초기 선교기관들에 명예롭게 헌정되었으며, 그의 사역에 대한 헌신은 그리스도를 위한 개인적 희생의 전설적인 모범이 되었다. 어떤 사람들은 브레이너드의 죽음을 일종의 순교로 받아들였으며 그는 많은 사람에게 선교 사역의 영감을 제공했다.

브레이너드는 특별히 영국 침례교인에게 많은 영향을 미쳤다. 그리고 에드워즈의 작품들은 18세기 후반 영국에서 세계 선교에 대한 사명의식을 일깨웠다. 에드워즈의 인간 의지에 대한 깊은 이해와 복음주의에 대한 헌신은 이제까지 이런 사역을 제한해왔던 강경 칼빈주의자들(hyper-Calvinist)을 누그러뜨렸다. 수많은 비국교도 지도자가 주로 노스햄턴샤이어(Northamptonshire)에 정착했는데 이 지역은 에드워즈주의자들이 살던 마을로 필립 도드리지(Philip Doddridge, 1702-51), 앤드류 풀러(Andrew Fuller, 1754-1815), 윌리엄 캐리(William Carey, 1761-1834)처럼 후에 세계적인 사역을 감당했던 초기 선교지도자들이 일어난 곳으로 유명해졌으며 캐리와 같은 칼빈주의 침례교인이 이 지역을 이끌었다.

1792년, 캐리는 기독교 고전이 된 『이교도들의 회심을 위한 수단의 이용을 위한 기독교인의 의무에 대한 탐구』(*Enquiry into the Obligations of Christians to Use Means for the Conversion of the Heathens*)를 출판했다. 영미(Anglo-American) 선교 운동은 이제 국가와 문화의 경계를 초월해야할 필요성을 강조했다. 이후에 캐리와 풀러는 여러 복음주의자와 함께 당시 복음주의권에서 가장 큰 영향력을 미치게 될 선교단체인 침례교선교협회(Baptist Missionary Society)를 설립했다.

1793년, 캐리는 선교를 위해 자신이 직접 인도로 건너갔으며 다른 회원들도 선교에 직접 헌신하도록 했다. 18세기 말, 영국의 복음주의자들은 국제적 사역을 위해 비슷한 성격을 지닌 여러 선교기관들을 설립했다. 1786년에 설립된 감리교선교협회(Methodist Missionary Society), 1795년에 설립된 초교파적인 런던선교협회(London Missionary Society), 1799년에 설립된 잉글랜드국교회의 교회선교협회(Church Missionary Society), 1804년에 설립된 초교파적인 영국과해외성경협회(British and Foreign Bible Society), 1808년에 설립된 근대 유대인 선교의 아버지인 조셉 사무엘 프레이(Joseph Samuel C. F. Frey, 1771-1850)와 독일의 메시아닉 유대인(Messianic Jew)이 세운 유대인기독교장려런던협회(London Society for Promoting Christianity among the Jews) 등이다. 19세기는 이전의 어떤 시기보다 개신교와 로마 가톨릭 모두에서 수백만 명의 사람이 기독교로 개종하는 놀라운 역사가 일어난 시기였다. 근대 선교 운동은 이제 절정기를 맞이했던 것이다.[12]

비록 영국인이 국제선교기관들을 먼저 설립했지만 상당수의 선교사들을 해외로 직접 파송한 것은 미국 복음주의자들이었다. 약 1,800년이 지나서야 뉴디비니티 학파 사람들이 미국에서 인디언들을 위한 첫 번째 선교협회를 창립했다. 이어 그들의 조직들은 국내 선교(home mission)에 헌신하게 되었다. 코네티컷선교협회(Connecticut Missionary Society, 1797-98)와 매사추세츠선교협회(Massachusetts Missionary Society, 1799)가 설립되었고, 이는 후에 미국선교사본국협회(American Home Missionary Society, 1826)로 발전되었다. 미국선교사본국협회는 서부 개척자들과 인디언들에게 설교와 교회 개척, 기독서적의 보급 등을 통해 복음을 전파했다. 이 선교단체들은 미국 안에서는 윤리적으로 상당한

---

12 다소 적절치 않을 수도 있지만 William Carey는 "근대 선교의 아버지"로 불린다.

영향력을 미쳤지만, 해외에서는 그 영향력이 미미했다.

오히려 교계 지도자들의 활동범위를 확장하고 해외에 있는 미국인에 의한 투자를 장려하는 역할을 한 것은 하나의 대학생 그룹이었다. 그들의 이야기는 반복되어 소개될 정도로 미국의 선교 역사에서 아주 중요한 부분을 장식하고 있다. 1806년 여름, 사무엘 밀즈(Samuel J. Mills, 1783-1818)는 소수의 윌리암스대학(Williams College)의 동료들을 메사추세츠 윌리암스 타운에 위치한 그들의 학교 인근의 풀밭으로 초대했다. 에드워즈주의를 따르는 이 대학에서 일어난 최근의 부흥 운동으로 인해 세계 복음화를 위한 관심이 공동체 전체에 고조되어 있었다. 밀즈와 그의 친구들은 아시아 선교를 위한 기도회로 모여 전심으로 기도하고 있을 때, 천둥번개가 치자 그들은 주변에 있는 건초더미 아래로 대피했다. 그곳에서 그들은 기도회를 계속 이어가면서 세계 선교를 위해 자신들을 헌신했다. 사람들은 이 역사적 사건을 "건초더미 기도회"(Haystack Prayer Meeting)로 부르게 되었다.

이들은 복음전파를 위한 기도모임을 지속적으로 이어갔으며 2년 후에는 세계 선교를 위한 기관을 설립하게 되었다. 형제회(Society of the Brethren, 1808)로 알려진 이 기관은 미국에 세워진 첫 번째 세계 선교 기관이었다. "하고자 한다면 우리는 할 수 있다"(We can do it if we will)는 이들의 모토에서 우리는 에드워즈주의를 발견할 수 있다. 형제회 모든 참가자들은 선교사로 나갈 것을 계획했다. 적어도 이 사람들 중에 사무엘 밀즈, 고든 홀(Gordon Hall, 1784-1826), 제임스 리차즈(James Richards, 1784-1822)는 당시 설립된 지 얼마 안되는 앤도버신학교(Andover Seminary)에서 선교를 위해 훈련을 받았다. 앤도버신학교는 미국에서 가장 먼저 학사편입제도(postbaccalaureate)를 시행한 개신교 신학교였다. 이들은 앤도버신학교에서 사무엘 뉴웰(Samuel Newell, 1784-1821)과 사무엘 노트 주니어(Samuel Nott Jr., 1788-1869), 후에 유명해진 아도니람 저드슨(Adoniram Judson, 1788-1850)과 같은 학생들에게 도전을 주었다. 이들로 인해 앤도버신학교는 "선교사 신학교"라는 별칭을 얻게 되었다.

1810년 저드슨, 뉴웰, 노트와 홀은 매사추세츠 총회에서 선교사로 임명받았다. 후에 그들은 미국에서 첫 번째 선교사 파송기관인 미국해외선교위원회(American Board of Commissioners for Foreign Missions)를 설립하는 데에 공헌했다. 1812년 위원회의 구성원인 저드슨, 노트, 뉴웰, 홀, 루터 라이스(Luther Rice, 1783-1836)는 그들의 아내와 함께 인도 캘커타 근처에 선교회를 설립했다. 1820년까지 미국해외선교위원회는 스리랑카와 하와이, 팔레스타인, 미국 내 인디언들에게 복음을 전하고자 선교사를 파송했다.

수많은 선교사의 아내와 여성 선교사는 홀리오크여자신학교(Mount Holyoke Female Seminary)에 입학해 교육을 받았다.

이 학교는 1837년에 에드워즈주의 신학자요, 교육자인 메리 라이온(Mary Lyon, 1797-1849)이 설립했으며 학생들은 교양과목, 집안 일, 전문 사역 등을 훈련받았다. 이 학교 교육을 통해 라이온은 전인적인 여성의 모습을 형성하고자 노력했다. 라이온은 "그리스도에게로 세계를 돌아오게 하는 위대한 사역에 도움을 줄 수 있는 것만을 가르친다"[13]는 설립 목적을 가지고 학교를 운영했다.

이 학교는 앤도버에서 약 8마일 떨어진 서부 메사추세츠의 언덕에 위치해 있으며 이후 선교를 위한 여러 학교들과 파트너 관계를 유지했다. 이 학교들에서 배출된 수많은 선교사가 해외 선교의 사명을 감당하

---

[13] Dana L. Robert, *American Women in Mission: A Social History of Their Thought and Practice*(Macon, GA: Mercer University Press, 1996), 98에서 재인용.

게 되었다. 19세기에 이르러 여성들은 이전보다 훨씬 자유롭게 선교 사역을 감당할 수 있었다. 실제로 그들은 국내인 미국에서보다 해외에서 더 자유롭게 사역할 수 있었다. 라이온이 세운 학교와 같이 여러 학교들이 여성 사역과 밀접한 관계를 가지게 되었다.

메리 라이온
(Mary Lyon)

Mount Holyoke College Archives and Special Collections의 허락하에 사용

많은 미국 선교사 가운데 복음주의 선교의 개척자의 모범이 되는 두 사람이 있다.

첫 번째 사람은 잘 알려진 아도니람 저드슨이다. 그는 미국 최고의 해외 선교사로 평가받는 인물이다. 1812년 2월 19일, 살렘의 항구에서 사람들의 축복 속에 파송된 저드슨은 성경적인 세례가 무엇인지에 대해 깊이 연구하면서 4개월을 보냈다. 그는 6월 17일, 캘커타에 도착해서 성경 연구를 지속했으며, 그해 여름이 지나기 전 그가 속한 교단이 인정한 유아세례를 거부했다. 이어 그는 미국해외선교위원회가 위탁한 선교사직에서 사임하고 캘커타의 북쪽에 위치한 세람포에 있는 캐리가 운영하던 선교단체에서 다시 세례를 받았다. 그는 다음 해에 버마(현재 미얀마-역주)를 향해 출발했으며 미국 침례교인의 후원을 받아 결국 그의 여생을 버마 선교에 헌신했다.

저드슨은 버마 성경의 초안을 작성하고, 버마 사전을 개정했다. 그는 영국-버마전쟁(Anglo-Burmese War)동안 영국의 간첩으로 몰려 감옥에 갇혀 고문을 당하기도 했다. 그가 석방되고 나서는 통역을 통해 영국 정부가 얀다보 협정(Treaty of Yandabo, 1826)을 맺는 데 도움을 주었다. 그는 세 번 결혼했는데 아내들의 도움이 없었다면 저드슨은 많은 것을 성취할 수 없었을 것이다. 그 아내들의 이름은 앤 낸시 헤셀틴 저드슨(Ann Nancy Hasseltine Judson, 1789-1826), 사라 홀 보드만 저드슨(Sarah Hall Boardman Judson, 1803-45) 그리고 거의 30살이나 연소했던 에밀리 첩복 저드슨(Emily Chubbok Judson, 1817-54)이다. 첫 번째와 두 번째 부인은 저드슨보다 세상을 먼저 떠났으며, 그도 1850년 4월에 만성 호흡 질환으로 하나님의 부르심을 받았다. 저드슨은 의사에게 상쾌한 공기와 건강에 좋은 기후에 가서 살아야 한다는 처방을 받아 고국으로 귀환하던 중 선상에서 숨을 거두었으며 선원들은 그를 인도양의 바다 깊은 곳에 수장했다.

두 번째 사람은 사무엘 밀즈로, 그는 캐리나 저드슨이 누렸던 명성에는 미치지 못하는 인물이다. 그는 미국해외선교위원회를 설립한지 8년 후인 35세의 나이에 죽었다. 하지만 밀즈는 해외 선교와 기독교 확장의 시대가 도래하도록 돕는 여러 선교기관을 섬기면서 누구보다 주요한 역할을 감당했다. 밀즈는 코네티컷의 토링포드(Torringford)에서 설교자의 자녀로 태어났다. 그는 10대 시절 부흥회를 통해 회심을 체험하고 뉴잉글랜드의 좋은 학교에 입학했다. 밀즈는 윌리암스와 함께 앤도버신학교, 미국해외선교위원회에서 영적인 지도력을 발휘하고 해외 선교를 촉구하면서, 한 회중 교회에서 설교할 자격(1812)을 얻었으며, 목사 안수(1815)를 받았다.

그는 먼저 국내 전도 사역을 감당하여 남부 지방과 중서부 지방, 뉴욕시의 가난한 사람들에게 성경을 나누어주고, 복음을 전했다. 1816년, 그는 "유색인종 학교"(School for Educating Colored Men)에서 사역했다. 밀즈는 또한 미국성경협회(American Bible Society, 1816)와 "장로교와 네덜란드 개혁교회의 연합해외선교협회"(United Foreign Missionary Society of the Presbyterian and Dutch Reformed Churches, 1816)를 설립하는데도 일조했다.

1817년에는 서부 아프리카로 건너가서, 그곳에서 자유를 얻은 노예들의 재정착을 돕기 위한 기구인 미국식민협회(American Colonization Society, 1817)의 부지를 구입하는 데 참여하기도 했다. 미국식민협회는 이전에 노예였던 수천 명의 사람을 위해 노예 주인에게 값을 지불하고 그들을 아프리카의 라이베리아(Liberia)에 정착시켜 복음을 전하도록 했다(1822). 밀즈는 아프리카에서 고국으로 돌아오는 도중에 해상에서 죽어 대서양에 "묻혔다."

이전 노예였던 흑인에 대해서는 기독교 역사에서 대체로 잘 언급하지 않지만 사실 식민지 건설은 미국의 해외 선교에 주요한 역할을 했다. 고질적인 인종차별은 오히려 많은 것을 소망하게 했다. 많은 노예가 미국시민이 되는 것을 선호했지만 식민지 건설은 아프리카의 영적인 삶에 여러 도움을 주는 흑인 복음주의 지도자들이 파송을 받는 기회를 제공했다.[14] 예를 들어, 다니엘 코커(Daniel Coker, 1780?-1846)는 최초의 미국 흑인 선교사로 이전에 노예였던 흑인을 위해 세워진 시에라리온(서부 아프리카에 있는 영국 식민지)에 파송되었다.[15] 이삭 라이트(Issac Wright)와 함께 태어난 코커는 메릴랜드에서 노예생활을 하다 탈출해서 그의 이름을 바꾸고, 흑인감리교감독교회(African Methodist Episcopal Church) 설립을 소망하면서 목회자가 되었다.

1820년, 그는 미국식민협회의 지원을 받아 감리교 선교사로 아프리카로 파송받았다. 도착한 지 3개월 만에 그는 시에라리온 식민정부의 수상의 자리에까지 이르렀다. 그는 교회와 시민 정부의 지도자로서 이후 후계자들의 길을 준비하면서 여생을 보냈다. 그 후계자 가운데 대표적 인물로는 사무엘 아드자이 크로우더(Samuel Adjai Crowther, 1807-91)를 들 수 있다.

3. 이 세대가 지나기 전 세계 복음화

세계 복음화를 위해 자신을 헌신한 많은 용기 있고 진취적인 선교사들에 대한 이야기들이 풍성하다. 19세기 말, 선교사들은 세계 전 지역으로 파송되었다. 미국 선교사들은 국내 모든 교단의 지원 속에 남극을 제외한 전 대륙에 파송되었다. 그리고 그들은 기독교 역사의 중심에 변

---

14 19세기 말까지 식민지 운동은 거의 1만 6,000명의 미국 시민권을 지닌 흑인(black Americans)을 아프리카로 돌려보냈다.
15 Coker를 첫 번째 선교사로 보는 것은 어려울 수 있는데 여기에는 복잡한 문제가 있다. 이 경우에, David George 목사(다음 장에서 살펴 볼 예정)가 Coker보다 앞선 것은 사실이며 흑인 퀘이커 사업가인 Paul Cuffe(1759-1817)도 마찬가지다. 하지만 두 사람 모두 아프리카 식민지일 뿐 선교사로는 보지 않는다.

화를 가져오는 20세기 역사에 엄청난 영향을 미쳤다.

세계 선교에 남성들보다 여성들이 더욱 헌신적이었다는 사실은 중요한 의미가 있다. 실제로 20세기 초, 수백만 명의 여성들이 미국 내 여러 선교협회들에서 중요한 위치를 차지하고 있었다. 1915년에만 300만 명 이상의 멤버들이 40개에 달하는 미국 여성 선교협회들을 후원했다.

이외 수많은 여성이 여러 선교협회들을 직간접으로 후원했는데 이를 통해 여성 선교 운동은 미국의 가장 커다란 기독교 자선 운동으로 성장했다.

19세기 초만해도 여성 선교사들 대부분은 남편 선교사의 그늘에서 협조자로 사역을 감당했다. 그래서 당시 메리 라이온은 이상적인 홀리오크 선교사의 모습을 다음과 같이 표현하고 있다.

> 그녀[여성 선교사]는 주일학교에 대한 관심을 가지고 가난하고 어려움을 겪는 사람들에게 자비의 천사가 되어, 다양한 방법으로 자비의 정신과 선교의 동기를 위한 열정을 더하기를 추구한다. 그리고 그녀는 영혼의 구원을 위해 사역한다. 하지만 그녀의 사역은 상냥한 속삭임과 맨발의 고요한 걸음과 시종일관 일치하는 모범의 힘으로 이루어진다.[16]

이 말은 현장에서 여성들의 사역을 하찮게 생각했다는 의미가 아니다. 남성들은 자주 여성들의 사역을 자신들이 할 수 없는 구별된 영역으로 생각하고 여성들이 맡은 고유의 영역을 기독교 사역의 중요한 요소로써 찬양해왔다. 특별히 근대 선교 초기에 여성들은 친교적이고 물

---

16 Robert, *American Women in Mission*, 96-97에서 재인용.

질적 분야에서 사역에 대한 관심을 표명하는 경향이 있었다. 여성들은 교육에 관심을 가지고 필요한 사람들을 먹이고 치료하며 남성들이 설교할 수 있도록 호의적인 상황을 만드는 역할을 했다. 19세기 초, "선교사의 신부"(The Missionary's Bride)란 제목의 시는 당시 여성들에 대한 문화적 기대를 잘 표현하고 있다.

> 누가 선교사의 신부가 될 것인가? 젊고 적절한 누가 세상을 뒤로 하고 떠날 것인가? 세상의 허식과 공허함과 교만이 주님의 십자가를 질 수 있는가?
> 누구도 없다. 마음이 온순한 사람과 다른 사람의 고통을 느끼는 사람과 슬픔의 눈물을 닦아주는 것을 사랑하는 사람 외에는 떨어지는 눈물 그리고 그 어조가 말한다. 영혼을 다시 진정시키라고. 귀중한 생명의 양식을 필요로 하는 사람들을 위해 동정심을 느끼는 그녀는 주님의 양들에게 음식을 줄 것을 소원한다. 오! 이런 사람이 참으로 선교사의 아내가 될 수 있다.[17]

19세기 후반, 여성의 역할에 대한 기대가 변하면서 수십 개의 여성 선교기관이 세워졌다. 이제 여성들은 여성을 위한 사역에서 지도적인 역할을 감당하기 시작했다. 그 결과, 미국의 뛰어난 많은 여성이 해외 선교에 자원하게 되었다.

당시 대부분의 선교기관들은 독신 여성 선교사를 원하지 않았다. 그러나 독신 여성들은 빠르게 선교를 위한 후원을 확대해가면서 그들만의 선교기관들을 설립하기 시작했다. 루시 피바디(Lucy Peabody, 1861-

---

17　Ibid., 1.

1949)와 헬렌 바렛 몽고메리(Helen Barrett Montgomery, 1861-1934)와 같은 여성 지도자들이 이끄는 여성 선교기관들은 여성들을 선교 자원으로 관리했다. 당시 남부 감리교에 속한 한 여성 지도자의 말이 도전을 주는데, "19세기 여성들에게는 이전에 여성들이 할 수 없던 일[선교]이 아직 남아있었다. 여성들이 이끌어가는 선교기관들은 선교지에서 여성들이 어떻게 선교를 해야하는지 그 방법을 알려주었다."[18] 수백만 명의 여성이 나이에 관계없이 이러한 복음의 도전에 응답했다.

19세기 말 정도가 되어서는 여성 사역의 새로운 시대가 열렸으며 "여성을 위한 여성의 사역"(Woman's Work for Woman)이라는 표어가 대중적으로 사용되었다. 20세기 초, 여성 선교 운동은 크게 성장하여 전 세계에 영향을 미칠 정도였다. 여성 선교 운동이 아주 강력하게 전개되면서 1930년대 초반에는 여성 선교 운동 기관들을 기성 교단들이 수용해야 할 상황까지 이르렀다. 이제는 교단들도 독신 여성들을 선교사로 받아들였을 뿐만 아니라 교단의 여러 위원회에서 여성들이 많은 부분에서 사역을 감당하게 되었다. 이를 통해 아이러니하게도 여성들은 여성 운동을 주도하는 권력은 상실했지만 세계 선교와 복음 사역에 지속적으로 헌신했다.

19세기 미국에서 가장 주목받은 여성 선교사는 남침례교 소속의 로티 문(Lottie Moon)이라고 불리는 샬롯 딕스 문(Charlotte Diggs Moon, 1840-1912)이다. 로티 문은 버지니아의 앨버말(Albemarle)에서 태어나 버지니아여자신학교(Virginia Female Seminary)와 앨버말여학교(Albemarle Female Institute)를 다녔다. 1872년, 그녀는 중국으로 파송되었는데 이는 남침례교단이 파송한 첫 번째 독신 여성 선교사였다. 그녀는 중국의 등

---

[18] Mrs. E. F. Chilton, "Woman's Work," *Woman's Missionary Advocate* 1(July 1880): 13.

주(登州, Tengchow)와 핑두(平度, Pingtu)에서 40년간 사역을 했는데 아이들을 가르치며 여성들에게 복음을 전하는 일을 감당했다. 남침례교 출판사에서 출판해 낸 수없이 많은 편지와 글을 통해 로티 문은 여성 선교협회들을 조직하고 해외 선교의 사명을 일깨우는 도전을 주었다. 로티 문은 평생을 미혼으로 살면서 외로움과도 싸와야 했다.

그녀는 또한 선교지에서 여러 소란스런 사건을 겪으며 이를 참아내야 했다. 특별히 반서구 운동인 의화단 사건(Boxer Uprising, 1899-1900)으로 분노한 수많은 중국인이 외국선교사들을 공격하는 일을 감내해야 했다. 1912년 12월까지 로티 문의 만성적인 여러 병들과 우울증 증세가 그녀를 괴롭히자 그녀의 선교동역자들은 결국 그녀를 고국으로 돌려보내기로 결정했다. 하지만 초기의 여러 선교사처럼, 그녀는 일본의 고베(Kobe)에서 배가 정박해 있는 성탄절 전날 하나님의 부르심을 받았다.

샬롯 (로티) 문
Charlotte (Lottie) Moon

International
Mission Board의 허락하에 사용

4장 물이 바다 덮음 같이 : 복음주의 선교의 시작   137

　　로티 문과 같은 남침례교인은 세계 선교 사역에 커다란 역할을 감당
했다. 19세기 말 이후로 남침례교는 세계 선교를 감당하는 가장 큰 교
단들 중의 하나가 되었다. 1888년, 3,000달러로 시작한 세계 선교를 위
한 기금은 현재 매년 1억 달러에 이르고 있으며 수천 명의 남침례교 선
교사들이 선교 사역에 지원하고 있다. 남침례교는 이제 세계 선교의 가
장 좋은 모범이 되고 있다.
　　이처럼 엄청난 노력들로 인해, 복음주의 선교 사역은 19세기 말에 폭
발적인 성장을 이룰 수 있었다. 1890년 934명이던 선교사들이 1900년
정도에는 거의 5,000명으로, 1915년에는 9,000명을 넘어섰다. 이는 25
년만에 거의 10배의 성장을 이룬 놀라운 결과였다. 새로운 세대의 지도
자들이 새로운 선교 전략을 세우고 선교사들을 모집하고자 일어났는데
그들 중에 대표적인 인물로는 침례교인인 고든(A. J. Gordon, 1836-95)과
장로교인인 피어슨(A. T. Pierson, 1837-1911)을 들 수 있다.[19]
　　이들은 임박한 그리스도의 재림을 주장하는 전천년주의에 대한 믿
음을 가지고 선교 사역에 헌신했고 개인적인 경건의 실천에 관심을 가
지고 있었다. 하지만 현대 선교 역사에서 가장 활력이 넘치는 개척자로
평가받는 감리교 평신도였던 존 모트(John R. Mott, 1865-1955)는 세계 선
교에 대한 지대한 관심을 불러 일으켰다.
　　1886년 7월 코넬대학교 학생이었던 모트는 매사추세츠의 마운트 헐
몬(Mount Hermon)에서 무디(D. L. Moody, 1837-99)가 개최한 여름 컨
퍼런스에서 1개월을 보냈다. 19세기 말, 미국의 뛰어난 부흥 운동가 무
디는 여러 도시에서 개최된 성경 컨퍼런스를 지원했다. 그는 컨퍼런스

---

19 A. J. Gordon의 전체 이름은 Adoniram Judson Gordon이다. A. T. Pierson은 1896년 재
　　세례를 받고나서 장로교 목사직에서 제명되었다.

에서 전천년주의, 경건 생활, 선교 사역을 장려했는데, 이 주제들은 당시 복음주의 운동이 강조하는 모습들이기도 했다. 헐몬에서 99명의 동료들과 함께 모트는 "하나님이 허락하신다면 나의 목표는 해외 선교사가 되는 것입니다"라는 서약에 서명했다. 모트를 포함한 "헐몬의 100명"은 선교를 위해 평생 헌신할 것을 다짐하고 컨퍼런스 이후에는 자신의 친구들도 서약에 서명하도록 설득했다. 이를 통해 1888년 학생자원운동(Student Volunteer Movement)이 시작되었으며 모트 피어슨(Mott A. T. Pierson)이 의장이 되어 32년간 이 운동을 이끌었다. 이 운동의 표어로는 "이 세대가 지나기 전 세계 복음화"(the evangelization of the world in this generation)였다.

학생자원운동과 그 표어는 수많은 선교사에게 영감을 불어넣어 주었다. 학생자원운동에서 선교에 헌신한 학생들 수가 2만 명이 넘어섰다. 이 운동이(주로 자유주의 신학으로 인해) 쇠퇴하자, 이 운동의 회원들 중 복음주의자들은 1936년에 이 운동의 대안으로 학생해외선교연맹(Student Foreign Missions Fellowship)을 설립해서 9년 후에는 대학간기독교연맹(Intervarsity Christian Fellowship)과 병합했다. 학생해외선교연맹은 시카고 인근 얼바나(Urbana)에 위치한 일리노이대학교(University of Illinois)에서 3년마다 이러한 학생 선교 컨퍼런스를 개최했다. 얼바나 컨퍼런스는 세계 선교에 관심을 가진 많은 학생에게 도전을 주었으며 모트는 선교에 대한 자신의 열정을 전달했다.

학생자원운동은 YMCA(Young Men's Christian Association)의 선교담당 기구로서 그 역할을 감당했다. 모트는 그의 생애 대부분을 YMCA를 섬기는데 보냈다. 모트는 자신의 코넬대학교 시절에서부터 사무총장으로 임기를 마치기까지 44년간을 YMCA에서 보냈다.

D. L. 무디
(D. L. Moody)

일리노이 주 휘튼의 Billy Graham Center Museum 제공

    모트는 미국의 청년들이 복음주의 선교의 미래를 담당하게 되리라고 믿었다. 모트는 세월이 지나 연로한 나이에도 청년들에게 도전을 주는 귀한 사역을 감당했다.

    풍부하고 다양했던 모트의 생애를 짧게 요약하기는 힘들다. 그는 30년 이상 세계학생기독연합회(World Student Christian Federation)을 이끌었다. 그는 1910년에 개최된 세계선교컨퍼런스(World Missionary Conference)에서 의장을 맡기도 했다. 모트는 이 컨퍼런스의 후신인 국제선교협의회(International Missionary Council, 1921-41)도 세웠다. 그는 심지어 세계교회협의회(World Council of Churches, WCC)를 설립하는 창립 멤버의 역할을 하여 1948년에는 명예회장이 되었다. 오랫동안의 에큐메니칼 사역을 통해 모트는 1946년 노벨평화상을 수상했다. 모트는 평생 약

100만 7,000마일을 배와 기차로 여행하면서 세계 기독교 정치가로서의 역할을 수행했다.

하지만, 1920년대와 1930년대에 선교 운동은 여러 방면에서 비난을 받게 되었다. 그 비난의 내용은 주로 미국 선교사들이 선교 현장에서 제국주의적 선교 방법을 수용하고 인종차별을 자행하고 있다는 것이었다. 근대 선교 운동은 미국이 세계 선교에 뛰어든 기간에 꽃을 피웠다. 하지만 미국은 선교지에 단지 복음만을 전달해 준 것이 아니었다. 미국의 정치, 상업, 문화 등이 기독교 메시지와 혼합되어 전달되었다. 미국적인 삶의 방식을 사랑하는 많은 애국적인 기독교인(특별히 이들은 미국을 "의로운 제국"이며 그 백성은 축복받았다고 생각했던)은 선교 사역을 감당하면서 성경적 기독교와 미국 문화를 제대로 구별하지 못하고 이들을 혼용해 전달했던 것이다.

선교사들과 회심자들에게 영감을 불어넣은 19세기에 작사되어 불러졌던 수많은 선교 찬송 중에 상당히 많은 찬송이 미묘하지만 잘못된 이러한 경향을 보여준다. 이 찬송들은 순수하게 영적 부유함을 노래하면서도 서구의 문화적 배타주의로 다소 포장되어 있다. 당시 가장 대중적인 선교 찬송이었던 "그린랜드의 얼음산에서부터"(From Greenland's Icy Mountains, 1819. 새찬송가에는 507장 "저 북방 얼음산과"로 실려있다-역주)를 살펴보면,

    그린랜드의 얼음산에서부터
    인도의 산호초 해안에서부터
    아프리카의 태양이 빛나는 원천이 있는 곳으로
    그들의 황금 모래를 굴려내려라.
    여러 고대의 강에서부터

여러 야자 평지로부터
그들은 죄의 사슬로부터 그들의 땅을 구원해달라고
우리를 부른다.

향긋한 산들바람이 부드럽게 실론섬으로 불어올지라도
모든 전경이 마음에 들고 오직 사람만이 악하다고 할지라도
하나님의 은혜가 아주 부드러이 온통 뒤덮여있다 할지라도
소경된 이교도가 헛되이 나무와 돌에 절을 한다.

밝은 영혼을 지닌 우리가 높은 곳에서부터 지혜를 가지고 우리가
어둠의 사람들에게 생명의 램프 주기를 거절하고 있지는 않는가?
구원! 오 구원!
기쁜 소리가 선언한다.
땅 끝의 각 나라들이 메시아의 이름을 알게 되기까지.

바람, 바람을 타고 오는 소리, 그의 이야기,
그리고 당신, 생수, 두루마리 책
영광의 바다처럼
그것은 땅끝에서부터 땅끝으로 퍼지기까지.
우리의 죄 값으로 죄인을 위해 죽은 어린 양
구속자, 왕, 창조자가
축복 가운데 다스리기 위해 다시 오시기까지.[20]

---

20 최근까지 이 곡은 복음찬송가로 출판되었다. 일례로 *Hymns for the Living Church*(Carol Stream, IL: Hope Publishing, 1974), 472를 보라.

이 찬송시의 내용에서 해외에 복음을 선포하는 것과 이교도 문화의 잘못들을 수정하고자 하는 의도 사이에 그 차이가 명확하지 못하다는 사실을 발견할 수 있다. 자유주의 비평가들이 해외 선교 사역이 대체로 실패했다고 과장되게 비판한 것은 사실이지만, 그들의 주장 일부는 일리가 있다. 이에 따라 많은 선교사는 복음전파를 중단하고 사회사업과 물질 사역에 힘을 쏟게 되었다. 복음주의자들은 이전처럼 복음을 언어로 전달하는 것을 지속하면서도, 그들도 자신들의 전도방식을 조금씩 수정해가기 시작했던 것이다.

복음주의를 커다란 혼란에 빠뜨린 비판은 중국에서 장로교 선교사인 펄 벅(Pearl S. Buck, 1892-1973)과 사정위원회가 발행한 평신도해외선교회 보고서인 "선교를 재고함"(Rethinking Missions, 1932)을 들 수 있다. 선교사이자 노벨문학상 수상자[21]로서 벅은 많은 사람에게 인기를 얻고 있던 인물이었다.

벅이 중국에서 사역하는 동료 미국 선교사들을 비난하고 그들이 사퇴할 것을 주장하자, 세계 기독교는 갑작스럽게 그녀를 다시 주목하게 되었다. 1932년 뉴욕의 아스토 호텔에서 벅은 유명한 질문을 던졌다. "해외 선교에 대한 소송이 있나요?" 그녀는 사람들이 "예"라는 답을 하도록 유도했다. 벅이 이혼하고 출판업자와 결혼해서 선교사직을 사임하기 전부터 그녀가 진행해왔던 선교에 대한 소송은 교회를 비판해왔던 이전의 모습과는 아주 다른 방식의 비판이었다.

해외 선교에 가장 커다란 변화를 일으킨 기관은 하버드대학교의 철학교수인 윌리엄 어니스트 호킹(William Ernest Hocking, 1873-1966)이 이

---

21 1932년 Buck은 소작농 왕룽(王龍)의 어려운 삶을 섬세히 묘사한 *Good Earth*(1931)로 퓰리처상을 수상했다. 이후 3부작으로 완성한 뒤 1938년에는 노벨문학상을 수상했다.

끝었고 전문적 지식을 가지고 있던 사정위원회였다. 위원회의 보고서 "선교를 재고함"은 독자들에게 단호하게 다음의 내용을 상기시키면서 시작된다.

> 해외 선교에 대한 "오랜 열정"(old fervor)은 무관심과 의문으로 대체되어 이제는 아주 중요한 문제들이 거의 모든 분야에서 선교위원회와 부딪치게 되었다. 선교 사역은 앞으로 두 갈래의 길이 있고 이에 대한 중대한 결정이 요구된다.[22]

이처럼 해외 선교의 상태를 요약하면서, 호킹 교수와 그의 동료들은 그들이 생각했던 변혁이 교회에 도움이 되기를 바라면서 몇 가지 결정을 하도록 권고했다. 그들은 복음주의 진영에는 먼저 칭찬을 한 후에 자신들이 하고자 하는 비판을 이어갔다.

> 말로 하지 않아도 개인적 교제와 전파로 인해 기독교적 삶의 방식은 충분히 전달될 수 있다. 이러한 환경에서 개인적 교제와 전파는 완전한 의사소통의 형식이 된다. 게다가, 그리스도의 영에 속한 사람의 세속적 필요에 대한 목회가 말 그대로 복음주의이다…우리는 이제 선교 사역의 교육적이며 박애적인 면들이 예식적이며 직접적인 복음 사역보다 더욱 중요해졌다고 믿는다. 우리는 커다란 믿음을 가지고 보이지 않는 성공을 바라보며 사역해야 한다. 기꺼이 어떤 설교도 없이 우리는 주어야하고, 사회 발전을 위한 비기독교적

---

22 The Commission of Appraisal, William Ernest Hocking, chairman, *Rethinking Missions: A Laymen's Inquiry after One Hundred Years*(New York: Harper & Brothers, 1932), ix.

기구들과 전심으로 협력하면서 이를 감당해야만 할 것이다.[23]

요약하면 호킹이 이끌던 위원회는 지금 기독교 선교의 미래는 인도주의 사역에 있다고 제안하고 있는 것이다. 사정위원회는 복음주의자들이 복음의 제한된 영적 형태로만 사역해왔다고 지적하면서 "사람들은 다음 세계나 인간 생활의 바깥세상에만 구원이 있는 것이 아니라 현재 살고 있는 세계에서 구원받아야 한다"고 선포했다. 위원회는 또한, 서구 기독교인 대부분은 "다른 종교에서 하나님을 찾는 신실하고 열정적인 구도자들이 하나님의 심판을 받게 될 것"이라는 생각을 포기했다고 주장했다. 실제로 대부분의 사람들은 이제 위원회가 모호하게 정의를 내린 "최고의 선"(the supreme good)이라는 용어로 대체된 구원을 상실해버리는 위험을 우려할 뿐 영원한 심판에서 사람들을 구원하는 문제에 대해서는 더 이상 염려를 하지 않게 되었다는 것이다.[24]

많은 보수주의자는 사정위원회에 경종을 울리면서 당시 미국 기독교계를 이끄는 주류 선교위원회들의 지도자들과 거리를 두려고 노력했다. 이러한 노력의 일환으로 1933년에 장로교 신학자 그레샴 메이천(J. Gresham Machen, 1881-1937)은 북장로교 교단위원회에 반발해 보수주의 진영의 대안으로 장로교 독립장로해외선교부(Independent Board for Presbyterian Foreign Missions)를 설립했다.

이에 북장로교회는 메이천의 목사직을 박탈하면서 독립 위원회의 설립을 반대했다. 메이천의 지지자들은 그가 새로 설립한 교단인 정통장로교회(Orthodox Presbyterian Church, 1936)에 가입하면서 메이천을 따랐다.

---

23 Ibid., 326, 65, 70.
24 Ibid., 61-62, 19.

이제 보수주의 진영과 자유주의 진영을 나누는 전선(battle line)이 분명하게 그어졌고, 이어 대부분의 선교단체들이 전통적인 복음주의 노선에 서게 되었다.

전통적 복음주의 단체들로는 스칸디나비아연맹선교회(Scandinavian Alliance Mission, 1890. 현 Evangelical Alliance Mission으로 존재)와 아프리카대륙선교회(Africa Inland Mission, 1895)가 대표적으로 이들은 언어로 그리스도를 전하는 증인으로서의 사역을 지지했다.

많은 새로운 기관이 해외 선교에서 전통적인 전도방식을 고수하고 발전시키면서 출현했다. 이런 기관들로는 위클리프성경번역회(Wycliff Bible Translators, 1934), 새종족선교회(New Tribes Mission, 1942), 대유럽선교회(Greater Europe Mission, 1949) 등을 들 수 있다.

이런 정통주의 진영의 방어와 함께, 복음주의자들은 또한 복음의 "상황화"(contextualizing)를 추구하는 자유주의 진영의 방법론을 비판하면서 이에 응전했다. 복음주의자들은 그들의 신앙과 실천을 이제 문화적 형태로도 적용하는 방법을 찾기 시작했다. 여기서 문화적 형태란 선교 지역의 생활 스타일, 그 지역의 관습들, 방언들, 지역적 기대 등을 가리킨다. 많은 사람은 복음을 선교 지역의 문화와 구별하기 전에 기독교 신앙을 선교 지역의 신앙과 실천으로 만들기 위해 열심히 노력했다. 사회과학 중에서도 인류학을 이용하여 선교사들은 바울처럼, "복음을 값없이 전하고…모든 사람에게 종이 되어 더 많은 사람을 얻고자"(고전 9:18-22)했던 것이다.

결론적으로 현재 복음주의 선교기관들은 지속적으로 성장하고 있다. 실제로 1960년대 이후, 북미 개신교 선교사들의 대다수가 복음주의자들이다. 복음주의 진영에는 선교 사역 중에 순교한 이들이 남긴 아름다운 이야기가 전해진다. 대표적으로는 에콰도르에서 아우카 인디언들(Auca Indians)에게 복음을 전하고자 동료 세 명과 함께 죽음을 당한 짐 엘리옷(Jim Elliot, 1927-56)과 동료 네이트 세인트(Nate Saint, 1923-56)를 들 수 있다.[25] 복음주의 진영의 교육기관으로는 무디성경학교(Moody Bible Institute, 1889), 콜럼비아국제대학교(Columbia International University, 1923), 풀러신학교(Fuller Theological Seminary, 1947)가 있다.

이 학교들은 매년 국제적인 선교 사역을 감당할 수많은 선교사를 훈련시키고 있다. 많은 사람이 여전히 민족주의로 고심하지만, 대부분의 복음주의 선교단체들과 컨퍼런스들이 비서구권 현지의 지도자들을 하나님의 도시의 거류민(히 11:13-16)으로서 이해하는 데 도움을 주었다. 이러한 것들에는 대표적으로 1974년 7월 스위스 로잔(Lausanne)에서 개최된 세계복음화국제대회(International Congress on World Evangelization)를 들 수 있다. 이처럼 국제적으로 활약하는 지도자들 중에 현재 미국에 거주하는 인물들도 있는데 동부침례교신학교(Eastern Baptist Seminary)의 페루 출신인 사무엘 에스코바(Samuel Escobar, 1934-)와 트리니티복음주의신학교(Trinity Evangelical Divinity School)의 벌키난 티테 티누(Burkinan Tite Tiénou, 1949-) 등을 들 수 있다.

현재 복음주의 선교기관들은 비서구 지역인 남반구나 극동 지역을 향하고 있다. 선교제국주의 역사로 인한 서구적 장애물들, 아프리카, 동아시아, 동유럽, 중남미 지역들에서의 기독교의 성장, 현재 기독교를 이끌어가는 비서구 지역에서의 "다수파 교회들"(majority churches)[26]에서

---

25 아우카 족(the Aucas)은 후아오라니 족(the Huaorani)으로도 알려져있다. 후아오라니 족은 아우카 순교자들의 죽음 이후로 복음을 받아들였다. 이 이야기는 Elliot의 미망인인 Elisabeth Howard Elliot(1926-)에 의해 전해졌다. 전국적으로 베스트셀러가 된 두 권의 책이 가장 유명한데, *Through Gates of Splendor*(New York: Harper, 1957)와 *Shadow of the Almighty: The Life and Testament of Jim Elliot*(New York: Harper, 1958)이 있다.

26 "다수파 교회"(majority church)는 최근에 사용되는 용어로 기독교인의 대다수가 살고 있는 비서구 세계의 교회들을 가리킨다(통계자료에 대해서는 이 책 서문을 보라).

일어난 선교의 부흥은 가장 많은 전임선교사를 파송했던 미국 복음주의자들의 역할을 점차 감소시키고 있다. 1952년 미국은 여전히 전체 선교사 중 52퍼센트를 차지하는 1만 8,000명이 넘는 선교사들을 파송했었다. 하지만 오늘날 한국은 미국보다 더 많은 장기선교사들을 파송하고 있으며 브라질은 빠른 속도로 이를 따라오고 있다. 아프리카는 다른 대륙의 교회들이 100년 전에 했던 것보다 더욱 많은 선교사를 파송하고 있는 실정이기도 하다.[27]

선교의 발전된 모습을 해석하는 하나의 방법으로는 미국 기독교인이 영적으로 안주하게 되었다는 주장이다. 즉 일종의 "보편화"(generalization)로 이는 여러 사례들에서 사실로 인정되고 있다.

선교의 발전된 모습을 설명하는 또 다른 방법은 하나님이 복음주의자들을 그들의 실패에도 불구하고, 하나님의 나라의 도래를 기대케 하는 세계 공동체로 교회를 확장하는 데 사용하셨음을(계 5:9-10) 증언하는 것이다. 물론 이런 통계학적 경향을 해석하는 다양한 방법이 있다. 그리고 국제 선교단체들은 아직도 감당해야 할 여러 사명을 남겨두고 있는데, 특별히 10/40창(10/40 window) 지역[28]에는 해야할 많은 일들이 있다. 그럼에도 한 가지는 분명하다. 각 지역에서 복음주의자들은 해외 선교 사역이 완수될 때까지 전진하면서 조금씩 앞으로 나아가고 있다.

27　미국이 더 이상 세계에서 가장 많은 전임선교사를 파송한 국가가 아니라고 할지라도, 단기 선교사들의 수는 빠르게 증가하고 있는 추세이다. 실제로 최근의 수치를 보면, 미국 교회들, 기독교 대학들과 선교기관들은 매년 100만 명 이상의 단기선교사들을 파송하고 있다. 많은 사람이 단기선교에 대한 정보를 제공하는 Robert Priest에게 감사하고 있다.

28　"10/40창"(10/40 window)은 최근의 용어로 직사각형 창이나 지역적 벨트를 가리키는 말이다. 북아프리카를 횡으로 가로질러 중앙아시아의 대부분을 포함한다(북위 10도에서 40도에 사이에 있는 지역). 이 지역에 사는 대부분의 사람들이 아직 복음을 받지 못했다.

♦ 심화학습을 위한 도서 목록

Anderson, Gerald H, ed. *Biographical Dictionary of Christian Missions*(New York: Simon & Schuster Macmillan, 1998). 영어로 기술된 기독교 선교 역사에 관해 아주 도움이 될 만한 참고서이다. 코네티컷 뉴헤이븐에 위치한 해외사역연구센터(Overseas Ministries Study Center)의 이전 디렉터가 편집했다.

Andrew, John A., III. *Rebuilding the Christian Commonwealth: New England Congregationalists and Foreign Missions*, 1800-1830(Lexington: University Press of Kentucky, 1976). 에드워즈주의자들이 세계 선교 운동에서의 역할 이해에 도움을 주는 책이다. 대부분의 독자에게는 이론적일 수 있다.

Bays, Daniel H. and Grant Wacker, eds. *The Foreign Missionary Enterprise at Home: Explorations in North American Cultural History*(Tuscaloosa: University of Alabama Press, 2003). 1998년 휘튼대학교에서 "북미에서의 선교적 자극"(The Missionary Impulse in North America)이란 주제로 열린 컨퍼런스의 미국 해외 선교사들의 문화적 관심을 다룬 15개의 소논문을 모은 것이다.

Clegg, Claude A., III. *The Prince of Liberty: African Americans and the Making of Liberia*(Chapel Hill: University of North Carolina Press, 2004). 식민지 운동을 이해할 수 있는 가장 좋은 역사서이다. 노스캐롤라이나로부터 라이베리아 식민지들에서의 생활에 대해 주로 초점을 맞춘다. 이 책을 아래에 소개되고 있는 제이콥스(Jacobs)와 산녀(Sanneh)의 책과 함께 읽으라.

Cummins, J. S., ed. *Christianity and Missions*, 1450-1800. An Expanding World: The European Impact on World History, 1450-1800, vol. 28.(Brookfield, VT: Ashgate, 1997). 주로 유럽에서의 기독교 선교의 역사와 근대 초기 세계 역사에서 선교의 역할에 대한 여러 글들의 중요한 최근 모음집이다.

De Jong, James A. *As the Waters Cover the Sea: Millennial Expectations in the Rise of Anglo-American Missions*, 1640-1810(Kampen, Neth.: J. H. Kok, 1970). 청교도 선교와 복음주의 선교를 동기화함에 있어서 개신교 종말론적 희망과 그것의 역할을 다루는 중요한 작품이다.

Elsbree, Oliver Wendell. *The Rise of the Missionary Spirit in America*, 1790-1815. 1928; reprint(Philadelphia: Porcupine Press, 1980). 미국 선교 운동의 발생에 대한 고전적 역사서이다.

Hill, Patricia R. *The World Their Household: The American Woman's Foreign Mission Movement and Cultural Transformation*, 1870-1920(Ann Arbor: University of Michigan Press, 1985). 여성들의 해외 선교 운동 중 19세기 후반 선교사 부흥 운동의 형성을 다룬 중요한 책이다.

Hutchison, William R. *Errand to the World: American Protestant Thought and Foreign Missions*(Chicago: University of Chicago Press, 1987). 미국 선교 운동의 역사적 중요성에 대한 비판적 해석을 가하는 하버드대학교 신학대학의 미국 종교사 교수가 저술한 책이다.

International Bulletin of Missionary Research. 이 저널은 1981년에 *Occasional Bulletin of Missionary Research*를 계승하여 영국에서 출판되는 세계 선교에 대한 가장 중요한 정기 간행물이다. 이 저널은 코네티컷 뉴헤이븐에 위치한 해외사역연구센터(Overseas Ministries Study Center)가 편집하고 있다.

Jacobs, Sylvia M., ed. *Black Americans and the Missionary Movement in Africa*. 미국 흑인과 아프리카 연구에서의 기고문들, no. 66. Westport, CT: Greenwood Press, 1982. 근대 아프리카에서 기독교 선교에 대한 미국 흑인의 기고문들로 이루어져있으며 시간이 다소 지났음에도 여전히 유용한 자료이다.

Kling, David W., and Douglas A. Sweeney. *Jonathan Edwards at Home and Abroad: Historical Memories, Cultural Movements, Global Horizons*(Columbia: University of South Carolina Press, 2003). 선교와 세계 기독교의 확산에 있어 조나단 에드워즈의 강력한 역할을 논의하는 글들의 모음집이다.

Lautourette, Kenneth Scott. *A History of the Expansion of Christianity*. 7 vols.(New York: Harper & Brothers, 1937-45). 세계 선교의 역사에 대한 고전적 자료이다. 오래되었지만 대체할 수 없는 작품이다.

Mason, J. C. S. *The Moravian Church and the Missionary Awakening in England*, 1760-1800(Suffolk: Boydell Press, 2001). 근대 영미(Anglo-American) 선교의 발생에 대한 모라비안들의 영향을 다룬 아주 좋은 책이다.

Neill, Stephen. *A History of Christian Missions*, 2nd ed. 1964; reprint, (New York: Penguin Books. 1986). 위에 있는 라토렛(Lautourette)의 책처럼 높이 평가받을 수 있는 읽을 만한 작품이다. 인도 선교사이자 인도에서 기독교 역사가로 저명했던 저자가 썼다.

Robert, Dana Lee. *American Women in Mission: A Social History of Their Thought and Practice*(Macon, GA: Mercer University Press, 1996). 미국 여성 선교사들의 역사서이다.

Sanneh, Lamin. *Abolitionists Abroad: American Blacks and the Making of Modern West Africa*(Cambridge: Harvard University Press, 1999). 서부 아프리카에서 흑인 복음주의와 서부 아프리카의 사회적 정치적 역사에서 흑인 복음주의의 역할을 다루는 아주 좋은 자료이다. 위에 소개된 클렉(Clegg)과 제이콥스(Jacobs)의 책과 함께 읽으라.

Severance, Gordon, and Diana. *Against the Gates of Hell: The Life and Times of Henry Perry, a Christian Missionary in a Moslem World*(Lanham, MD: University Press of America, 2003). 19세기 말과 20세기 초, 미국의 위대한 선교사이며 사회정의의 투사였던 헨리 페리(Henry Perry)에 대해 기록한 역사서이다.

Shenk, Wilbert R., ed. *North American Foreign Missions, 1810-1914: Theology, Theory, and Policy. Studies in the History of Christian Missions*(Grand Rapids: Eerdmans, 2004). 미국 선교 역사에 대한 소논문들의 가장 최근 모음집이다. 현재 이 주제에 대해 뛰어난 학자들이 저술했다. 어드만출판

사에서 기획한 기독교 선교 역사에 대한 새로운 시리즈의 일부이다.

Walls, Andrew F. *The Missionary Movement in Christian History: Studies in the Transmission of Faith*(Maryknoll, NY: Orbis, 1996). 기독교 선교 역사에 대한 뛰어난 통찰력을 제공하는 소논문 모음집이다. 저자는 크리스텐덤의 쇠퇴와 복음주의 세계 선교의 발생 사이의 관계를 다루는 전문가이다.

5장

인종차별 문제: 백인과 흑인 사이의 복음주의 역사

내 형제들아 영광의 주 곧 우리 주 예수 그리스도에 대한 믿음을 너희가 가졌으니 사람을 차별하여 대하지 말라. 만일 너희 회당에 금가락지를 끼고 아름다운 옷을 입은 사람이 들어오고 또 남루한 옷을 입은 가난한 사람이 들어올 때에 너희가 아름다운 옷을 입은 자를 눈여겨보고 말하되 여기 좋은 자리에 앉으소서 하고 또 가난한 자에게 말하되 너는 거기 서 있든지 내 발등상 아래에 앉으라 하면 너희끼리 서로 차별하며 악한 생각으로 판단하는 자가 되는 것이 아니냐 내 사랑하는 형제들아 들을지어다 하나님이 이 세상에서 가난한 자를 택하사 믿음에 부요하게 하시고 또 자기를 사랑하는 자들에게 약속하신 나라를 상속으로 받게 하지 아니하셨느냐…너희가 만일 성경에 기록된 대로 네 이웃 사랑하기를 네 몸과 같이 하라 하신 최고의 법을 지키면 잘 하는 것이거니와 만일 너희가 사람을 차별하여 대하면 죄를 짓는 것이니 율법

이 너희를 범법자로 정죄하리라…너희는 자유의 율법대로 심판
받을 자처럼 말도 하고 행하기도 하라 긍휼을 행하지 아니하는
자에게는 긍휼 없는 심판이 있으리라 긍휼은 심판을 이기고 자랑
하느니라(약 2:1-5, 8-9, 12-13).

  복음주의 운동은 18세기 대각성 운동에서 나타난 인종차별 문제로 곤경에 처했다. 의도적이지는 않았다고 해도 수많은 백인 복음주의자는 성경의 진리를 왜곡하면서 인종차별이나 노예무역의 죄를 지었다. 통계를 살펴보면, 약 1,100만 명의 아프리카 흑인이 노예무역으로 대서양을 건넜으며 그 중 50만 명이 미국에 노예로 수입되었다. 노예 주인은 노예가 낳은 자녀들도 소유할 수 있었기에 400만 명의 노예들이 1860년까지 고된 노동을 감당해야 했다. 50만 명의 자유노예들(free blacks)도 극빈자로 겨우 생활할 수밖에 없었다.
  대부분의 노예들은 남성들이었지만 여성들과 아이들도 많았다. 실제로 19세기까지 노예들 가운데 46퍼센트는 아이들이었다. 1808년에는 미국 정부가 노예수입을 금지했다. 흑인이든 백인이든 인종을 초월해서 수많은 사람이 노예들의 자유를 위해 투쟁했다. 국가적으로 노예문제에 대해 열띤 논쟁이 일어나 결국 전쟁으로 이어졌다. 1863년, 아브라함 링컨은 남부 노예들의 영원한 자유를 선언하면서 "노예해방법"(Emancipation Proclamation)을 선포했고 1865년에 북군이 남북전쟁에서 승리를 거두어 노예제도를 폐지했다. 하지만 노예문제의 완전한 해결은 그리 쉬운 것이 아니었다. 인종차별은 이후에도 지속되었기 때문에 복음주의자들은 이 문제를 해결하고자 많은 노력을 기울여야 했다.
  노예제도의 커다란 악과 복음주의자들이 노예제도를 어느 정도까지 인정했는지를 살펴볼 필요가 있다. 또한 다른 어떤 사람들보다 노예들

에게 복음을 전하고, 그들을 영적으로 동등한 존재로 대우하는데 큰 역할을 했던 복음주의자들의 활동을 살펴볼 필요도 있다. 역설적으로, 수많은 복음주의 백인 목회자들은 노예들을 소유했고(조나단 에드워즈와 조지 휫필드), 노예제도를 변호했으며(찰스 핫지와 제임스 헨리 쏜웰), 모임에서 노예들의 격리를 주장하기도 했다(찰스 피니, 무디, 빌리 그레이엄).

하지만 일부 복음주의자들은 흑인에게 복음전도와 교육의 기회를 제공하고 심지어 경제적 향상을 제안하기도 했다. 진보적인 복음주의자들은 노예제도 폐지 운동을 일으키는데 주요한 역할을 하기도 했다. 복음주의자들은 아프리카적인 예배, 교리, 신앙생활의 발전에 공헌했으며 이와 반대로 흑인 또한 백인 복음주의자들의 예배, 교리, 신앙생활에 상당한 영향을 미쳤다.

이제부터는 복음주의 운동이 형성되는 동안 흑인과 백인 복음주의자들 사이의 관계에 대한 역사를 간략하게 살펴볼 것이다. 특별히 초기 백인 복음주의자들이 노예들에게 복음을 전하고 흑인로 이루어진 독립 교단들을 세우는 모습에 초점을 맞출 것이다. 이를 통해 이 장은 흑인 기독교인 대부분이 복음적이면서도 자신들을 복음주의 운동과 일치시키기를 거부하는 모습을 이해하는 데 필요한 시각을 제공할 것이다. 이는 또한 가정, 교회, 공적 생활에서 다른 여러 문화 형태들을 수용하면서도 피부색을 넘어서는 통합에 대한 호소를 무시하는 기독교인, 그들이 백인이든 흑인이든 간에, 그들에 대해서도 살펴볼 것이다.

비록 복음주의가 차별없는 교회연합을 추구한다고 해왔지만 실제로는 인종차별로 인해 흑인은 자주 복음주의 조직과 기관에 참여하는 것이 제한되어왔던 것이 사실이다.

1. 흑인에 대한 복음전파

　흑인 노예들에게 복음은 아주 느린 속도로 전해졌다. 실제로 1720년 이전까지 복음전파 사역은 흑인 노예들을 대상으로 이루어지지 않았다. 1724년 잘 알려진 토마스 브레이(Thomas Bray, 1658-1730)가 노예들에게 복음을 전하기 위한 기관을 세웠다. 북미에서 활동하는 잉글랜드 국교회의 선교사를 위한 기관인 기독교지식보급회(Society for Promoting Christian Knowledge, 1699)와 해외복음전도협회(Society for the Propagation of the Gospel in Foreign Part, 1701)의 설립자이자 기부자인 브레이는 미국 인디언들과 노예들을 위한 사역을 시작했다. "브레이 박사의 동료들"(Associates of Dr. Bray)로 불렸던 이 선교단체는 잉글랜드의 식민지에서 가난하고 소외된 사람들을 위해 학교들을 후원했다. 이 단체는 노예들에게 하나님 말씀을 설교하고 미국에 있는 비앵글로족(non-Anglos) 문화를 전파하는 데에 성공을 거두었다. 그리고 미국 대부흥 운동이 일어나면서 많은 흑인 노예가 회심을 체험하게 되었다.

　노예들이 기독교 신앙을 가지는데 지연되었던 주요한 이유는 노예 주인이 복음 사역을 의심했기 때문이었다. 노예 주인은 기독교 세례에 대해 영국 법률에 따라 노예들을 죄의 올무에서 해방하는 것일 뿐만 아니라, 주인에게서도 해방되는 것으로 오해했다. 결국 노예 주인은 복음주의자들이 노예에 대한 자신들의 권리를 침해할 것을 우려하게 되었다. 또한 상당수의 복음전도자들은 세례가 노예들에게 육체적인 해방을 주는 것이 아니라 그들이 더욱 순종적이고 복종하도록 만든다고 주장해서 문제를 더욱 악화시켰다.

　18세기 초까지 일부 식민지들은 기독교 세례가 노예들에게 자유를 허락하는 것은 아니라는 사실을 법률로 제정했다. 하지만 그 이후로도 많은 노예 주인은 노예들을 위한 목회 사역이 경제적으로 도움이 되지 않으며, 복음전도자들은 노예들을 일에서 멀어지게 하고 거만하게 하며 오히려 독립적인 존재로 만들어 통제하기 힘들도록 한다고 보았다. 이러한 염려를 가진 노예 주인에게 상당수의 복음전도자들은 복음이 사회적 영향력이 미미하다고 주장하면서 노예들에게 접근했다. 이는 교회 역사의 비극중의 하나이다.

이런 부류의 복음전도자들은 에베소서 6:5-8 말씀과 같은 구절들을 강조했다.

> 종들아 두려워하고 떨며 성실한 마음으로 육체의 상전에게 순종하기를 그리스도께 하듯 하라(엡 6:5-8).

또한 골로새서 3:22도 선호되는 말씀이었다.

> 종들아 모든 일에 육신의 상전들에게 순종하되 사람을 기쁘게 하는 자와 같이 눈가림만 하지 말고 오직 주를 두려워하여 성실한 마음으로 하라(골 3:22).

일부 복음전도자들은 하나님이 이스라엘 백성을 애굽의 속박에서 구속하셨다는 내용을 절대 설교하지 않기로 노예 주인과 약속하기도 했다. 요약하면, 복음전도자들이 노예 주인과 맺은 이러한 잘못된 약속들은 그들의 설교를 왜곡시켰고 노예들을 위한 복음이 아니라 주인을 위한 가짜 복음으로 복음을 전락시켜 버렸다.

백인 복음전도자들은 그리스도의 복음을 들고 노예들에게는 이르렀지만 노예출신이었던 피터 랜돌프 목사(Rev. Peter Randolph)의 말처럼

"그들의 복음은 노예제도와 혼합되었다. 사람들은 더 이상 그들의 복음에서 아름다움을 볼 수 없었고, 어떤 존경심도 가질 수 없었던" 것이다.[1]

노예들에게 복음을 전하는 데 있어 또 다른 장애물은 노예들 대부분이 교육을 제대로 받지 못해 글을 읽거나 쓸 수가 없었다는 점이다. 따라서 노예들이 목회자들의 설교를 듣고 그 말씀에 순종하며 사는 데에는 여러 어려움이 따랐다. 심지어 교육을 받은 흑인도 기독교를 "책의 종교"(book religion)라고 비아냥댔다. 근대 초기 서부와 중부 아프리카에서 온 흑인 대부분은 구전(oral tradition)과 즉석연설(extemporary speech)을 선호했다. 따라서 성경에 의존하는 개신교 설교는 흑인 노예들에게 호소력있게 다가서지 못했다. 이후 대각성 운동에서 많은 설교자가 역동적이고 대중적인 설교를 하면서부터 이러한 흑인의 생각이 변할 수 있었다.

하지만 대각성 운동 기간과 그 이후에는 모든 상황이 호전되었다. 약 1740년대에서부터 미국의 복음설교자들은 노예들에게 복음을 전하면서 대성공을 거두었다. 조지 휫필드(George Whitefield, 1715-70)부터 사무엘 데이비스(Samuel Davies, 1723-61)에 이르는 뛰어난 부흥 운동가들이 흑인이든 백인이든, 남성이든 여성이든, 노예든 자유인이든 상관없이 모든 사람을 대상으로 하나님의 말씀을 전했다.

오래 전부터 흑인 기독교인은 여러 인종이 함께 모인 여러 부흥회에서 권면과 대표기도를 하면서 지도력을 발휘하기도 했다. 따라서 1800년까지 수만 명의 노예들이 복음의 메시지를 믿게 되었다.

복음설교자들 중 비교적 소수만이 노예해방을 주장했다. 조나단 에

---

[1] Peter Randolph, "Plantation Churches: Visible and Invisible," in *Afro-American Religious History: A Documentary Witness*, ed. Milton C. Sernett(Durham: Duck University Press, 1955), 64.

드워즈도 몇 명의 노예들을 소유하고 있었다.

조지 휫필드는 조지아에서 의회에 자기가 운영하는 고아원에서 노예를 고용하는 권리를 청원하면서 노예제를 합법화하고자 하기도 했다. 그는 심지어 "조지아에 흑인이 없다면 인구가 부족할 것"이라고 주장했다. 휫필드는 결국 일생동안 20명 이상의 노예들과 1740년 중반에는 노예들이 일하는 농장을 구입했다.[2]

사무엘 데이비스는 15년의 짧은 목회기간에 수백 명의 노예들에게 세례를 베풀었다. 하지만 데이비스는 세례를 노예들이 "주인과 평등"[3] 하게 되는 것으로 보지는 않았다(그는 프리스턴의 총장직을 맡은 이후 얼마 지나지 않아 폐렴으로 죽었다). 이처럼 흑인을 대상으로 한 복음전도는 당시 분명한 한계를 보여주었다. 복음전도자들이 볼 때, 복음은 죄의 용서와 그리스도 안에서 영생을 제공하지만 현재 이 세상에서 얻을 수 있는 현세적인 것이 아니었다. 따라서 구원의 유익은 단지 이 세상에서 얻는 일시적인 자유보다는 아주 좋은 것 정도로 설명해서 복음전도자들이 노예제도와 타협함으로 지불해야 하는 대가를 최소화했다.

하지만 복음주의자들의 노예제도에 대한 인정은 얼마 지나지 않아 그들이 잘못된 선입견을 가지도록 했다. 20세기 중반 이전, 백인 부흥운동가들 대부분이 인종차별을 인정했던 것이다. 예를 들어, 19세기 초에 일어난 제2차 대각성 운동 기간에 많은 부흥 운동가가 인종차별로 흑인을 격리된 자리에 앉도록 했다. 미국 역사에서 가장 커다란 캠프 집회이자 "미국의 오순절"로 알려진 케인릿지 부흥(Cane Ridge, 1801)과

---

[2] Alan Gallay, "Planters and Slaves in the Great Awakening," in *Masters of Slaves in the House of the Lord: Race and Religion in the American South*, 1740-1870, ed. John B. Boles(Lexington: University Press of Kentucky, 1988), 33에서 재인용.

[3] Philip D. Morgan, *Slave Counterpoint: Black Culture in the Eighteenth-Century Chesapeake and Low Country*(Chapel Hill: University of North Carolina Press, 1998), 427에서 재인용.

노예제도에 대해 분명한 반대 입장을 표시해왔던 찰스 피니의 여러 집회에서도 이러한 인종차별의 모습을 찾아볼 수 있다. 아마도 가장 뛰어난 19세기 부흥 운동가였던 피니도 인종문제에 대한 자신의 진보적 입장에도 불구하고 흑인을 격리시켜 다른 자리에 그들을 앉히는 것을 방임했다.

이외에도 피니는 흑인이 교회지도자로 섬기는 것은 적절치 않다고 생각했고, 급진적인 노예제도 폐지론도 복음이 정치적으로 이용당할 수 있다는 점에서 반대했다.

무디와 빌리 선데이(Billy Sunday, 1862-1935)도 미국 남부에서 진행한 그들의 집회에서 흑인을 격리시켜 차별된 자리에 앉도록 했다. 한 흑인 기독교인은 이에 대해서 "남부를 순회하는 동안 검둥이들(negroes)에 대한 무디의 행위는 부끄러운 것으로, 그는 호텔 바에서 설교한 것이 아니라 다름 아닌 교회에서 설교한 것이다"고 비난했다. 다른 흑인 목회자는 무디가 기독교에서 카스트제도를 시행하고 있다고까지 항의했다.

흑인 노예제도 폐지론자인 프레드릭 더글라스(Frederick Douglass, 1817[?]-95)는 무디의 집회를 당시 불가지론자인 로버트 잉거솔(Robert Ingersoll)의 강의와 비교해서 다음과 같이 말했다.

> 무신론자인 잉거솔도 흑인에게 자신의 등을 돌리지는 않는데, 무디의 최근 필라델피아 방문에서 복음적 기독교인은 그들의 등을 돌려버렸다. 이 세상에서 검둥이들이 가장 싫어하는 것 중의 하나는 예수님의 사랑으로 옷을 입고 구원받으라는 것이다. 검둥이는 서커스와 극장에 들어갈 수도 있고 심지어 잉거솔의 강의도 들을

수 있지만, 기독교 전도 집회에는 참여할 수가 없다.[4]

심지어 빌리 그레이엄(Billy Graham, 1918-)도 인종차별을 반대하기까지 상당한 시간이 걸렸다. 그레이엄은 남부 출신이었기에 인종문제를 평소부터 달가와 하지 않았는데, 1957년 여름, 뉴욕에서 개최된 십자군 모임에서 마틴 루터 킹 주니어를 기도 순서에 초대하여 이전 동료들의 분노를 샀다. 하지만 그는 1954년에 미국 연방대법원이 브라운 판결(Brown v. Board of Education)로 인해 "분리했다하더라도 차별은 아니다"(separate but equal)라는 원칙이 헌법에 위배된다는 판결이 나오기까지는 자신이 진행하는 십자군 운동에서 흑인을 격리된 자리에 앉게 했다.

그레이엄은 흑인시민권을 위해 투쟁하던 운동가들에게는 인종차별 문제에 대해 백인의 온건한 입장을 지지하는 인물처럼 보였다. 1963년 4월, 킹 목사는 "버밍엄 감옥에서의 편지"(Letter from Birmingham Jail)에서 이러한 온건한 입장을 비난했다.

> 나는 지난 수년 간 백인 온건주의자들(white moderates)에게 상당히 실망했음을 솔직히 고백합니다. 나는 거의 후회스런 결론에 도달했습니다. 자유를 향한 위대한 걸음에서 검둥이에게 커다란 장애가 되는 장본인은 백인우월단체인 백인시민의회(White Citizen's Council) 회원이나 KKK(Ku Klux Klanner) 단원이 아니라 정의보다는 질서를 중시하는 백인 온건주의자라는 사실입니다. 그들은 정의가 존재하는 적극적 평화(positive peace)보다는 긴장과 불안을

---

[4] Edward J. Blum, "Glided Crosses: Postbellum Revivalism and the Reforging of American Nationalism," *Journal of Presbyterian History* 79(2001): 290에서 재인용.

없앤 소극적 평화(negative peace)를 선호합니다. 그들은 또한 계속 말하기를 "나는 당신들이 추구하는 목표에는 동의하지만 당신들이 행동하는 방식에는 동의하지 않는다"고 합니다. 그리고 그들은 다른 사람의 자유를 위해 그들이 시간표를 만들어 줄 수 있다고 믿습니다. 즉 그들은 터무니없는 시간 개념을 가지고 살면서, 흑인에게 "더욱 적당한 때"를 위해 기다리라는 충고만을 합니다. 선의를 가진 사람들의 얄팍한 이해가 악의를 가진 사람들의 완전한 오해보다 더욱 실망스러울 뿐입니다.[5]

안타깝게도, 킹이 옳았다. 복음주의는 역사에서 인종차별을 강화하는 온건한 장벽이자 영적 장애물로 작용해왔다. 하지만 아이러니하게도 이러한 부인할 수 없는 윤리적 차원에서의 실패에도 불구하고, 하나님은 복음주의자들을 흑인에게 은혜의 복음을 전하는 도구로 사용하셨다. 대각성 운동 이후로 백인 복음주의자들은 신실하기만 한 것도 아니었고 때로는 꾸준하지도 않았지만 흑인에게 복음을 가지고 나아갔다.

초기에는 노예를 소유한 주인 중 일부가 복음을 전했다. 조나단 에드워즈는 자신의 편지에서 노예무역을 비난하고 있다. 조지 휫필드 또한 무자비하게 노예들을 다루는 모습에 대해서 비판했다. 그는 남부에 있는 동료들에게 다음과 같이 편지했다.

> 하나님은 당신과 다투고 계십니다. 그 이유는 당신이 노예를 짐승보다 더 나쁘고 악하게 다루기 때문입니다.[6]

---

5 Martin Luther King Jr., "Letter from Birmingham Jail, April 16, 1963," in *Afro-American Religious History*, 437.
6 George Whitefield, *Three Letters from the Reverend Mr. G. Whitefield*(Philadelphia: B. Frank-

횟필드는 또한 일부 부유한 회심자들을 설득하기도 했는데, 사우스캐롤라이나의 브라이언 가족에게는 그들이 노예들을 위한 사역에서 더욱 용기 있는 지도자가 되라고 조언했다. 그 가족들은 노예들을 해방시키지는 않았지만, 1743년에 자신들이 다니던 잉글랜드국교회를 떠나 노예들을 교회의 정식회원으로 허락하는 스토니크릭독립장로교회(Stony Creek Independent Presbyterian Church)에 출석했다. 이들은 노예들을 잔인하게 다루는 모든 행태를 비난했으며 그 이웃들은 이들이 노예 폭동을 선동할 것을 우려할 정도로 당대에 영향력 있는 개혁자들이 되었다.

초기 모라비안들은 노예들과 친밀감을 가지고 기독교 예식들에 함께 참여하면서 아주 가까운 관계를 유지했다. 미국 남부의 모라비안들은 후에 이런 친밀감을 무시해 버렸다. 초기 모라비안 교회들에는 흑인 교인이 비교적 소수였지만, 교회에서 주인과 예식에 함께 참석한 노예들은 어느 정도 인종의 화합을 체험할 수 있었다. 흑백의 모라비안 교인은 평화의 거룩한 키스를 함께 나누었으며, 세례를 통해 서로 후원자가 되어 서로 상대편의 머리에 손을 얹고 교회에서 함께 앉아 교제하고 심지어는 발을 서로 씻어주기도 했다. 죽음 이후에 그들은 묘지도 나누어 사용했다. 일부 복음주의자들은 노예 소유를 반대하면서 위험하고 때로는 파괴적이기까지 한 노예제도 폐지 운동에 참여했다.

예를 들어, 존 웨슬리(John Wesley, 1703-91)와 미국 감리교인은 감리교 운동 초기에 노예제도를 강력히 반대했다(비록 이후에 대부분의 감리교인은 인종을 차별하는 방향으로 선회해서 결국 감리교단은 1843년과 1844년에 노예제에 대한 문제로 분열되었다). 일부 침례교 모임들은 퀘이커와 같은

---

lin, 1740), letter 3.

많은 다른 교파들처럼 복음주의와 느슨하게 연결되었다. 일부 뉴잉글랜드 회중교인(조나단 에드워즈의 영적 후손들)은 노예제도 폐지를 위해 초기 대변인의 주요한 역할을 감당했다. 조나단 에드워즈의 아들이었던 조나단 에드워즈 주니어(Jonathan Edwards Jr., 1745-1801)는 사무엘 홉킨스(Samuel Hopkins, 1721-1803)와 같은 동료들과 함께 활동하면서 노예무역을 반대하는 글들을 출판했다.

19세기 초, 제2차 대각성 운동에서부터 지속적으로 부흥 운동들이 일어났으며, 이를 통해 복음전도자들은 노예들에게 복음을 전하고, 자유를 제공하고, 교육하는 수고를 아끼지 않았다.

이로써 수만 명에 달하는 노예들이 기독교 신앙을 가지게 되었으며 수십 개 기관들이 노예들을 위한 사역을 하게 되었다. 미국 역사에서 이 시대는 노예제도와 인종차별의 죄에 대항해 아주 강력한 설교를 했던 흑인 예언자들이 일어났던 시기로 볼 수 있다. 당대 주요한 흑인 예언자들로는 데이비드 워커(David Walker), 덴마크 베시(Denmark Vesey), 낫 터너(Nat Turner), 프레드릭 더글라스(Frederick Douglass) 등을 들 수 있다. 하지만 백인 전도자들은 흑인 예언자들의 사역과는 차이가 있었다. 백인 전도자들은 예언에 지나치게 집착하지 않으면서도 속박되어 있는 노예들의 생활을 돕기 위해 수많은 시간과 엄청난 액수의 돈을 그들에게 투자하고 헌신했다.

당시 모범이 되는 인물로는 노예들에게 복음주의 교육가였던 조지아 출신의 찰스 존스 목사(Rev. Charles Colcock Jones, 1804-63)를 들 수 있다. 목사 안수를 받은 존스는 수십 년을 노예들을 위한 선교 사역에 헌신했다. 1830년대와 1840년대 존스는 노예들과 선교사들을 위해 요리문답과 보조 교재를 만들었고, 노예들에게 설교하고 가르치는데 상당한 시간을 보냈다. 존스의 집안은 원래 노예를 소유했고 성경으로 노예제도를 변호했기 때문에 존스 자신의 사역은 남부 지역의 경제에 방해가 되지 않을 것이라고 주장했다. 그는 노예들이 자유를 얻기 전에 먼저 문명화되어야 한다고 생각했다. 따라서 존스는 남북전쟁 이전 미국에서 어떤 사람들보다 농장에서 일하는 노예들의 생활 개선에 치중했다.

대각성 운동은 노예제도를 반대하는 흑인 개혁자들과 흑인 목회자들을 열매로 추수하도록 했다. 하나님의 공의의 요구에 대한 성경적 위탁에 영감을 받은 많은 흑인 기독교인은 노예제도와 이를 묵인하는 잘못된 기독교 신앙에 반대해서 그들의 목소리를 높이기 시작했다.

노예 출신이던 프레드릭 더글라스는 강도 높게 노예제도를 비판했는데 노예제도의 악을 기독교인이 공범이 되어 함께 저지르고 있다고 신랄하게 비난했다. "교회와 노예들이 갇힌 감옥이 서로 나란히 위치해 있다." 또한 그는 분노하면서, "교회에서 울리는 벨소리와 경매자들의 벨소리가 함께 울리고 설교 강단과 노예를 경매하는 단이 바로 옆에 서 있다." 목회 사역이 노예제도로 인해 오히려 이익을 얻고 있다는 점도 지적했다. "우리는 교회를 짓기 위해 팔린 남자들과 선교사들을 지원하기 위해 팔린 여자들, 성경과 예배를 위해 팔린 아기들을 노예로 소유하고 있다." 더글라스는 자신의 이와 같은 고뇌를 표현하기를, "나는 이 땅의 기독교와 그리스도의 기독교 사이에 커다란 차이가 있음을 깨닫게 된다"[7]고 했다.

대각성 운동으로 인해 수많은 흑인 목회자가 나타났다. 그 중 일부 목회자들은 백인의 교회에서 목회하기도 했는데 버몬트에 거주하던 흑인 에드워즈주의자였던 레무엘 헤인스(Lemuel Haynes, 1753-1833)를 대

---

7   Frederick Douglass, "Slaveholding Religion and the Christianity of Christ," in *Afro-American Religious History*, 100-109.

표적인 예로 들 수 있다. 하지만 흑인 목회자들은 주로 노예들과 흑인 교회들을 섬겼다. 이러한 모습에 대부분의 비복음주의자들은 분노했으며, 이들은 흑인 설교자들이 부흥 운동의 가치를 떨어뜨린다고 비방하면서 미국의 모든 주에서 흑인의 설교를 위법으로 만들어버렸다.

그럼에도 불구하고 많은 흑인 설교자들과 흑인 교회들은 지속적으로 사역을 감당하고 생존했으며 19세기 말까지 수백만의 흑인은 흑인 교회에서 흑인목회자의 설교를 통해 예배를 드릴 수 있었다.

2. 노예종교와 독립 흑인 교회의 시작

1790년에 시행된 미국 첫 번째 인구조사에서 거의 400만 명의 총인구 가운데 약 20퍼센트 정도가 흑인이었다. 일부 흑인은 작은 농장에서 일하거나 도시 지역에서 전문직으로 살기도 했지만, 흑인 대부분은 남부의 대농장에서 일하는 노예 신분이었다. 대부분의 노예들은 가능한 어디에서든지 하나님을 예배했으며, 백인의 눈에 띄지 않는 비밀처소들에서 불법으로 규정된 기도와 찬양의 시간을 가졌다.

노예종교(Slave religion)는 미국 종교 역사에서 놀라운 기적이었다. 남북전쟁 이전 수많은 노예는 주인에게 몰래 때로는 법과 질서를 어겨가면서 시골의 수목과, 습지, 숲에서 비밀리에 예배를 드렸다. 그들은 대체로 지루하고도 녹초가 되는 낮의 고된 노동 후에 밤의 짧은 시간동안 설교, 기도, 찬양, 춤을 추었다. 피터 랜돌프 목사(Rev. Peter Randolph)의 자서전은 다음과 같이 이를 설명하고 있다.

노예들은 감시가 없는 습지에 모인다. 그들은 함께 모이는 시간과 장소에 대해 잘 알고 있는데 그들은 자주 나무에서 가지들을 부러뜨려 굽혀놓음으로 모임 장소를 가리키는 방향을 알려준다. 예배 순서는 예배가 진행되는 중에 정해진다. 노예들은 먼저 서로의 감정과 마음의 상태 등이 어떤지에 대해 물어본다. 이때 남자 노예들은 그룹을 나누어 모임을 위한 일정한 장소를 마련한다. 순서상 형제들이 하는 설교와 기도, 찬양이 이어지게 되고 이는 그들이 만족할 때까지 진행된다. 사회자는 일반적으로 자신을 무가치하다고 부름으로 시작해서 아주 천천히 말하고 성령을 느끼기까지 점차 흥분되어 얼마 지나지 않아 그 영향으로 20명이나 30명의 사람들이 땅에 넘어진다.[8]

랜돌프는 모임에서 노예들이 당한 여러 박해를 알려주는데,

탈출한 것이 발견되면 잡힌 노예들은 채찍질을 당한다. 어떤 사람들은 예수 그리스도의 이름으로 재판을 받는다…어떤 곳에서는 노예들이 하나님께 기도하다가 잡히면, 그들은 어떤 죄를 지은 것보다 더욱 매서운 채찍질을 당한다. 주인은 노예들이 춤추는 것은 허락하였지만 하나님께 기도하는 것은 원치 않았다. 때로 노예들이 채찍에 맞으면서도 하나님을 부르면, 그의 목을 자르겠다거나 총으로 머리를 쏘아버리겠다고 위협해서 이를 저지했다. 오 독자들이여! 노예들이 그들의 창조주를 부르지 못하는 것은 매우 참기 어려운 일이었다.[9]

---

8 Randolph, "Plantation Churches," 67.
9 Ibid., 67-68.

주인의 이러한 무자비함에도 불구하고, 노예들은 백인이 그토록 싫어하는 성경을 읽고 찬양을 부르면서 함께 모이기를 지속했다. 그들은 이스라엘의 출애굽과 요단 강을 건너 약속의 땅으로 나아가는 구약의 역사를 회상하면서 성경 말씀에 기록된 고대 이스라엘 예언자들이 외쳤던 하나님의 공의를 외쳤다. 또한 노예들은 하늘의 소망뿐만 아니라 이 땅에서도 자유를 갈망하는 애절한 흑인 영가(Spiritual songs)를 노래했다.

흑인 영가로 애창되던 노래 중 하나에서 우리들은 노예들이 자신들을 이스라엘과 동일시해서 그들의 주인으로부터 홍해를 건너는 구원을 소망하는 모습을 발견할 수 있다.

> 나의 군대가 건너가네. 나의 군대가 건너가네. 오! 바로의 군대는 익사했네. 나의 군대가 건너가네.
> 우리는 거대한 강을 건너리라. 나의 군대가 건너가네. 우리는 요단 강을 건너리라. 나의 군대가 건너가네. 우리는 위험한 강을 건너리라. 나의 군대가 건너가네.
> 우리는 거대한 강을 건너리라. 나의 군대가 건너가네. 오! 바로의 군대가 익사했네. 나의 군대가 건너가네.[10]

다른 여러 노래들에서, 노예들은 약속의 땅 가나안을 열망하고 있다.

> 요단 강, 나는 가려네 가려네, 가려네.

---

10 Thomas Wentworth Higginson, "Slave Songs and Spirituals," in *Afro-American Religious History*, 113-114.

요단 강, 나는 가려네. 그대들이여 안녕.[11]

1790년, 흑인 대부분은 비밀리에 어둠속에서 예배를 드린 반면, 일부 흑인은 전통적인 교회에 공개적으로 나가 예배를 드릴 수 있었다. 이와 같은 흑인은 주로 백인 교회에 다니거나 백인 교단에 속한 격리된 흑인 교회에 다니면서 모임을 가진 사람들이다. 이들 중 일부는 독립적으로 예배를 드리기도 했다. 이러한 사람들이 흑인 문화에서 엄청난 발전으로 볼 수 있는 역사적인 흑인미국교회(African American Churches)를 설립했다.

당시 흑인 기독교인은 대부분 침례교인이었는데 이는 백인 침례교인이 적극적으로 노예들에게 복음을 전한 당연한 결과였다. 또한 침례교가 가지고 있는 영적인 역동성, 대중적인 교회 정치형태와 즉흥 설교는 초기 많은 흑인에게 매력적으로 느껴졌다. 미국에서 첫 번째 독립 흑인 교회들은 오늘날 버진아일랜드에 살던 흑인 모라비안들이 세웠는데 특별히 1758년에 버지니아의 맥클렌버그(Mecklenburg) 인근에 세워진 흑인침례교회가 첫 번째 독립 흑인 교회이다.

하지만 현재 우리가 충분한 자료를 소유하고 있는 첫 번째 흑인 교회는 사우스캐롤라이나 에이컨(Aiken) 인근에 위치한 실버블럽침례교회(Silver Bluff Baptist Church)이다. 1773년, 사반나 강 건너편 조지아의 아우구스타(Augusta)에서 12마일 떨어진 동쪽에 세워진 이 교회의 초대 목회자는 젊은 노예였던 데이비드 조지(David George, 1742-1810)였다. 조지는 대농장의 주인이자 인도와 무역을 하는 상인인 조지 갤핀(George Galphin)의 소유였다. 코네티컷의 침례교 설교자인 웨잇 팔머

---

11 Ibid., 112.

(Wait Palmer)가 에이큰에 방문해서 갤핀의 농장 인근 지역에서 부흥회를 인도했고, 조지는 여기서 기독교로 회심하게 되었다. 팔머가 이 지역을 떠난 후에, 조지가 사역을 이어받아 노예들에게 복음을 전했다.

　미국 독립전쟁이 일어나자 영국 군대가 사반나로 침략해 들어왔고, 갤핀은 농장을 버렸다. 조지는 지도자로 그의 새로운 교회를 노바 스코티아(Nova Scotia)의 핼리팩스(Halifax)에서 이끌었다. 그는 캐나다의 매리타임 지역에 몇 개의 흑인 교회들을 세우고 목회했다. 이어 1792년, 그는 1,196명의 북미 흑인과 함께 자유노예들을 위한 새로운 영국 식민지인 시에라리온으로 이주했다. 그는 프리타운(Freetown)에 정착해서 여관을 세우고 제일흑인침례교회(First African Baptist Church)를 설립해서 1810년, 그가 죽기까지 이 교회를 목회했다.

　사반나 인근 지역의 흑인 부흥 운동으로 인해 여러 흑인 목회자들이 일어났다. 예를 들어 조지 릴레 목사(Rev. George Liele)는 1773년에 회심해서 2년 후 미국에서 자격을 지닌 첫 번째 흑인 목회자가 되었다. 릴레의 주인인 헨리 샤프(Henry Sharp)는 침례교 집사로 릴레에게 자유를 주어 지역 선교사로 섬기도록 해주었다. 전쟁 후에 릴레는 자메이카로 떠났고, 그는 스코틀랜드의 장군이자 자메이카의 새로운 총독인 아치발드 캠벨(Archibald Campbell)을 위해 일하면서 가족들의 여행비를 충당했다. 캠벨은 이전에 영국을 위해 사반나를 침입했던 인물이었다. 릴레는 자유를 얻어 서인도에 원주민침례교회(Native Baptist Church)를 세웠다. 하지만 릴레가 미국을 떠나기 전, 그는 앤드류 브라이언(Andrew Bryan, 1737-1812)이라는 노예에게 세례를 주었는데 브라이언은 단기간에 사반나에서 아주 중요한 흑인 지도자가 되었다.

　1788년, 브라이언은 제일흑인침례교회(First African Baptist Church)를 사반나에 세웠다. 브라이언은 허가받지 않은 채 활동을 해서 그 지역 백인에게 채찍질을 당하는 고난도 당했지만, 그의 주인이 은혜를 베풀어 목사 안수를 받고 자유를 얻어 다른 두 흑인 교회를 세울 수 있었다. 1802년까지 브라이언이 첫 번째 세운 교회는 약 850명의 교인수를 자랑했다.

이와 같은 복음 사역의 결과로 18세기 말까지 미국에 약 10개 이상의 독립 흑인 교회들이 존재했다. 남북전쟁이 끝날 무렵에는 흑인 교회가 205개 이상으로 성장했다. 이에 대한 정확한 기록이 남아있지는 않지만 더 많은 교회가 존재했으리라는 것은 의심할 여지가 없다. 침례교인은 대체로 독립적인 성격이 강하고 비교파적이지만 일부 흑인 침례교인은 19세기 동안 줄곧 연합모임들을 만들었다. 특별히 흑인목회자들의 연합모임인 1880년에 설립된 해외선교침례교총회(Foreign Mission Baptist Convention), 1886년의 미국침례교총회(American National Baptist Convention)와 1893년의 침례교전국교육총회(Baptist National Education Convention)들이 합병해서 첫 번째 주요한 흑인 침례교 교단인 전국침례교총회(National Baptist Convention)를 1895년에 설립하게 되었다. 이는 현재까지도 세계에서 가장 큰 규모의 흑인 교단이다.

전국침례교총회의 가장 주요한 초기 지도자로는 엘리아스 모리스(Elias C. Morris, 1855-1922)를 들 수 있다. 그는 1874년, 회심을 체험하고 다음해부터 설교를 시작해서 알칸사스의 헬레나에서 100주년침례교회(Centennial Baptist Church)를 목회해서 그의 죽음까지 43년간 섬겼다. 평생 교회 목회자요, 교육가였던 모리스는 전국침례교총회를 이끌어갈 적임자로 인정받아 1895년 초대 총회장으로 선출된 후 1922년 9월, 그가 죽기까지 총회를 이끌었다.

전국침례교총회가 세계에서 가장 큰 흑인 교단이라고 할지라도, 20세기 초반부터 시작해 두 번의 분열을 겪어야 했다.

첫 번째 분열은 1915년에 일어났는데, 전국침례교 출판위원회의 위원장이던 보이드 목사(Rev. R. H. Boyd, 1843-1922)가 출판위원회를 총회에서 독립시키면서 시작되었다. 흑인 침례교단을 통제하기 위해 오랫동안 지속된 모리스와의 교권 다툼 끝에 보이드는 미국전국침례교총회(National Baptist Convention of America)를 분리해 나갔다.

두 번째 분열은 교단 내에서 재정권 문제가 아닌 시민권 문제로 인해 발생했다. 조셉 잭슨(Joseph H. Jackson, 1900-1990)은 1953년부터 1982년까지 전국침례교총회에서 활동했는데 이 기간은 흑인의 미국 시민권 운동이 한창이던 시절이었다. 잭슨은 흑인 침례교인이 시위나 저항보다는 흑인의 생활을 실질적으로 향상시킬 수 있는 상품이나 서비스를 생산하는 데에 더 많은 시간을 투자하도록 촉구했다. "저항(protest)은 인종 투쟁으로 그치기 때문에 우리는 저항에서 생산(production)으로 옮겨가야한다."[12] 이러한 그의 주장은 흑인 기독교인이 정치적 행동에 나서야 할 것을 강력히 주장하던 마틴 루터 킹 주니어 목사와 강경 노선을 따르던 침례교인과 반목하는 원인이 되었다.

총회 안에서 총회장 임기에 대한 논쟁이 벌어졌다. 킹과 그의 동료들은 보다 적극적으로 정치적 지도력을 발휘할 인물이 새로운 총회장이 되어야 한다고 생각했다. 결국 킹과 그의 동료들은 총회장으로 잭슨을 대체하는 것에 실패하자, 1961년 전국침례교총회를 떠나 진보적전국침례교총회(Progressive National Baptist Convention)를 설립했다.

오늘날 다양한 흑인 교단이 존재하지만, 이제까지 언급한 세 개의 침례교 교단에다가 앞으로 설명하는 네 개의 교단을 추가해서 학자들은

---

[12] Joseph H. Jackson, "National Baptist Philosophy of Civil Rights," in *Afro-American Religious History*, 428.

일반적으로 이들을 역사적인 주요 흑인 교단들로 분류하고 있다. 이 일곱 교단들은 폭넓게 복음주의 운동에 연결되어 있지만 흑인 교단들에 속한 교인은 백인 복음주의자들과 함께 자신들을 같은 위치에 놓는 것을 불편해하는 것이 사실이다. 한편으로 백인 기독교 지도자들 대부분은 흑인 교단들이 2,000만 명이 넘는 교인수를 가질 정도로 성장했음에도 불구하고 이를 무시하는 경향이 있다.[13] 이처럼 백인과 흑인 기독교인은 서로를 이해하기 위해 더욱 많은 노력이 필요하다.

침례교인이 첫 번째 흑인독립교회들을 세웠다면, 감리교인은 첫 번째 독립교단들(denominations)을 세웠다. 피터 스펜서 목사(Rev. Peter Spencer, 1782-1843)가 첫 번째 감리교 교단을 델라웨어 도버(Dover)에 세웠으며 이 교단은 리차드 알렌(Richard Allen, 1760-1831)이 1816년에 설립한 최초의 흑인 교단인 연합미국감리교감독교회(Union American Methodist Episcopal Church)로 발전되었다.

필라델피아에서 노예로 태어난 알렌은 17세에 델라웨어에서 회심을 체험했다. 얼마 지나지 않아 알렌은 출석하던 교회와 농장에서 설교를 시작해서 많은 사람을 감화시키고 회심의 역사를 일으켰는데 그들 중에는 그의 주인도 있었다. 알렌은 자유의 몸이 되어 1783년, 설교할 자격을 얻어 아틀란타 중부 지역을 순회하는 감리교 순회설교자가 되었다. 이후 명성을 얻은 알렌은 미국 감리교 전체를 지도하는 프란시스 애즈베리 목사(Francis Asbury, 1745-1816)의 후원을 받았으며, 1784년에

---

[13] 교단 회원 수에 대한 정확한 통계 산출은 어렵지만, 21세기 초 주요한 흑인 교단들은 총 회원수를 다음과 같이 보고했다. National Baptist Convention, U.S.A., Inc., 800만 명(회심자), National Baptist Convention of America, 350만, Progressive National Baptist Convention, Inc., 250만 명, African Methodist Episcopal Zion Church, 120만 명, Christian Methodist Episcopal Church, 88만 6,000명, Church of God in Christ, 549만 명. 이 책이 인쇄되는 시간까지 African Methodist Episcopal Zion Church와 Christian Methodist Episcopal Church는 교단 합병을 위해 노력하고 있었지만 합병을 이루지는 못했다.

미국에서 백인 감리교 감독교회가 탄생하는 역사적인 크리스마스 컨퍼런스에도 참석했다.

1786년, 알렌은 필라델피아로 돌아와 세인트조지감리교회(St. George's Methodist Church)에서 사역을 감당했다. 알렌은 도시에 거주하는 흑인 감리교인을 위한 예배와 기도회를 인도하고, 새로운 흑인 교인을 교회로 불러 모았는데 이는 교회 내에서 인종적인 긴장 관계를 불러일으켰다. 이렇게 되자 세인트조지감리교회는 주일예배에서 흑인이 격리된 자리에 앉아 예배를 드리도록 했다. 1787년, 이러한 교회의 인종차별 정책은 많은 사람을 분노케 했다. 알렌은 자신의 영적 자서전에 당시에 일어난 일을 다음과 같이 기록하고 있다.

> 흑인 교인은 대체로 4번가에 위치한 세인트조지교회에 참석했다. 흑인이 교회에 출석하는 숫자가 많아지자, 백인은 우리가 매주 앉던 자리에서 옮겨 예배당 벽 주위에 따로 자리를 마련했다. 주일 아침 교회에 갔더니 교회 관리인이 출입문에서 우리에게 격리된 자리로 가라고 했다. 그는 우리에게 가라고 했고 우리는 우리 자리를 보고자 했다. 우리는 이전에 아래층에 앉았던 자리들을 기대했지만 그 자리가 아니라는 것을 모르고 그냥 그 자리에 앉았다. 예배는 시작되어 찬송을 마치자 한 장로가 "우리 함께 기도합시다"라고 했다. 하지만 우리는 오랫동안 무릎을 꿇고 있을 수 없었다. 혼란스런 가운데 낮은 말소리가 들려왔다.
>
> 나는 머리를 들고 교회 중직자들 중 한 예배위원을 보았다. 그 위원이 압살롬 존스 목사(Rev. Absalom Jones, 세인트조지 교회의 다른 흑인 지도자)를 무릎 꿇은 상태로 들어 올리면서 다음과 같이 말했다. "당신은 일어나야 해. 당신은 여기서 무릎을 꿇을 수 없

어." 존스는 대답하기를 "기도가 마칠 때까지 기다리라"고 했다. 그 위원은 말하기를, "안돼, 당신은 지금 일어나야 해. 나는 사람을 불러서 당신을 쫓아낼 수 있다." 존스는 말하기를, "기도가 마칠 때까지 기다리라 나는 일어날 것이고 당신들을 더 이상 괴롭히지 않을 것이다." 그 위원은 다른 위원들 중의 하나에게 알렸고 그의 도움을 받았다. 그 위원이 와서 존스를 끌고 윌리암 화이트에게 갔다. 이무렵 기도가 끝났고, 우리 모두는 한 몸이었던 교회 밖으로 나왔다. 이제 백인을 더 이상 성가시게 할 필요가 없게 되었다.[14]

흑인 감리교인은 곧 그들만의 예배를 위한 흑인 교회들을 세우기 시작했다. 일부는 흑인 감독교회를 세우기도 했지만 알렌과 흑인 감리교인 대부분은 이에 만족하지 않고 1794년에 베델흑인감리교감독교회(Bethel African Methodist Episcopal Church) 또는 "마더 베델"(Mother Bethel)로 불리우는 감리교회를 설립했다 이것은 첫 번째 흑인 감리교회이다. 감리교 지도자인 애즈베리 감독이 이 교회의 헌당예배에서 사회를 맡아주었다.

이후 22년 동안 알렌은 백인 감리교회에서 "마더 베델"의 합법적인 지위와 독립성을 얻기 위해 노력했다. 지역의 백인 감리교 지도자들은 흑인 교회의 자율권을 반대했지만 1799년에 애즈베리 감독은 알렌을 감리교목사로 안수했다. 이어 1816년, 법리 논쟁을 통해 흑인감리교감독교회는 독립하게 되었다. 몇 개의 다른 흑인 감리교 그룹들은 이 새로운 교단에 합류했고, 이에 동정적이었던 애즈베리 감독에 의해 알렌은 그 교단의 초대 감독으로 임명되었다.

---

14 Richard Allen, "Life Experience and Gospel Labors," in *Afro-American Religious History*, 142.

5년만에 두 번째 역사적인 흑인 감리교 교단이 비슷한 환경 속에서 출현했다. 흑인감리교감독시온교회(African Methodist Episcopal Zion Church)가 뉴욕시에서 그 지역 백인 교회들의 인종차별로 인해 시작되었다. 이전에 노예이자 신발 제조업자이던 제임스 바릭(James Varick, 1750-1827)이 인종차별에 불만을 가진 교인과 함께 1796년, 뉴욕에 존스 스트리트감리교회(John's Street Methodist Church)를 세웠다. 1800년까지 이 교회는 자신들의 예배처소인 시온 채플에서 백인이던 윌리엄 스틸웰 목사(Rev. William Stillwell)의 인도로 애즈베리 감독의 후원 속에 예배를 드렸다. 하지만 이 지역의 어떤 백인 감독들도 당시 그 교회의 시무 장로들을 안수하지 않으려 했다.

1821년에는 백인 감리교인이 시온 채플을 더욱 통제하려하자, 시온의 바릭과 다른 흑인 지도자들은 이 문제를 자신들이 직접 해결하고자 뉴헤이븐, 뉴와, 필라델피아 등 다른 지역의 흑인 감리교 지도자들과 함께 자기 교회의 장로들에게 직접 안수를 베풀었다. 리차드 알렌은 이들을 자신의 교단에 참여하도록 권면했지만 자치권을 상실할 것을 두려워한 이들은 대신에 바릭을 그들의 새로운 교단의 감독으로 선출했다.

세 번째 역사적 흑인 감리교회는 훨씬 뒤인 1870년 남부 감리교인의 자유노예들이 설립했다. 1844년 이후로 백인 감리교회는 노예제도 문제로 인해 남과 북으로 분열되어 있었다. 남북전쟁으로 인해 남부 감리교인은 자신들의 노예들을 해방시켜야 했다.

남부의 백인 감리교인은 노예들을 자기들의 교단에 참가하도록 하기 보다는 흑인 교단을 따로 세우게 했다. 이를 통해 유색인종감리교감독교회(Colored Methodist Episcopal Church)가 시작되었다. 테네시의 잭슨(Jackson)에서 이전 감독인 남부감리교감독교회의 로버트 페인(Robert Paine)이 윌리엄 마일즈 목사(Rev. William H. Miles)와 리차드 밴더홀스트 목사(Richard H. Vanderhorst)를 초대 감독들로 세웠다.

그리스도 안의 하나님의 교회 임원진들
맨 앞 중심에 있는 인물이 찰스 메이슨(Charles H. Mason)이다.

Flower Pentecostal Heritage Center의 허락하에 사용

"그리스도 안의 하나님의 교회"(Church of God in Christ)는 최초의 미국 흑인 오순절 교단이다. 오순절교회는 19세기 복음주의 운동인 성결 운동을 통해 성장했다. 성결 운동은 기독교인이 일상생활에서 승리하도록 성령의 능력을 간구하는 운동이었다. 찰스 메이슨(Charles H. Mason, 1866-1961)은 완전성화를 체험하고 나서 2년 후인 1895년, 자신이 다니던 침례교회를 떠나 새로운 교회를 미시시피의 렉싱턴(Lexington)에 세웠다.

초자연적 목회 사역을 위해 완전성화와 성령의 임재와 능력을 중시하는 모임을 이끌고자 했던 메이슨은 잭슨 인근에서 침례교 목회자로

급진 성결 운동에 대한 열정을 함께 가지고 있던 찰스 프라이스 존스(Charles Price Jones, 1865-1949)의 사역에 동참하게 되었다. 존스는 성결 운동의 매거진인 「트루스」(Truth)를 발행하기 시작했고 메이슨과 함께 온건한 미국 흑인의 컨퍼런스를 소집했다. 이들은 새로운 교단을 세우기로 결정하고 "그리스도 안의 하나님의 교회"를 설립했다.

몇 해에 걸쳐 메이슨과 동료들은 영적인 진보를 이루었다. 하지만 메이슨은 그의 집회가 병자를 고치거나 귀신을 쫓아내지 못하는 상태에 머물러 있다는 점을 안타까워했다. 실제로 메이슨은 그의 집회가 성령으로 충만하지 못하다고 염려했던 것이다.

1906년 흑인인 윌리엄 세이무어(William J. Seymour, 1870-1922)의 인도 아래에 많은 기독교인이 성령의 특별은사를 받았던 아주사 부흥(Azusa Street Revival)의 소식을 접하게 되자 메이슨은 이를 직접 보고자 그곳에 갔다. 아주사 부흥을 보고 돌아온 그는 방언과 함께 성령세례를 받았다고 주장하기 시작했다.

메이슨은 "그리스도 안의 하나님의 교회"는 오순절 운동(이 운동은 성령의 특별 은사의 필요성, 그 중에서도 방언을 가장 중시한다는 점에서 기존의 성결 운동과 구별된다)에 참여할 것을 주장했다.

존스는 메이슨의 새로운 가르침에 반대해서 교단을 분열해 나갔으며 존스는 보다 작은 교단인 그리스도의 교회(Church of Christ)를 세웠다. 메이슨은 자신이 속한 교단인 "그리스도 안의 하나님의 교회"에서 가장 영향력 있는 지도자가 되었으며 이는 오순절 운동의 모체가 되었다. 메이슨은 1961년 죽기까지 반세기 동안, "그리스도 안의 하나님의 교회"에서 총감독(general overseer)으로 섬겼다.

5장 인종차별 문제 : 백인과 흑인 사이의 복음주의 역사

윌리엄 J. 세이무어(William J. Seymour), **제니 무어 세이무어** (Jannie Moor Seymour)

Flower Pentecostal Heritage Center의 허락하에 사용

아주사 거리

Flower Pentecostal Heritage Center의 허락하에 사용

3. 미국 흑인 기독교 실천과 복음주의 운동

학자들은 흑인이 지닌 어떤 문화적 특성이 그들만의 독특한 기독교를 형성하도록 했는지 그리고 흑인 교회들이 복음주의 운동에 어떤 영향을 미쳐왔는지에 대해 수십 년간 논쟁해왔다. 이러한 논쟁들은 매우 복잡해 이 장에서 간략하게 정리하기는 아주 어려운 주제이다. 더구나 현대 복음주의 문화에 대한 포괄적인 견해는 인종적, 민족적으로 다른 여러 뿌리들을 상세하게 살펴볼 필요가 있다.

그럼에도 불구하고 흑인 문화가 기독교에 미친 영향에 대한 여러 논쟁들을 이 장에서 요약해 살펴보는 것이 복음주의 문화를 이해하고 특별히 복음주의 안에서 인종간의 역사와 피부색을 넘어선 연합과 교제 등의 문제를 평가하는데 도움이 되리라 생각한다.

일부 학자들은 아프리카에서부터 형성된 흑인 문화가 미국의 흑인 문화에 아직도 상당히 남아있다고 주장한다. 대부분 생포되어 노예가 된 흑인이 가져 온 초기 아프리카 문화들은 애니미즘(animism)과 강신술(spiritualism)이었다. 애니미즘과 강신술은 이 세상이 정령들로 가득 차 있으며 이 정령들이 세상에서 일어나는 모든 일을 주관하고 있는데 특별한 능력을 지닌 사람들은 정령들의 매개체 역할을 하면서 복을 받기 위해 정령들의 힘을 이용할 수 있다는 신앙이다. 흑인 오순절교회는 아프리카의 접신(spirit possesion)의 개념과 놀라울 정도로 비슷한 성령의 기름부음 교리(Doctrine of the anointing of God's Spirit)를 연관해서 발전시켰다.

특별히 상당수의 흑인이 침례교회에 등록했는데 그 이유를 살펴보면 물로 드리는 제사를 통해 물로 구성된 몸 안에서 영에 사로잡힌 사람들을 물에 잠기도록 해서 악한 영들을 쫓아낸다는 아프리카에서부터 그들이 지녔던 신앙 때문이었다. 중요하게도 아프리카 의식 중에는 "링 샤우트"(ring shout)라는 의식이 있는데, 이는 번갈아가면서 노래하고 박수를 치고 춤을 추는 의식으로 이는 많은 흑인 교회에서 지금도 행해지는 역동적이고 공동체적인 예배의식과 많은 유사점을 지니고 있다.

다른 한편으로, 대다수의 학자들은 이러한 유사점들은 단지 우연의 일치일 뿐이라고 주장한다. 기독교 전통에도 흑인 교회와 여러 비슷한 현상들이 있었고 노예상인은 대체로 노예들이 가진 아프리카 문화전통을 유지하게 해주었다. 여기서 학자들은 아프리카에서 수입된 노예들은 대부분 자신들의 문화를 다른 사람들에게 전달하는 데에 관심을 가진 젊고 미혼인 청년층이었다는 점을 지적한다.

많은 노예 주인은 노예를 구입하고 나서 그들의 문화를 파괴하고 그들의 가족을 해체하면서 아이들을 따로 내다 팔고, 그들의 언어를 사용하지 못하도록 했다. 자기 동료들로부터 격리되어 길들여진 노예들은 대농장 문화에 잘 적응해서 자신들의 고향을 생각할 기회를 사전에 차단당하기도 했다. 어떤 학자는 이를 "아프리카의 영적 대학살"(African spiritual holocaust)[15]이라고 신랄하게 비난했다.

이 문제에 대한 다른 여러 의견을 찾아 논의하는 것은 중요하지 않다. 사실 노예들이 아프리카의 문화적 특징을 흑인 교회에 전달했던 과정을 추적하는 것은 불가능하다. 이것이 가능하다고 할지라도, 이로 인해 얻은 지식은 흑인 지도자들이나 또 다른 관심을 가진 관찰자들이 이의를 제기해왔다. 이들 대부분은 흑인 교회의 문화를 백인 복음전도자들의 노력이나 근대 초기 아프리카의 이교도 문화 탓으로 돌리기를 원

---

15 Jon Butler, *Awash in a Sea of Faith: Christianizing the American People*(Cambridge: Harvard University Press, 1990), 129-63.

치 않는다. 대부분의 흑인 기독교인에게 중요한 것은 그들의 아프리카 유산(기독교는 단지 백인의 종교가 아니다)을 발전시켜 성경적인 정통 기독교의 훌륭한 전통을 유지하는 것이었기 때문이다.

마지막으로 대부분의 전문가들은 미국 흑인 개신교가 어느 정도 흑인 문화와 국제적 복음주의의 특별한 혼합이라는 사실에 동의하고 있다. 성경에 깊이 뿌리박고 성령의 능력을 체험한 흑인의 기독교 신앙은 원래 복음의 증거로 인해 시작되었다. 좋든 싫든, 흑인과 백인 복음주의 기독교인은 역사 속에서 같은 신앙의 선조들에게 함께 묶여 있는 것이다. 백인 복음전도자들은 이방의 땅에 와 있는 아프리카인을 위한 은혜의 수단들을 제공하면서 복음을 자신의 노예들에게 전해주었다.

이와 반대로, 흑인 기독교인은 그들만의 교회 전통을 발전시켰는데, 이는 그들이 받은 복음의 메시지를 활용해서 복음주의 운동의 발전에 지대한 공헌을 했다. 흑인이 온 몸을 흔들면서 드리는 즉흥적이고 공동체적인 예배와 찬양, 역동적인 설교 방법, 성경적인 의로움에 대한 그들의 헌신, 이외에도 수많은 그들의 영적 사역들은 미국뿐만 아니라 해외 복음주의 운동에도 상당한 영향을 미쳤던 것이다.

현재까지 미국 전체 교회 가운데 겨우 5.5퍼센트만이 인종의 장벽을 초월해서 교회의 정식 교인으로 받는 다인종 교회이다. 백인과 흑인은 서로 피부색을 넘어서려고는 하면서도 이 장벽을 완전히 초월하고자 하는 노력은 아직 미미해 보인다. 물론 이해는 할 수 있다. 하지만 성경적으로 보면, 인종차별은 분명 잘못된 것이다. 복음주의자들은 약속의 땅에 들어가려고 요단 강을 함께 건너기 전에 흑백 양쪽의 운동을 통합할 수 있을 지에 대해서는 앞으로의 시간이 우리에게 말해 줄 것이다.

흑인들의 예배(장례식)
Historic New Orleans Collection의 허락하에 사용

◆ 심화학습을 위한 도서 목록

Berlin, Ira. *Generations of Captivity: A History of African-American Slaves*. (Cambridge: Harvard University Press, 2003). 미국 노예 역사에 대해 현존하는 가장 훌륭한 책이다.

Davis, David Brion. *In the Image of God: Religion, Moral Values, and Our Heritage of Slavery*(New Haven: Yale University Press, 2001). 노예제도에 대해 미국의 탁월한 역사가인 저자가 쓴 통찰력 있고 이해하기 쉬운 논문들의 모음집이다. 무엇보다도 특히 미국 노예제도에 대한 국제적 상황을 이해하는 데 유용하다.

Deyoung, Curtiss Paul, Michael O. Emerson, George Yancey, and Karen Chai Kim. *United By Faith: The Multiracial Congregation as an Answer to the Problem of Race*(New York: Oxford University Press, 2003). *Divided by Faith*(아래에 있는 책)의 자매편이다. 이 책은 다인종 교회들을 지지한다.

Emerson, Michael O., and Christian Smith. *Divided by Faith: Evangelical Religion and the Problem of Race in America*(New York: Oxford University Press, 2000). 인종에 대한 현재 복음주의자들의 태도와 그 태도가 인종으로 구별된 미국 사회에서 하는 역할을 신랄하게 묘사한다.

Frey, Sylvia, and Betty Wood. *Come Shouting to Zion: African American Protestantism in the American South and British Caribbean to* 1830(Chaple Hill: University of North Carolina Press, 1998). 초기 미국 남부의 흑인 개신교에 대한 뛰어난 역사 자료이다.

Fulop, Timothy E., and Albert J. Raboteau, eds. *African-American Religion: Interpretive Essays in History and Culture*(New York: Routledge, 1997). 미국 흑인 종교 역사에 대한 최상의 논문 모음집이다. 이 주제에 대한 최근의 중요한 연구들을 수록하고 있다.

Higginbotham, Evelyn Brooks. *Righteous Discontent: The Women's Movement in the Black Baptist Church*, 1880-1920(Cambridge: Harvard University Press, 1993). 미국 침례교 여성들이 그들의 교회를 섬기고 사회적 변화를 일으키는 여러 노력에 대한 역사를 기술하고 있다.

Juster, Susan, and Lisa MacFarlane, eds. *A Mighty Baptism: Race, Gender, and the Creation of American Protestantism*(Ithaca, NY: Cornell University Press, 1996). 미국 종교 역사에서 인종과 성의 관계에 대해 도움이 되는 논문집이다.

Lincoln, C. Eric, and Lawrence H. Mamiya. *The Black Church in the African American Experience*(Durham: Duke University Press, 1990). 미국 흑인 교회 역사에 대해 표준이 되는 교과서이다.

Murphy, Larry G., ed. *Down by the Riverside: Readings in African American Religion*(New York: New York University Press, 2000). 미국 흑인 종교 역사 분야에 있는 많은 지도자에 의해 작성된 논문집이다. 다소 수준이 떨어지는 논문도 포함하고 있지만 모든 글이 함께 미국 흑인 종교에 대한 도움이 될 만한 포괄적인 그림을 제시한다.

Murphy, Larry J. Gordon Melton, and Gary L. Ward, eds. *Encyclopedia of African American Religions*(New York: Garland, 1993). 미국 흑인 종교에 대한 가장 훌륭한 단권 참고서이다.

The North Star: A Journal of African-American Religious History(http://northstar.vassar.edu.). 미국 흑인 종교 역사만을 연구 주제로 하는 탁월한 학문적 저널이다.

Raboteau, Albert J. *Canaan Land: A Religious History of African Americans*(New York: Oxford University Press, 2001). 미국 흑인 종교 역사

에 대한 탁월하고도 간략하게 소개한다. 위의 책인 *The Black Church in the African American Experience*처럼 포괄적으로 그 역사를 다루지는 않지만 적당한 분량과 함께 읽기 쉬운 책이다.

_____. *Slave Religion: The "Invisible Institution": in the Antebelum South*(New York: Oxford University Press, 1978). 미국의 노예종교에 대한 고전적 연구서이다.

Sobel, Mechal. *Trabelin' On: The Slave Joruney to an Afro-Baptist Faith*(Princeton: Princeton University Press, 1988). 서부 아프리카의 문화와 미국 복음주의로부터 시작된 흑인 침례교회들의 형성에 대한 상세한 연구서이다.

Wilmore, Gayraud S. *Black Religion and Black Radicalism: An Interpretation of the Religious History of African Americans*. 3rd ed.(Maryknoll, NY: Orbis, 1998). 미국에서 자유와 정의를 위한 종교와 흑인의 노력에 대한 고전적 연구서이다.

6장

기독교인의 고상한 생활

그 후에 내가 내영을 만민에게 부어 주리니 너희 자녀들이 장래 일을 말할 것이며 너희 늙은이는 꿈을 꾸며 너희 젊은이는 이상을 볼 것이며 그 때에 내가 또 내영을 남종과 여종에게 부어줄 것이며 내가 이적을 하늘과 땅에 베풀리니 곧 피와 불과 연기 기둥이라 여호와의 크고 두려운 날이 이르기 전에 해가 어두워지고 달이 핏빛같이 변하려니와 누구든지 여호와의 이름을 부르는 자는 구원을 얻으리니 이는 나 여호와의 말대로 시온산과 예루살렘에서 피할 자가 있을 것임이요 남은 자 중에 나 여호와의 부름을 받을 자가 있을 것임이니라(욜 2:28-32).

복음주의자들은 일반적으로 성결-오순절 전통(The Holiness-Pentecostal traditions)을 냉대해왔다. 복음주의 진영의 학식을 가진 엘리트 계층들은 성결-오순절 전통이 뿌리를 두고 있는 노동자 계층과 대중적 열매들을 무시해왔다. 성결-오순절 전통의 성결생활에 대한 강조는 전통적 신앙생활에 익숙한 기독교인을 불안하게 만들었고, 성결-오순절 전통의 초자연주의와 열정적인 예배는 이들보다 억제되고 비평적인 태도에 익숙한 복음주의자들을 망설이게끔 했다.

하지만 오늘날 복음주의자들 대부분은 성결교, 오순절주의, 은사주의 교회에서 주로 배출되고 있다. 이러한 모습은 복음주의 운동을 대표하는 미국복음주의협회(National Association of Evangelicals)에서 쉽게 찾아볼 수 있는데, 오순절주의와 은사주의 운동에 속한 교회들이 가장 빠른 속도로 성장하고 있다.[1]

이들은 다른 어떤 기독교 그룹들보다 전 세계를 향한 비전을 품고 선교사로 헌신하면서, 목회자이든 평신도이든, 남성이든 여성이든, 부자이든 가난하든, 청년이든 노인이든, 사회적 지위에 상관없이 성령의 은사를 촉구한다. 오순절주의자들과 은사주의자들은 기독교 역사에서 사실 아주 낯설고 새로우면서도 그 영향력으로 인해 깊은 인상을 남겼다.

이제 위선적인 텔레비전 설교자들이 돈이나 성적인 문제로 탈선을 저지를 때만 오순절주의자들과 은사주의자들이 주목을 받는 것이 아니라 앞으로는 모든 사람, 특히 이 세상 권력을 가진 정치인도 그들에게 관심을 가지게 될 것이다.[2]

---

1 성결, 오순절, 은사주의 운동 사이에 신학적 경계가 그리 명확치는 않지만 간략한 정의가 이 단원의 시작에 도움이 될 것이다. 성결교인은 고상한 기독교 생활에 전적으로 헌신한 복음주의자들을 말한다. 즉 성결교인은 이 세상과 분리되고 초자연적으로 능력있는 영성을 통해 보다 거룩한 생활을 추구한다. 오순절주의는 성결 운동에 그 뿌리를 두면서 성령의 특별은사(초자연적 은사는 사도행전 전체와 고전 12장부터 14장 사이에서 바울이 길게 다루고 있다), 그 중에서도 특별히 방언(glossolalia)을 강조한다. 은사주의자들은 성결 운동과 오순절 운동의 장점들을 기존 교단으로 받아들였으며 최근에는 여러 독립 교회들과 함께 네트워크("신은사주의"로 불림)를 새롭게 구축하고 있다. 시간적으로 요약하면, 북미 성결 운동은 19세기 초, 개신교 주류 안에서 발생했다. 오순절주의는 19세기 말, 성결 운동에서 분리된 그룹들에서 시작되었다. 은사주의 운동은 20세기 중반에 시작되었다.
2 최근에 오순절주의자들은 권력의 중심부(corridors of power, 정치의 중요사항이 결정되는 곳-역주)로 들어갔다. 이를 가장 잘 표현해주는 사건이 2001년 오순절주의자 John Ashcroft가 미국 법무장관으로 임명된 일이다.

이 장은 19세기 개신교 주류에서 시작해서 **빠른 성장과 발전을 이룬** 급진적 복음주의자들의 역사를 다룰 것이다.³ 비록 그들이 대중매체를 잘 활용해 인기를 얻고 발전했다고 하지만, 그들은 복음주의가 필요로 하던 모습인 고상한 영적 기반과 개혁과 갱신을 위한 헌신을 통해 복음주의 운동을 잘 드러내고 있다.

1. 성결로의 부르심

어떤 점에서 성결-오순절에 대한 관심은 교회의 역사만큼이나 오래되었다. 오순절 지도자들이 사도행전 2장에 나오는 오순절 성령의 부으심에서 오순절 운동의 기원을 찾고 있음은 놀라운 일이 아니다. 하지만 다른 점에서, 미국의 성결 운동, 오순절 운동, 은사주의 전통은 독특하게 근대 사회적, 문화적, 지적 배경 가운데에서 발전했다.

따라서 완전 성결을 위한 사도적 헌신과 초자연적 은사의 실행은 역사 속에서 반복되어 나타났고, 그것은 복음을 해외로 전파하는 데에도 상당한 역할을 감당했다.

---

3   이 책에서 논의되는 것처럼, 주요 교단들의 문화적 권위와 그들의 멤버십은 19세기에 극적으로 변했고 20세기에는 더욱 극적으로 변천했다. 새로운 교단들은 국교제도의 폐지로 인해 번영할 수 있었다. 성결-오순절 그룹, 흑인 그룹, 후에는 근본주의 그룹들이 남북전쟁 이후부터 시작해서 그들의 교회를 형성했다. 20세기 후반기에 여러 비기독 신앙을 지닌 종교들이 미국 전체에 확산되었다. 그 결과로 소위 주류로 불리던 개신교 교단들이 미국 기독교의 중심부에서 벗어났다. 일련의 에큐메니칼적 합병들이 그 회원들의 숫자를 유지하는 데 도움을 주었지만(1960년대 이후 꾸준히 하강 국면), 주요 교단들인 the post-Puritan United Church of Christ, the Episcopal Church, the Presbyterian Church(U. S.A.), the Methodist Episcopal Church, the Christian Church/Disciples of Christ, 가장 최근의 the Evangelical Lutheran Church in America은 더 이상 미국 기독교의 주류를 대표한다고 볼 수 없다. 이에 대해 일부 학자들은 제안하기를, 우리가 이 그룹들을 더 이상 주류가 아닌 "구주류"(oldline)로 불러야 한다고 주장한다.

1830년대부터 일부 교단들에서는 복음주의가 도전적인 성향을 상실했음을 경고해왔는데 이러한 경고로 인해 사람들은 근대 성결 운동에 모여들었다. 복음주의자들이 점차 개신교 주류의 중심부로 이동할수록, 그들은 설립자들이 의도했던 "더욱 비천한 존재가 되기"(be more vile, 웨슬리의 표현)를 무시하고 세상과 타협하기 시작했다. 복음주의자들은 미국의 "의로운 제국"의 정상에서 성공을 통해 너무 안락하고 비대하며 행복하게 성장했다. 이와 함께 그들은 세속적 윤리 가치들에 물들어버리는 심각한 모습들을 보여주었다. 따라서 그들은 다시 성결을 위한 열정을 새로이 점화할 수 있는 부흥을 필요로 하게 되었다.

이 메시지는 미국 감리교에서 가장 분명하게 울려 퍼졌는데, 이것이 바로 웨슬리의 "완전사랑"(perfect love)의 교리이다. 초기 감리교인은 완전성화(entire sanctification)나 기독교인의 완전(Christian perfection)을 목표로 삼았다. 완전성화는 하나님께로부터 오는 "두 번째 축복"(second blessing)을 성도들의 믿음을 통해 받을 수 있다고 믿는 것이다.

웨슬리는 회심 이후에도 하나님은 우리 안에서 육신의 행위를 죽이고 하나님 자신을 위해 우리의 생활을 거룩하게 하는 일을 지속하신다고 가르쳤다.

하지만 신앙이 증가하는 정도에 따라 만족스럽게 되는 것이 아니라 이제 새로운 차원의 복음적 경건으로 이끄는 초자연적 은혜의 두 번째 사역을 추구해서 이를 받아야만 한다고 주장했다. 따라서 완전성화를 체험한 성도들은 더 이상 죄를 범하려고 하지 않는 상태가 된다. 물론 하나님과의 관계에서는 항상 성장을 위한 여지가 있다. 하지만 두 번째 축복을 받은 성도들은 더 이상 하나님의 법을 자발적으로 위반하지 않는 상태에 이른다. 그들은 완전한 사랑의 생활을 하게 되는 것이다.

웨슬리는 일생동안 이 두 번째 축복을 받기를 열렬히 추구했지만 자신이 이 축복을 받았다고 주장하지는 않았다. 웨슬리의 가르침에 의하면, 대부분의 사람들은 죽음 이전까지 이 축복을 누리지 못한다. 하지만 상당수 사람들은 죽기 오래 전부터도 이러한 축복을 받을 수 있다. 웨슬리는 개인적으로 수백 명의 완전한 기독교인을 알고 있다고 주장했다. 더욱 중요한 것은 웨슬리는 "기독교인의 완전"(마 5:48)에 대한 생각이 성경의 가르침이며 성결을 위한 영감과 같이 본질적인 것임을 주장했다.

완전한 사랑의 교리가 지닌 신학적 특징이 무엇이든 간에, 이 교리는 19세기 도덕생활의 개혁, 특히 영미 성결주의 운동이 일어나는데 강력한 역할을 했다. 성결 운동의 설교자들은 세속적인 집착으로 인해 오는 유혹들(술, 극장, 도박 등)을 피하면서 개인 성화에 주로 초점을 맞추었지만 범위를 확대해서 공적이고 사회적인 정의 문제도 다루었다. 복음주의 지도자들은 제2차 대각성 운동이 끝나기까지 신중하면서도 문화적으로는 보수적으로 성장했다.

이와 달리 성결 운동 지도자들은 사회적 지위나 개인 소득에 상관없이 복음의 증인으로 살기 위한 사도적 헌신을 갱신할 것을 요청하면서 대각성 운동의 초기로 돌아갈 것을 주장했다. 그들은 윤리적 순수성을 위해 해야 할 일과 하지 말아야 할 일들의 목록을 작성했다. 이 목록들은 노예소유를 금지하고 가난한 자들의 구제와 같은 내용들을 담고 있으며 심지어 당시 교회들이 일반적으로 허용하던 모습들(특별히 교회재정을 마련하기 위해 교회 좌석에 값을 매겨 부자들이 좋은 자리를 차지하고 가난한 자들은 배제)에 대해서도 엄격한 잣대를 통해 반대했다.

그들은 또한 개신교 주류에서는 거의 불가능할 정도의 성결을 추구

하는 몇 개의 새로운 교단도 만들었다.⁴

18세기 이후 웨슬리를 따르는 사람들은 완전한 사랑을 추구했다. 19세기 초 티모시 메리트 목사(Rev. Timothy Merritt, 1775-1845)와 같은 감리교인은 기독교인의 완전생활에 대한 지침서들을 출판했다.⁵ 하지만 이런 완전성화의 추구는 1830년대와 1840년대 제임스 커히 목사(Rev. James Caughey, 1810-91)와 피비 팔머(Phoebe Palmer, 1807-74)가 대중을 위해 이 교리를 재포장하고 나서야 비로소 본격적으로 시작될 수 있었다. 이는 근대 성결 운동의 엔진을 점화하고 연료를 공급하는 것이었다.

피비 팔머는 가장 중요한 웨슬리안 성결 운동가로 볼 수 있다. 뉴욕에서 도로시아 웨이드 워럴(Dorothea Wade Worrall)과 헨리 워럴(Henry Worrall) 부부의 열다섯 자녀들 중에 넷째로 태어난 그녀는 웨슬리안 감리교 문화에서 성장했다. 피비는 겨우 19살에 의사인 월터 팔머(Walter C. Palmer)와 결혼해서 뉴욕시에 정착하게 되었다.

그녀는 여섯 아이들을 낳았는데, 오직 세 명의 자녀만이 살아남았다. 피비 자신도 중병으로 심한 고통을 겪다가 기적적으로 회복되었다.

---

4 새로운 교단들 가운데 가장 잘 알려진 교단으로는 열성파 노예제도 폐지론자들이 세운 웨슬리안감리교회(Wesleyan Methodist Church, 1843)와 자유 좌석, 노예의 자유, 예배의 자유를 주장했던 자유감리교회(Free Methodist Church, 1860)가 있다. 성결 운동이 조직적으로 체계화되면서 성결교 계통의 교단들도 설립되었다. 이러한 성결교 계통 교단들로는 하나님의 교회(Church of God, 1881), 나사렛교회(Church of the Nazarene, 1895), 구세군(Salvation Army, 영국에서 1865년, 미국에서 1880년 시작)을 들 수 있다.
5 Merritt의 가장 잘 알려진 작품들로는 *The Christian's Manual: A Treatise on Christian Perfection, with Directions for Obtaining That State*(1825)와 그가 1839년부터 1845년까지 편집했던 오래된 성결 운동 간행물로 *The Guide to Christian Perfection*(후에 Phoebe Palmer가 *Guide to Holiness*로 이름을 바꾸어서 발행)이 있다.

6장 기독교인의 고상한 생활 193

피비 팔머
(Phoebe Palmer)

일리노이 주 휘튼의
Billy Graham Center
Museum 제공

피비는 알렌스트리트감리교회(Allen Street Methodist Church)에 출석해서 1831년에 시작된 부흥을 체험했다. 뉴욕에 살던 피비의 언니인 사라 워럴 랭크포드(Sarah Worrall Lankford, 1806-96)는 두 번째 축복을 체험하고 1835년, 지역 여성을 위한 정기 기도모임을 인도하기 시작했다.

다음 해에 랭크포드 부부와 팔머 부부는 교회와 가까운 뉴욕의 집(54 Rivington Street에 위치)에서 함께 살기로 결정했다. 사라와 피비는 이곳에서 "성결 증진을 위한 목요모임"(Tuesday Meeting for the Promotion of Holiness)을 시작했는데, 이 모임은 주로 성경 공부와 기도, 영감어린 간증들로 구성되었다.

1837년 7월 26일, 피비는 두 번째 축복을 체험하고 자신의 마음을 주님의 제단에 드렸는데 그녀는 이 날을 기념해 "최고의 날"(Day of Days)

로 불렀다. 목요모임은 많은 사람을 불러 모았으며 수백 명이 참석하기까지 했다. 이로 인해 목요모임은 장소를 이동해야만 했다. 이외에도 미국뿐만 아니라 해외 여러 지역(인도와 뉴질랜드 등)에도 비슷한 모임을 가지도록 영감을 제공했다.

팔머는 30년 이상 목요모임을 인도하면서 그녀의 간증과 설교를 통해 수많은 사람에게 영향을 미쳤는데, 이들 중에는 팔머가 소속된 교단의 목회자들과 감독들도 있었다. 목요모임은 여성들을 위해 시작한 모임이었으나 얼마 지나지 않아 남성들도 참석했다. 팔머는 목사 안수를 받으려 하지 않았지만, 당시 어떤 남성 목회자들보다도 유명해졌다. 그녀는 여러 부흥 운동과 캠프집회 등에서 강연자로 명성을 떨치면서 미국, 잉글랜드, 스코틀랜드, 웨일즈, 아일랜드, 캐나다에 있는 여러 대학과 모임들에서 300회 이상의 강연을 소화했다. 팔머가 저술한 베스트셀러였던『성결의 길』(The Way of Holiness, 1843)은 그녀를 더욱 유명하게 만들었다. 그녀는 여성으로서 뉴욕에서 첫 번째 공식적인 감리교 속장(class leader)이 되었다. 이처럼 팔머는 당대에 가장 잘 알려진 복음주의 여성이었다.

팔머는 완전성화를 체험하기 위해서는 기다리지 말아야 한다고 주장했다. 당시 대부분의 웨슬리안들은 완전한 사랑의 단계에 이르기까지는 오랜 세월을 기도하면서 인내하고 기다려야 한다고 가르쳤다. 하지만 팔머는 사람들이 죄에 대해 즉시 죽고, 완전성화에 대한 하나님의 약속을 전적으로 신뢰하고 주님의 제단에 믿음으로 삶을 헌신하도록 초대했다. 이것이 바로 팔머의 "제단신학"(altar theology)이다.

여러 성경 구절(특히 마 23:19; 히 13:10)의 해석을 기반으로, 팔머는 그리스도께서 이 세상의 모든 죄를 구속하고 하나님 아버지께 죄인이 드려야할 희생제물을 드렸기 때문에 이 제단에 자신을 제물로 드리는 것이 가능할 뿐만 아니라 모든 기독교인의 임무는 그들의 삶을 바치는 것이라고 했다. 팔머는 완전의 약속에 대해 다음과 같이 설명하고 있다.

> 특별히 자신을 제단에 드리는 모든 사람에게…중단 없이 소멸되는 유일한 대상을 위해 하나님의 자기 희생제사에서 몸과 영혼은…하나님은 내려가는 불을 일으키실 것이다. 그리고…하나님은 모든 기다리는 영혼들을 위해 지체하지 않으실 것이다. 그 이유는 하나님이 기다리시며, 제공자가 드리는 희생의 순간에 모두 삼켜버리고 소멸시키는 만지심이 있을 것이기 때문이다.

어떤 사람이 "얼마나 빨리 내가 완전 상태에 도달할 수 있나요?"라고 질문할 수 있다. 거기에 대해서는 이렇게 대답한다.

> 당신이 믿음을 가지자마자, 곧 요구되는 희생을 드릴 수 있다…구세주가 "다 이루었다"고 말씀하실 때, 구원은 당신에게 주어졌다. 남은 것이 있다면 당신이 이에 동의하고 그 권리를 요구하는 것뿐이다…구원은 이미 당신의 것이다. 만약 당신이 지금 그 구원을 받지 못했다면, 그 이유는 하나님 때문이 아니라 전적으로 당신 자신 때문이다.[6]

팔머가 그녀의 제단신학을 발전시키던 때와 거의 비슷한 시기에 찰스 피니는 미국의 회중교인과 장로교인 가운데서 "실행적 성화"(can-do

---

6 Melvin E. Dieter, *The Holiness Revival of the Nineteenth Century*, 2nd ed.(Lanham, MD: Scarecrow Press, 1996), 24에서 재인용.

sanctification)와 비슷한 주장을 했다. 진보적 윤리개혁자(moral reformer)로서 피니는 오랫동안 기독교인의 완전주의 성향을 드러내면서 오벌린대학교로 와서는 성화에 대한 이해를 체계화시켰다.

오벌린대학교의 첫 학장이던 아사 마한 목사(Rev. Asa Mahan, 1799-1889)와 함께 피니는 "오벌린 완전주의"(Oberlin Perfectionism)로 알려진 독특한 개혁주의 분파를 만들어냈다. 피니는 이 완전주의 사상을 웨슬리의 주요 교리인 두 번째 축복이 아니라 에드워즈의 자연적 능력에 대한 사상에 기반했다. 명백히 오벌린 완전주의는 개혁주의의 정통에서 보면 매우 독특해 보이지만, 복음주의 내에서는 설득력이 있어서 비웨슬리안들도 성결 운동에 참여하도록 하는 계기를 마련했다.

완전주의에 대한 오벌린과 웨슬리 사상의 핵심적 차이를 보면, 피니는 웨슬리가 주장하던 두 번째 축복을 부인한다는 점이다. 보다 개혁주의적인 점진적 성화의 입장에서 피니는 비웨슬리안 복음주의자들이 자신의 죄를 지속적으로 죽이는 데에 헌신하기 위해 보다 "기독교인의 고상한 생활"(higher Christian Life)을 통해 자신을 성화시키는 것으로 이해했다. 팔머와 같이 피니도 그의 청중들에게 "즉각적 완전"(immediate perfection)을 요구했다.[7]

피니가 인도하는 부흥집회의 텐트 위에 휘날리는 깃발은 "주님께 성결"(Holiness unto the Lord)이라 적혀있었고, 성화에 대한 열정적인 추구는 그의 설교에서 중심 주제였다. 하지만 피니는 두 번째 축복에 대한 변론보다는 오히려 하나님의 명령에 순종하는 인간이 지닌 자연적 능

---

7   성결에 대한 보다 "개혁주의적"인 접근은 장로교 목사인 William E. Boardman(1810-86)이 저술하고 많은 인기를 얻었던 *The Higher Christian Life*(1858)에서 잘 드러난다. 이 책의 제목은 곧 광범위한 성결 운동의 구호로 사용되었다. 1875년 후반, Boardman이 잉글랜드로 이주하면서 영국 성결 운동의 주요 인물로 부상했다.

력을 강조했다. 인간의 자연적 능력이란 지체 없이 하나님께 회심하고, 예외 없이 하나님의 뜻에 순종케 하는 능력을 말한다.

성결에 대한 문제는 남북전쟁(Civil War, 1861-65) 이전부터 미국 전체를 들끓게 했다. 하지만 남북전쟁이 끝난 직후에도 성결 운동은 교단 간에 특별히 캠프집회에 대해서 의견의 일치를 보지 못하고 있었다. 부흥 운동은 전국적인 캠프집회들과 수많은 부흥회를 통해 제2차 대각성 운동 이후로도 오랫동안 지속되었다. 수십만 명의 실업가들을 도시의 기도모임으로 끌어들이게 되는 결과를 가져온 중요한 부흥 운동이 1857년에 일어났다. 1862년에는 광대한 부흥 운동이 남북전쟁에 참전한 군인의 병영에서 일어났다. 1867년부터는 뉴저지 남부의 한 캠프에서 인격적 성결(Personal Holiness)을 강조하는 부흥회가 개최되었다. 1만 명의 캠프 참가자들이 모였는데 이들 대부분이 복음주의 기독교인이었다. 이 캠프는 현대 국제적 성결 운동의 여러 조직으로 발전되었다.

1867년 7월 17일, 뉴저지 주 바인랜드(Vineland)의 외곽에서 자신들을 전국성결증진캠프모임협회(National Camp Meeting Association for the Promotion of Holiness) 소속으로 밝힌 성결 운동가들이 성화를 주제로 10일간의 부흥회를 개최했다. 뉴저지 감리교협회의 윌리엄 오스본 목사(Rev. William B. Osborn, 1832-1902)와 그린스트리트감리교회(Green Street Methodist Church)의 존 인스킵 목사(John S. Inskip, 1816-84)가 인도한 첫 번째 성결집회는 성공적이었다. 그 결과로 전국캠프모임협회는 인스킵을 회장으로 선출하고 다른 여러 성결 캠프집회들을 지원하기로 결정했다.

성화 교리에 대해 영적 열정을 불러일으키는 지도자들은 이후 펜실베니아 주 만하임(Manheim, 1868)과 뉴욕 주 라운드 레이크(Round Lake, 1869)에서 개최된 여러 성결집회들에서 2만 명 이상을 불러 모았다. 곧 그들은 출판사를 설립하고 성결 운동의 정기 간행물인 「크리스찬 위트니스 앤 애드보케이트 오브 바이블 홀리니스」(*Christian Witness and Advocate of Bible Holiness*)를 1870년으로부터 1959년까지 발행했다. 이어 선교기관으로 전국성결협회(National Holiness Association)를 설립했고 이 조직은 이후 재편되어 기독교성결협회(Christian Holiness Association)로 발전했다. 1870년대 성결 운동은 국제적인 성격을 띠게 되었다. 피비 팔머와 찰스 피니는 1840년대부터 60년대에 이르기까지 영국을 방문해서 여러 지역에서 부흥회를 인도하며 설교했다. 1873년 사역을 시작한 로버트 피어살 스미스(Robert Pearsall Smith, 1827-99)와 그의 아내인 한나 휘톨 스미스(Hannah Whitall Smith, 1832-1911)는 성결 교리를 영국과 여러 나라에 전파하고 이를 실천했다. 1867년에 바인랜드의 성결 캠프에서 두 번째 축복을 받은 스미스 부부는 성결에 대한 설교와 가르침, 저술 등의 사역을 미국과 영국, 유럽 대륙에서 광범위하게 진행했다.

한나가 로버트보다 더 유명해졌는데 그 이유는 로버트가 상담하던 여성에게 불미스러운 일로 고소를 당하면서 그의 사역이 실패했기 때문이다. 하지만 한나는 자신의 저술 경력을 통해 명성을 얻었으며 베스트셀러인 『기독교인의 행복한 생활의 비밀』(*The Christian's Secret of a Happy Life*, 1875)을 출판하고 왕성한 강연활동을 펼쳤다. 스미스의 목회는 1875년의 영국에서 있었던 "기독교 성결 증진을 위한 브라이튼 집회"(Brighton Convention for the Promotion of Christian Holiness)에서 절정을 이루었다. 이 집회에 8,000명 이상이 등록했는데 이들은 주로 성경적 성결 운동을 지지하는 목회자들과 신학자들이었다. 이 집회는 더욱 발전해서 매년 모이면서 오늘날까지 진행되고 있는데 이것이 바로 케직사경회(Keswick Convention)이다.

케직사경회는 집회가 개최되는 지역인 잉글랜드 케직(Keswick)의 지명을 따라 명명되었다. 이 사경회는 잉글랜드 낭만주의 시인인 윌리엄 워즈워드(William Wordsworth, 1770-1850)와 사무엘 콜러릿지(Samuel T. Coleridge, 1772-1834)가 노래한 아름다운 호수 지역에 위치한 케직에서 개최되었다. 케직사경회는 그 산파 역할을 한 여러 이전의 집회들을 생각해 볼 수 있는데 그 중 하나가 복음주의자로 잉글랜드국교회 사제였던 윌리엄 펜네파더(Rev. William Pennefather, 1816-73)가 인도한 런던의 마일드메이 파크(Mildmay Park)집회이다.

하지만 케직사경회는 특징적으로 주로 성결을 가르쳤다. 케직사경회는 개혁파 복음주의자들(Reformed Evangelicals)을 선호하는 경향이 있는데 그 이유는 사경회에 참석한 사람들 사이에 있는 교리적 차이를 극복하고, 웨슬리안적인 완전주의 언어를 삼가하면서 부유층을 포용할 수 있기 때문이었다. 이러한 모습은 케직사경회가 이전의 어떤 모임들보다 보수적인 성격을 가지고 있음을 보여준다.

그럼에도 불구하고 케직사경회의 매력적인 주제인 "승리하는 기독교인의 생활"(victorious Christian living), 즉 견고한 영성으로 죄된 본성을 통제할 수 있다는 주장은 어떤 부흥회보다 성결이 사람들에게 인기를 얻게 되는 계기가 되었다.[8] 20세기 초까지 매년 여름이면 2만 명 이상의 사람들이 케직에 모였으며, 미국의 뛰어난 설교자들은 케직 운동을 자국에 도입하기도 했다.

19세기 전환기에는 케직사경회의 성공으로 복음주의 운동의 주류에서도 마침내 성결 운동을 받아들이게 되었다. 완전주의자이든 아니든, 성결 운동을 주장하는 사람들의 수는 많아졌으며, 이들은 제한받지 않

---

8 케직사경회 강사였던 Evan H. Hopkins(1873-1919)의 작품, *The Law of Liberty in the Spiritual Life*(1884)에서 이 주제를 잘 다루고 있다.

는 성화를 주장했다. 피어슨(A. T. Pierson), 고든(A. J. Gordon), 존 모트(John R. Mott)와 같은 선교 지도자들은 이제 주님을 전적으로 닮아가는 성화와 주님의 대위임령이 긴밀하게 연결되어있음을 강조했다.

특별히 무디는 케직 운동을 미국 전역에 적용했다. 영국을 순회하여 설교하면서 무디는 케직을 방문하고 대중적 인기를 끌던 노스필드 컨퍼런스(Northfield Conference)에서 1880년대와 1890년대 동안 성결에 대한 가르침을 발전시켰다.

노스필드 컨퍼런스에서 수만 명의 사람들은 성경 지식과 거룩한 삶을 살도록 훈련받아 선교에 자신들을 헌신했다. 간략하게 이제 성결 운동은 모든 그룹의 복음주의자들의 지지를 받으며 널리 알려지게 되었다. 하지만 성결 운동의 성장에도 불구하고 모든 성결 운동 참가자들이 복음주의 주류에서 활동한 것은 아니었다.

2. 오순절 운동의 시작

급진적 성결주의를 지지하는 사람들은 문화적으로나 교리적으로 복음주의 변방에 위치해 있었다. 이들 대부분은 미국 남부의 시골이나 중서부 지방의 작은 마을에 거주하거나 도시 인근에 사는 노동자 계층이었다. 이들은 성화에 대한 웨슬리안 입장을 선호했다. 하지만 성결 사상과 운동이 세련되게 점차 발전되어 복음주의 주류로 이동하게 되면서 이들은 뒤에 남겨지게 되었다.

이를 통해 급진적 성결주의자들은 미국에서 성결의 세속화와 중산층이 서로 일치한다는 점을 깨닫게 되었다. 19세기 말, 급진적 성결주의자들 대부분은 섬기던 교회(일반적으로 감리교회 주류)에 남으면서 새로운 성결 운동을 진행하는 여러 기관에 참가했다. 웨슬리안감리교회(Wesleyan Methodist Church)와 자유감리교회(Free Methodist Church)는 이제 공식적으로 성결 교단임을 밝히면서 새로이 성결교인을 영입했다. 이를 따라 여러 성결 교단이 설립되었다.

1881년에 하나님의교회(Church of God)가, 1895년에 나사렛교회(Church of the Nazarene)가 설립되었고 이외에도 지금은 거의 잊혀진 시온연합사도교회(Zion Union Apostolic Church, 1869)와 같은 여러 작은 성결 교단들이 세워졌다.[9] 다수의 성결 운동 지지자들은 교회 이외의 다른 기독교 기관들에 참여하기도 했다. 이처럼 급진적 성결교인은 기존 교회들에서 아픔을 겪은 후에 사도적 신앙을 회복하기를 바라면서 고린도후서 6:17의 "그들 중에서 나와 따로 있고"란 말씀에 순종하기로 결심했던 사람들이다. 여기서 주목할 점은 이러한 새로운 그룹들에서 현대 오순절주의가 발생했다는 사실이다.

이처럼 오순절 운동의 모습은 실제로 20세기 이전부터 나타났지만, 오순절 운동의 역사는 찰스 폭스 팔함(Charles Fox Parham, 1873-1929)에게서 시작된다고 볼 수 있다.[10]

---

9 Vinson Synan이 평가하기로는, 약 24개의 성결 분파가 1893년부터 1900년 사이에 남부에서 일어났다(이와 함께 약 10만 명의 성결교인이 감리교회를 떠났다).
10 오순절 운동의 시작에 대해서는 논쟁이 뜨거운 주제이다. 대부분의 전문가들은 Parham의 사역과 연계해서 오순절 운동의 시작을 보는 반면, 어떤 전문가들은 William Seymour가 오순절 운동의 실질적인 창시자로 본다. 이외에 다른 전문가들은 1895년 아이오와불세례성결협회(Iowa Fire Baptized Holiness Association)를 설립한 B. H. Irwin(1854 출생) 목사에게서 오순절 운동의 기원을 찾기도 한다. 1896년 노스캐롤라이나 서부지방에서 사람들이 방언을 하는 부흥이 일어났는데 이는 초기 오순절 운동을 형성하는 데 중요한 역할을 했다는 주장이다. 하지만 Irwin의 우선성에 대한 주장은 문서로 지지를 받지 못한다. 그럼에도 불구하고 Irwin은 오순절 성령세례 교리를 처음으로 정립하려던 인물로 회자된다. 최근에 학자들은 오순절주의가 발생하기 이전부터 오순절 현상(방언과 신유)이 세계의 모든 대륙(남극 대륙 제외)에서 나타났음을 보여준다. 오순절 은사는 오순절 이후로 계속 나타났다. 여전히 오순절 은사들은 Irwin, Parham, Seymour가 활동하기 이전에는 활성화되지 않았지만 오순절 운동의 발생에 공헌했다.

찰스 폭스 팔함
(Charles Fox Parham)

Flower Pentecostal Heritage Center의 허락하에 사용

1895년, 팔함은 감리교회를 나와 독립 복음전도자로 순회설교를 시작했다. 그는 성화를 은혜의 두 번째 사역으로 설교했다. 여기서 팔함이 세 번째 축복의 가능성을 언급하기 시작했다는 점이 중요하다. 세 번째 축복은 "성령 안에서" 혹은 "성령과 함께" 하는 세례를 말하는데[11] 이를 통해 영혼은 성령으로 완전히 충만해져 이전 보다 더욱 고상하고 활발한 영적인 삶을 살게 되는 결과를 가져온다. 팔함은 이 축복을 자신은 받지 못했지만, 도달가능하다고 믿었다. 그는 많은 사람이 세 번째

---

11 여기에서는 전치사들이 아주 중요한 역할을 한다. Parham과 이후 오순절주의자들은 성령 안에서(in) 혹은 성령과 함께 하는(with) 세례(자주 성령세례로 언급)와 성령의 세례(baptism of the Holy Spirit)를 구별했다. 초기 오순절주의에서 구도자에게는 세가지 특별하고 초자연적인 축복들이 주어진다. 첫 번째 축복은 중생이고, 두 번째 축복은 기독교인의 완전(완전성화, entire sanctification)으로 이는 방언의 은사가 동반된다. 오순절 운동(예: 나사렛 교회)에 참가하기를 거부한 성결 그룹들은 첫 번째와 두 번째 축복에는 동의했지만 세 번째 축복은 부인했다.

축복을 받아들이도록 권면하면서 여생을 보냈고 오순절 운동에 대한 교리적인 설명을 제공하기도 했다.

다수의 성결 운동 지도자들처럼, 팔함은 신유 사역(faith healing)을 했다. 실제로 1898년에 팔함은 토페카(Topeka)에서 목회를 시작하면서 벧엘 치료의 집(Bethel Healing Home)을 세웠다. 사람들은 이곳에 머물면서 초자연적 치료와 기도를 받았다. 팔함은 집 없는 사람들을 위한 구제활동에도 전념했다. 그는 성결 운동을 위한 정기 간행물인「디 아포스톨릭 페이스」(*The Apostolic Faith*)를 발행했다. 하지만 더욱 주요한 사역으로는 1900년부터 그가 시작한 베델성경학교(Bethel Bible School)이다. 팔함은 성경 연구와 성결훈련을 받기 원하는 34명의 학생들을 모집했다.

팔함은 그리스도께서 재림하시기 전에 일어나게 될 세계적 부흥 운동에서 엄청난 성령의 역사를 기대하면서 학생들도 이러한 기대를 가지라고 가르쳤다. 그리고 이 놀라운 역사는 약속된 성령세례("성령 안에서"의 세례)와 함께 일어나리라고 믿었다. 곧 팔함의 영향력으로 인해 벧엘 공동체는 모두 전능하고 기적적인 하나님의 역사를 기대하게 되었다.

1900년 12월, 팔함은 성령으로 세례를 받는 것이 방언의 은사라는 사실이 "성경적 가르침"이라고 결론내렸다.[12] 팔함은 방언의 은사가 요엘서에 예언된 늦은 비의 일부로, 주님이 재림하실 마지막 날을 준비케 하는 것이라고 주장했다. 방언의 은사를 받은 사람들은 복음의 증인으로서 오순절 사도들처럼 외국어를 배우지 않고도 단기간에 선교사로 준

---

12 오늘날 Parham은 성령세례의 필수조건인 방언 교리의 창안자로 널리 알려져 있다. 하지만 팔함에게 방언은 항상 복음을 해외로 전파하기 위한 것이었다. "이언능력"(xenoglossia)은 전문용어로 실제 외국어로 의사소통하는 능력을 뜻한다. 이 이론은 오순절 운동이 성장함에 따라 포기되어, 오순절주의자들은 이제 방언은 이전에 존재하지 않았던 언어라고 사람들에게 가르치고 있다.

비되어 해외로 파송될 수 있다고 믿었다. "불의 혀"가 그들에게 임해, 성령으로 충만해지고, 기적적으로 예루살렘에 있는 외국인은 방언으로 하나님의 기이한 역사를 선포하는 것을 듣게 될 것이다(행 2:3-4, 11). 곧 물이 바다를 덮음 같이 하나님의 지식이 온 땅에 충만해질 것이고, 천년왕국이 도래할 것이다. 이런 팔함의 가르침은 토페카에서 많은 사람을 흥분시켰다.

1901년 새해 첫 날, 베델성경학교에서 팔함의 학생인 아그네스 오즈만(Agnes Ozman, 1870-1937)[13]이 외국어(중국어로 추정)로 무엇인가를 쓰기 시작했다. 곧 그녀는 방언으로 말도 했다. 이어 베델성경학교의 학생들 중에 절반이 이처럼 방언을 하게 되었고 계속해서 비슷한 역사가 이어졌다. 실제로 하룻밤 사이에 놀라운 일이 일어난 것이었다. 곧 수천 명의 사람들이 팔함에게 모여들었다. 1903년 말, 그는 주요한 부흥회들에서 설교했다. 1905년 초, 팔함은 텍사스 주 휴스톤으로 사역지를 옮겨 인구가 급성장하던 그 지방의 교외 지역에서 설교하면서 오순절 사역을 이어갔다.[14]

1905년 12월, 팔함은 성경 학교를 개교했다. 그는 오순절 교리를 가르치고자 10주 교육과정을 마련했다. 휴스톤으로 함께 온 학생들 가운데 윌리엄 세이무어(William Seymour)가 있었다. 세이무어는 한쪽 눈을 보지 못했던 가난한 설교자였다. 세이무어는 텍사스에서 흑인은 백인과 격리 되어야 했기에 교실 밖에서 수업을 들어야만 했다. 하지만 이

---

13 Ozman은 후에 결혼해서 그녀의 성을 LaBerge로 변경했다.
14 이 시기(1903-5)에, 웨일즈 뉴퀘이에서 수많은 오순절주의자들을 고무시키는 주요한 부흥 운동이 일어났다. 이 부흥 운동에서 지금은 사용되지 않는 웨일즈 방언을 말했다는 보고도 있었다. 웨일즈 부흥은 또한 수많은 다른 오순절 현상들이 일어났고 오순절 운동의 지도자들도 그 부흥에 참여했다. Evan Roberts(1878-1947)가 주로 인도했으며, 광부들과 대장장이들이 복음전도자가 되었다. 미국에서는 이 부흥 운동을 기록한 S. B. Shaw(1854년 출생)의 작품 *The Great Revival in Wales*(1905)가 출판되었다.

러한 어려움에도 불구하고, 세이무어는 팔함의 오순절주의에 대한 가르침들을 빠르게 배우고 익혀 확신을 가지게 되면서 짧은 시간 안에 그의 스승을 능가하게 되었다. 결국 세이무어는 팔함의 훈련코스에 등록한지 1년도 지나지 않아 세계에서 가장 유명한 오순절 운동의 지도자가 될 수 있었는데 이는 누구도 예상치 못한 결과였다.[15] 세이무어는 팔함의 학교를 떠나기 전에 배울 수 있는 모든 것을 배우고 자기 것으로 만들었다.

1906년 초, 세이무어는 캘리포니아에서 이제 막 설립된 산타페성결선교회(Santafe Holiness mission)의 초청으로 말씀으로 섬길 수 있게 되었다. 이 선교단체 이름은 로스앤젤레스의 산타페 거리에 그 주소를 두고 있었기 때문에 명명된 것이었다. 여기에서 첫 번째 주일, 세이무어는 사도행전 2:4 말씀을 본문으로 설교하면서 성령세례의 성경적 증거가 방언이라고 주장했다. 하지만 그가 그날 밤 다시 설교하러 왔을 때에 교회 문은 굳게 잠겨 있었다.

이처럼 오순절 운동은 산타페 거리에서는 환영받지 못했다. 이런 문전박대에도 불구하고 세이무어는 자신을 따르는 일부 신자들과 함께 흑인 평신도로 세이무어의 가르침을 잘 받아들이던 에드워드 리(Edward S. Lee)의 집에서 집회를 계속 이어갔다. 얼마 후 집회 장소를 보니브래 거리(Bonnie Brae Street)에 위치한 침례교인 부부의 집으로 이전했다. 그곳에서 1906년 4월 9일, 방언의 역사가 일어나 세이무어와 몇몇 예배자들에게서 방언이 터지기 시작했다. 이런 방언의 역사는 불타듯이 번져갔고 많은 사람의 주목과 관심을 받게 되자 세이무어는 모여드

---

15 Parham이 오순절주의의 확산에 주요한 역할을 하게 된 이유들을 몇 가지로 살펴보면, 그의 인종차별적 견해, 참된 방언으로서 이언능력의 주장, 그의 동성애 연루(1907년 여름동안 Parham은 텍사스의 샌안토니오에서 남색을 했다는 혐의로 체포됨) 소문이었다.

는 사람들로 인해 현관에 나와 밖에서 줄 서서 기다리는 사람들에게도 자주 설교해야 했다. 어느 날은 사람들의 하중을 견디지 못해 현관이 무너지기도 했다. 누구도 다치지는 않았지만 세이무어는 설교 장소를 다시 다른 곳으로 옮겨야 했다.

세이무어는 흑인 감리교회의 모태가 되는 아주사 거리(Azusa Street)에 위치한 매우 커다란 낡고 버려진 창고를 예배 장소로 발견했다.[16] 그는 이곳에서 3년 넘게 매일 세 번씩 예배를 드렸다. 수천 명의 사람들이 그가 주장하던 세 번째 축복을 받았다. 아주사 거리 부흥은 엄청난 영향력을 발휘하면서 오순절교인은 이곳을 지금도 "오순절주의의 요람"(the cradle of Pentecostalism)으로 부르고 있다.

미국 전역과 심지어 세계 여러 나라에서 성결-오순절 운동의 지도자들이 놀라운 역사를 직접 보고자 집회를 방문하고는 자기 고향이나 고국으로 돌아가 오순절의 회복에 대한 소식을 알렸다. 오순절 성결교회의 개스톤 캐쉬웰 목사(Rev. Gaston B. Cashwell, 1862-1916)는 집회에 참석한 후에 "남부 오순절 운동의 사도"가 되었다.

윌리엄 더햄 목사(Rev. William H. Durham)는 시카고의 노스애버뉴선교회(North Avenue Mission)에서 사역했는데, 아주사에서 방언의 은사를 받고는 오순절 운동으로 시카고를 영적으로 불타오르게 했다.

찰스 메이슨(Charles H. Mason)도 아주사 부흥을 체험하고 고향으로 돌아가 오순절 운동을 통해 "그리스도 안의 하나님의 교회"(Church of God in Christ)의 지도자가 되었다.

아주사 거리 부흥은 특별히 인종차별 없이 발전되었으며 급진적 성

---

16 슬프게도, 이 건물은 이후에 없어졌다. 처음에는 현재 로스앤젤레스의 "리틀 토쿄"(Little Tokyo)를 만들면서 주차장을 위한 도로를 만들었다. 이제는 그 자리에 일본미국문화센터 인근의 쇼핑센터가 들어서 있다.

결오순절주의가 주요한 역할을 했다. 자신의 작품인 『어떻게 오순절이 로스앤젤레스에 오게 되었는가?』(*How Pentecost Came to Los Angeles*)에서, 프랑크 바틀만(Frank Bartleman)은 "인종색은 주의 보혈로 사라졌다"(The color line was washed away in the blood)[17]고 기술했다. 백인, 흑인, 히스패닉이 매일 드려지는 예배에 함께 참석했으며 종말에 대한 기대를 고조시켰다. 아주사의 정기 간행물인 「디 아포스톨릭 페이스」에서 세이무어는 부흥을 위해 인종 간에 협력할 것을 주장했다.

> 사도적 신앙의 교리는 하나된 일치, 하나된 영혼, 하나된 마음이다. 하나님은 그분의 모든 자녀를 주기도문의 기도처럼 살도록 도우신다. "아버지여, 아버지께서 내 안에 내가 아버지 안에 있는 것 같이 그들도 다 하나가 되어 우리 안에 있게 하사 세상으로 아버지께서 나를 보내신 것을 믿게 하옵소서"(요 17:21). 하나님을 찬양하라! 요한복음 17장에서 언급한 삶의 필연성을 하나님의 모든 자녀들이 목도하도록 어떻게 오늘날 나의 심령이 하나님께 부르짖을 수 있는가! 우리는 예수님이 기도하신 것처럼 그리스도의 몸 안에서 하나가 될 수 있다.[18]

이 기도는 아주사 부흥에서 성령의 인치심 가운데 고백되었다.

17　Frank Bartleman, *How Pentecost Came to Los Angeles: As It Was in the Beginning*, in *Witness to Pentecost: The Life of Frank Bartleman*, ed. Donald W. Dayton(New York: Garland, 1985), 54.

18　William J. Seymour, "The Baptist of the Holy Ghost," *Apostolic Faith*(May 1908): 3. 나는 트리니티복음주의신학교 박사후보생인 Joseph L. Thomas에게 감사한다. Thomas는 *Apostolic Faith*에서 나오는 여러 자료들을 제공해주었다. 오순절 운동의 인종간주의 (interracialism)에 대한 자료들은 Thomas의 박사 논문 "'No Jew or Gentile': The Rise of Interracial Fellowship in Early Holiness-Pentecostalism"을 보라.

이 모임은(우리가 가진 불순물들을) 녹여버리는 시간이다. 사람들 모두 함께 보혈과 성령의 능력으로 녹여버린다. 그들은 그리스도 예수 안에서 모두 하나의 덩어리, 하나의 빵, 하나의 몸이 된다. 아주사거리선교회(Azusa Street Mission)에서는 유대인이나 이방인도, 종이나 자유인도 더 이상 존재하지 않는다.[19]

이와 비슷하게 초기 오순절 리더십은 성까지도 포괄했다. 인기있는 설교자이자 영성치료가였던 마리아 우드워스 에터(Maria Woodworth Etter, 1844-1924)의 시대로부터 설교자, 치료자, 작사가, 전국라디오 방송가로 활동하던 에이미 셈플 맥퍼슨(Aimee Semple McPherson, 1890-1944)의 시대까지 여성들은 오순절 운동에서 주요한 역할을 했다. 에터는 8,000명 좌석을 지닌 커다란 부흥 텐트에서 사역을 했는데 그 인기로 인해 모여드는 사람들을 수용하기에는 이 장소도 비좁을 정도였다.

이어 맥퍼슨은 윌리엄 더햄(William Durham)에게 안수를 받고 앤젤러스 템플(Angelus Temple)을 세우고 교단으로 국제사중복음교회(International Church of the Foursquare Gospel, 1927)를 설립했다. 오순절 교단들은 초기에 여성들에게 장로와 담임 목사로 안수를 주는 것에는 반대했지만 많은 여성이 설교와 병 고치는 사역을 할 수 있는 자격증을 주었다. 예를 들어, 1913년, 테네시 주 클리블랜드에 위치한 하나님의교회(Church of God)에서 목사 자격을 얻은 사람들 중 여성들이 12퍼센트를 차지했다.

1918년까지 하나님의오순절연맹(Pentecostal Assemblies of God)에서 설교자들 중 21퍼센트가 여성이었다. 국제사중복음교회 초기에 설교자

---

19 Anon., *Apostolic Faith*(December 1906): 1.

들 중 거의 37퍼센트가 여성이었다. 일부 미국 흑인 오순절교회는 여성들에게 더욱 개방적이었다. 아이다 로빈슨(Ida Robinson)이 설립한 미국의 시내산거룩한교회(Mt. Sinai Holy Churches of America)는 여성들이 어떤 위치에서든 사역을 감당하도록 허락했다. 로빈슨 목사 자신도 여성이지만 교회의 감독으로 시무했다. 하나님으로부터 "시내 산으로 올라와 여성들을 해방하라"는 부르심을 받은 로빈슨은 목사 안수를 받기 위한 공식적인 자격으로 방언의 은사와 주님에 대한 전적 헌신(entire consecration)을 요구했다.

아주사 부흥 이후 오순절 운동도 체계적으로 제도화되기 시작했다. 그 운동이 지닌 초기 포용성(inclusivity)이 감소하고 급진적인 성향도 완화되자 지도자들은 뜨거운 영성이 흘러가는 채널을 만들어 이를 통해 새로운 수많은 지지자에게 영향을 미치도록 오순절 사상을 체계화했다.

제2차 세계대전 이후 오순절주의자들은 특별히 미국의 주류 문화에서 뿐만 아니라 온건한 복음주의 사회적 네트워크에서도 자신들이 인정받기를 추구하기 시작했다. 그들은 자신들의 도드라진 독특성을 감소시키고자 모가 난 부분들을 상당히 다듬었다. 이로 인해 많은 사람이 거부감보다는 방언의 필요성에 대해 유연한 자세를 가지게 되었다. 이를 통해 오순절 운동은 지속적으로 확산되었고, 복음주의 세계에서 가장 급속히 성장한 교파가 되었다. 그리고 20세기 후반이 되어 오순절 운동은 해외로까지 확산되었다.

오순절주의자들은 미국에서만도 빌딩을 짓고 해외선교부를 발족시키고 출판사를 보유하고 있는 수백 개의 교단을 설립했다. 3장에서 이미 논의했던 것처럼, 오순절주의자들은 부흥을 계속 진행시키는 것에 대해 부정적이었으며 "성령의 유대"(엡 4:3)를 회복하고자 오순절 운동의 종말론적 열정을 식히려고까지 했다. 오순절 운동은 목회 자원들을 축적하고 통제하는 사역을 통해 교인 수가 증가하게 되면서 그 안에서 도 당파주의(factionalism)가 자라났다. 오늘날 전 세계에 수천 개의 오순절 교단들이 존재한다. 오순절 운동에 대한 통계치는 성화된 천년 왕국의 황금 시대를 알려주고 있다.[20]

세계에서 가장 강력한 오순절 교단은 약 1,000만 명 이상의 회원을 자랑하는 하나님의성회(Assemblies of God)이다.[21] 알칸사스 주 핫스프링스에 세워진 이 교단은 오하이오 주 필드레이에서 시작되었다.

그리고 이는 1915년에는 세인트루이스, 1918년에는 미주리 주의 스프링필드에도 확산되었다. 이전 남침례교 목사였던 유도러스 벨(Eudorus N. Bell, 1866-1923)이 초대 총회장을 맡았으며 로스웰 플라워 목사(Rev. J. Roswell Flower, 1888-1970)가 반세기 동안, 재정을 담당하는 재무비서로 섬겼다.

플라워는 여러 출판물들과 함께 주간지였던 「펜타코스탈 에반젤」

---

20 아래의 교단들은 가장 영향력 있는 미국 오순절 그룹들을 나타낸다. 교리적으로 분류하자면, 이 그룹들은 설립의 순서대로 목록을 작성할 수 있다(어떤 사람들은 성결교회들로 시작해서 오순절교회들로 마무리하기도 한다). (1) Wesleyan(성화에 대한 그들의 관점에 따라): Pentecostal Holiness Church, Inc.(1895; 1975); Church of God, Cleveland(1886); Church of God in Christ(1897); Church of God in Christ, International(1969). (2) Reformed(비웨슬리안); Assemblies of God(1914); Pentecostal Church of God(1919); International Church of Foursquare Gospel(1923; 1927). (3) Oneness(삼위일체론 부인): Pentecostal Assemblies of the World(1907); Apostolic Overcoming Holy Church of God(1917); United Pentecostal Church, International(1945). Oneness Pentecostals은 하나이신 참된 하나님을 가르친다. 하나님은 자신을 성부, 성자, 성령으로 계시하지만 모두 예수 그리스도를 나타낼 뿐이다. 예수 그리스도 안에서 신성의 충만함이 육체 안에 거한다(골 2:9). 인기있는 대중 신학자들(folk theologians)처럼, 그들은 일반적으로 조직신학의 작업을 무시한다. 최근에 이들 중 일부는 보다 정통적인 것처럼 주장한다(유명인물로는 T. D. Jakes를 들 수 있다). 그러나 이들은 성부이신 하나님과 성령이신 하나님이 완전한 인격을 소유하고 있다는 교리를 부인해왔다. 더욱 중요한 것은 이들은 세례받을 때, 오직 예수님의 이름으로만 세례를 받아야 한다(사도행전과 서신들의 방식)고 주장한다. 여기서 이들은 마 28장의 삼위일체 방식을 부인하고 있다.
21 하나님의성회(Assemblies of God) 총 교인수를 정확히 알 수는 없지만, 약 1,500만 명 이상으로 추산한다.

(*Pentecostal Evangel*)을 발간하고 하나님의성회에서 사무총장을 지냈다. 온건한 오순절주의자들의 작은 모임으로 시작된 하나님의성회는 한 세기도 지나지 않아 가장 크고 역동적인 복음주의 교단으로 성장했다. 심지어 이 교단의 방송전도자 짐 백커(Jim Bakker, 1940-)와 지미 스와가르트(Jimmy Swaggart, 1935-)는 섹스와 돈 문제로 떠들썩한 스캔들을 일으키기도 했지만 이제까지 교단이 보여준 열정과 신뢰성으로 인해 교단이 진행한 다른 사역들에는 거의 영향을 미치지 못할 정도였다.

하나님의성회 초기 역사에서 가장 중요한 특징 중 하나는 윌리엄 더햄(William Durham)의 성화론을 교단이 승인한 것이었다. 위에서 논의했던 것처럼, 초기 오순절교인은 웨슬리의 성화론을 두 번째 축복의 열매로 받아들였다. 하지만 더햄은 "갈보리의 성취된 사역"(the finished work of Calvary)이라 부르는 주장을 했다. 더햄은 특별 은총의(주님께로의 즉각적인 헌신의 목표가 되는) 두 번째 사역에 대한 필요를 부인하면서, 그리스도의 구속 사역은 회심에서만 아니라 삶을 극복해가는 성화 과정에서도 적절하고 결정적인 역할을 한다고 주장했다.

이처럼 은혜 안에서의 성장에 대한 개혁주의적 접근은 논쟁의 여지가 있었지만, 오순절 설교자 더햄의 포용성과 설득력으로 개혁주의 진영이 오순절 운동에 참여하는 문을 열어주었다. 실제로, 하나님의성회 안에 있는 성 문화된 "완성된 사역"(finished work)은 오순절주의의 정통 교리가 되었다. 지난 100년 동안 웨슬리주의적이든 개혁주의적이든, 오순절주의자 대부분은 성화를 강조하지 않았다. 대신 그들은 성령세례와 성령의 임재를 통한 고상한 기독교인의 생활을 강조해왔다.

3. 은사주의 운동

　오순절교인이 비록 역사적으로 고상한 기독교인의 생활을 고취하기 위한 사역을 아무리 뛰어나게 해왔다고 해도 은사주의 지도자들처럼 오순절 운동의 실천적 모습들을 대중화해서 시장에 내놓지는 못했다. 은사주의자는 20세기 중반 이후에 열정을 가지고 오순절 운동을 받아들인 사람들로 볼 수 있다. 결론적으로 세계의 주요한 기독교 전통은 이제 전반적으로 오순절주의의 영향 아래에 있다고 해도 과언이 아니다.

　은사주의자들은 이르면 1940년 이후(남아프리카의 흑인 성공회원) 늦어도 1950년대 이후(브라질의 복음주의자들)부터는 전 세계에서 영적 갱신을 활발히 촉구해왔다. 일부 학자들은 은사주의자들이 초기부터 유럽에서 활동해왔다고 주장하기도 한다. 하지만, 미국에서 은사주의 운동은 1960년까지는 주목을 받지 못했다. 미국에서 은사주의 운동이 시작된 것은 캘리포니아 주에 중산층이 거주하는 반 누이스(Van Nuys)에 위치한 세인트마가감독교회(St. Mark's Episcopal Church)의 데니스 베넷 목사(Rev. Dennis Bennett, 1917-91)와 교인의 집회에서 유래한다.

　이들은 방언을 하고 성령세례를 받으며 기도와 영적 성장을 위해 정기적인 집회를 가졌다. 「타임」과 「뉴스위크」는 이들의 이야기를 전면에 실었다. 이로 인해 은사주의에 대한 열띤 논쟁이 벌어졌고, 로스앤젤레스의 교회들을 양분하기까지 했다. 교단 조직을 통해 베넷 목사의 상관들은 그를 시애틀의 작은 목회지로 옮기도록 조처했다. 짧은 시간이지만 전국 모든 개신교에서는 은사 갱신 운동이 발생했다. 1967년 은사주의 부흥 운동이 듀케인대학교(Duquesne University)와 노틀담대학교(University of Notre Dame) 학생들 가운데 일어나 로마 가톨릭교회를 뒤흔들기도 했다.

실제로 은사주의 운동은 아주 빠르게 성장했다. 데모 샤카리안(Demos Shakarian, 1913-93)은 부유한 농장주로, 은사주의 운동의 평신도들의 모임을 조직하는 일을 감당했다. 그가 설립한 순복음사업가모임(Full Gospel Business Men's Fellowship, 1951)은 평신도들에게 오순절 신앙을 고양하면서 에큐메니칼 분위기에서 은사주의 운동을 활성화시키는 주요한 역할을 했다.

순복음사업가모임의 후원자인 그랜빌 오랄 로버츠 목사(Rev. Granville Oral Roberts, 1918-)는 1968년 오순절성결교회(Pentecostal Holiness Church)를 떠나 오순절 신앙방식(신앙 치료와 방언 등)을 가지고 연합감리교회(United Methodist Church)에 참여하여 중심인물이 되었다. "미스터 오순절"(Mr. Pentecost)로 잘 알려진 데이비드 플레시스 목사(Rev. David du Plessis, 1905-87)는 1948년 미국에서 남아프리카로 이주했다. 오랫동안 주요한 오순절 교단인 하나님의교회에 소속되어 있던 플레시스 목사는 은사주의 입장에서 적극적으로 에큐메니칼 입장을 취하면서 전 세계 교회에 20세기 오순절 운동의 대변인이 되었다.

팻 로버트슨(Pat Robertson, 1930-)은 남침례교단에서 목사 안수를 받아 1959년 초기부터 기독교방송 네트워크 활동을 시작으로 전국 텔레비전 방송국에서 매주 수백만 명의 미국인의 안방으로 방영되었으며, 은사주의자들의 많은 관심을 받았다. 로버트슨은 그가 얻은 명성으로 1988년 공화당 대통령 후보로 활동하면서 아이오와 코커스 선거에서 승리할 수 있었는데 이는 매우 놀라운 결과였다. 그는 사우스캐롤라이나에서의 패배로 후보직에서 사퇴했지만 그의 리더십은 은사주의 운동을 정치화했으며, 그는 은사주의자들 중에 그때까지 누구도 할 수 없었던 오순절주의의 메시지를 전국적으로 공론화시킬 수 있었다.

1980년대 초반 이후로 은사주의자들은 점차 복음주의 운동의 중심으로 이동했다. 이는 주로 갈보리 채플 운동(Calvary Chapel Movement, 1965)과 빈야드 운동(Vineyard Christian Fellowship, 1982; 1985)에 속한 교회들 자체 네트워크를 통해 이루어졌다.[22] 척 스미스 목사(Rev. Chuck Smith, 1927-)는 1965년 코스타 메사(Costa Mesa)에 위치한 갈보리 채플로 사역지를 옮겨 25명의 교인에게 설교를 시작했다. 캘리포니아 해안에서 히피족들과 서핑하는 사람들을 목회하면서 스미스는 곧 예수 사람들 운동(Jesus People movement)의 중심역할을 하게 되었다.

1970년대 중반까지 그는 매달 900명에 달하는 회심자들을 얻었다. 그는 여러 기독교 기관들을 설립했는데 기독교 음악사와 멀티미디어 목회를 담당하는 기관, 수많은 기독교 학교들을 세웠다. 이외에도 스미스 목사는 은사주의를 온건한 입장으로 취하면서 복음적인 갈보리 채플들을 여러 지역에 세웠다. 오늘날 전 세계에는 수백 개의 갈보리 채플들이 존재하며, 코스타 메사에 위치한 스미스의 교회는 2만 5,000명의 성도를 유지하고 있다.

스미스의 가장 유명한 제자인 존 윔버 목사(Rev. John Wimber, 1934-97)는 재즈와 대중음악가로 시작해서 1962년 의로운형제들(Righteous Brothers) 모임을 만들었다. 1963년 회심을 체험한 윔버는 열정적인 복음전도자와 성경 공부 인도자로 변신했다. 1971년, 그는 요바린다친구들교회(Yorba Linda Friends Church)의 스태프로 참가하게 되었는데 이 교회는 후에 요바린다갈보리채플(Yorba Linda Calvary Chapel)이 되었다.

그는 풀러신학교의 교회성장 학부를 지도했고 1982년부터 1985년까지 "기적과 교회성장" 과목을 개설해 많은 논쟁을 일으키기도 했다.

---

22 최근에 학자들은 이런 교회들을 "신은사주의적"(neo-charismatic)이라고 부른다. 이들은 주요한 기관들 안에 자리를 잡은 은사주의자들과는 구별된다.

6장 기독교인의 고상한 생활   215

존 윔버
(John Wimber)

Flower Pentecostal
Heritage Center의
허락하에 사용

윔버는 1977년 초부터 영적 치료를 시작했다. 강한 개성을 지닌 윔버는 빈야드의 지도자가 되어 1985년에 여러 빈야드 교회들을 통합했다. 스미스와 윔버는 동료관계로 남았지만 윔버는 예배와 전도에서 초자연적 특별은사들을 스미스보다 더욱 자유로이 사용했다. 빈야드 교회는 갈보리 채플처럼 이제 수백 개의 교회들로 크게 성장했으며 지금도 수많은 사람이 빈야드의 대중적 예배 스타일에 영향을 받고 있다.

갈보리 채플과 빈야드 운동의 성공으로 인해 오순절 예배 방식은 미국의 주요 교회들에게도 큰 영향을 미쳤다. 윔버는 전 세계 많은 사람이 부르는 대중적인 찬양들을 출판하기도 했다. 또한 대중음악을 사용하고 넥타이를 매지 않는 옷차림 등 파격적인 윔버의 캘리포니아식 은사주의 예배형태는 엄청난 영향을 미쳐 기존 교회들의 예배에 상당한 변화를 가져왔다.

오순절주의자들은 복음주의에 지대한 공헌을 해왔다. 은사주의 예배는 오순절 예배와 그 실천이 대중화, 온건화, 고급화된 모습으로 볼 수 있다. 이 예배는 또한 비오순절주의자들에게는 오순절 운동이 어떤 모습을 가지는지를 아주 명확하게 보여준다. "예배전쟁"(Worship wars)은 새로운 것이 아니다. 예배에서 대중음악을 사용한 것은 은사주의자들만이 아니다. 미국 복음전도자들도 전통적인 찬송가보다는 팝송이나 포크송을 선호해왔던 것이 사실이다. 하지만 예배에 대한 이 시대의 논쟁은 은사주의적인 모습을 모방하고 있는 예배 형태와 스타일에 대한 것이다.

약 1세기 반 동안 미국의 성결 운동, 오순절 운동, 은사주의 운동은 세계적인 교회 연합의 현상으로 개신교를 갱신시키는 형제자매의 역할을 함께 해왔다. 이제 세계 전역의 모든 기독교 전통에서 발견되는 사도적 진정성, 초자연적 은사, 생동감 넘치는 영성에 대한 오순절의 열정은 기독교의 수많은 경건과 실천의 문제들을 흥분시켜왔다.

아마도 교회가 이제까지 보아왔던 가장 빠른 성장을 보여준 운동이었다. 은사주의자들이 전달자의 역할을 하고 있는 성결-오순절주의는 하나의 거룩하고 보편적이고 사도적인 교회를 더욱 복음주의적으로 갱신시켜왔다고 볼 수 있다.

◆ 심화학습을 위한 도서 목록

Blumhofer, Edith L. *Restoring the Faith: The Assemblies of God, Pentecostalism, and American Culture* (Urbana: University of Illinois Press, 1993).

세계에서 가장 강력한 오순절 그룹에 대한 학문적 연구서이다.

Burgess, Stanley M., and Eduard M. Van der Maars, eds. *The New International Dictionary of Pentecostal and Charismatic Movements*. Rev. ed.(Grand Rapids: Zondervan, 2002). 오순절 전통과 은사주의 전통에 대한 최상의 참고서이다.

Dayton, Donald W. *Discovering an Evangelical Heritage*(Peabody, MA: Hendrickson, 1976). 복음주의 우파를 반대하는 저자가 최근 복음주의 유산의 회복을 다룬 책이다.

_____. *The Theological Roots of Pentecostalism*(Metuchen, NJ: Scarecrow, 1987). 성결교 신학과 오순절 운동의 신학적 배경을 다룬 책이다.

Dieter, Melvin E. *The Holiness Revival of the Nineteenth Century*. 1980; reprint(Lanham, MD: Scarecrow, 1996). 초기 성결 운동의 역사서이다.

Goff, James R. *Fields White unto Harvest: Charles F. Parham and the Missionary Origins of Pentecostalism*(Fayetteville: University of Arkansas Press, 1988). 팔함의 목회를 다룬 책이다.

Goff, James R., Jr., and Grant Wacker, eds. *Portraits of a Generation: Early Pentecostal Leaders*(Fayetteville: University of Arkansas Press, 2002). 알려지지 않은 오순절 운동 초기 지도자들에 대한 연구서이다.

Holloweger, Walter J. *Pentecostalism: Origins and Developmets Worldwide*(Peabody, MA: Hendrickson, 1997). 팔함보다는 세이무어가 오순절주의의 창시자임을 주장하는 매우 중요한 책이다.

Jacobsen, Douglas. *Thinking in the Spirit: Theologies of the Early Pentecostal Movement*(Bloomington: Indiana University Press, 2004). 열두 명의 중요한 첫 세대의 오순절주의자들이 저술한 신학논문들에 대한 역사적 분석을 담고 있다.

Jones, Charles Edwin. *Perfectionist Persuasion: The Holiness Movement and American Methodism*, 1867-1936(Metuchen, NJ: Scarecrow, 1974). 웨슬리 전통에서 성결 운동의 역사에 대한 고전적 연구서이다.

Oden, Thomas C. *Phoebe Palmer: Selected Writings*(New York: Paulist Press, 1988). 팔머의 사상과 중요성을 이해하기 위한 시작으로 좋은 책이다.

Sanders, Cheryl. *Saints in Exile: The Holiness-Pentecostal Experience in African American Religion and Culture*(New York: Oxford University Press, 1996). 미국 흑인의 오순절주의를 다루는 책이다.

Smith, Timothy L. *Revivalism and Social Reform in Mid-Nineteenth-Century America*(New York: Abingdon, 1957). 성화에 대한 웨슬리적 성결 운동의 신학적 견해와 19세기 복음주의적 사회개혁 사이의 관계에 대한 고전적이고 패러다임적 연구를 담고 있다.

Synan, Vinson. *The Holiness-Pentecostal Tradition: Charismatic Movements in the Twentieth Century*. 1971; reprint(Grand Rapids: Eerdmans, 1997). 오순절 운동을 소개하는 교과서로 사용하기 좋은 책이다.

Wacker, Grant. *Heaven Below: Early Pentecostals and American Culture*(Cambridge: Harvard University Press, 2001). 초기 오순절주의자들의 생생한 경험을 다룬 책으로 미국 종교 연구를 선도하는 역사가가 저술하였다.

The American Evangelical Story

7장

의심의 폭풍우를 지나 약속 위에 서기: 근본주의와 신복음주의

너희는 이 세대를 본받지 말고 오직 마음을 새롭게 함으로 변화를 받아 하나님의 선하시고 기뻐하시고 온전하신 뜻이 무엇인지 분별하도록 하라(롬 12:2).

복음주의 역사에서 오순절주의자들이 냉대를 받았던 것과는 달리, 근본주의자들과 이들을 계승한 신복음주의자들(neoevangelical)[1]은 마치 그들이 복음주의 운동의 전부인 것처럼 알파와 오메가로 표현되어왔다. 여기에는 몇 가지 이유가 있다. 그들은 미국을 주도하던 여러 문화 기관들에 참여하고 있었기에 복음주의 진영 밖에 있는 많은 사람에게도 관심의 대상이었다. 또한 지적 활동을 장려하는 그들의 성향으로 인해 근본주의자들과 신복음주의자들은 복음주의 운동을 기술할 수 있는

---

1   이후에 논의하겠지만, 신복음주의자들은 1930년대와 1940년대에 근본주의 논쟁에서 패배한 근본주의가 침체된 상태에서 나타난 사람들로 이들은 진취적인 윤리 아젠다를 가지고 문화 활동을 재개했다.

많은 인물들을 배출할 수 있었다. 또한 그들은 대표적인 복음주의 기관들을 이끌고 있었기에, 그들의 사역의 열매들이 현재까지 복음주의 운동에 많은 영향을 미치고 있다.

하지만 우리가 살펴본 것 것처럼, 복음주의는 근본주의도 아니고 신복음주의도 아니다. 오히려 복음주의 운동은 근본주의가 발생하기 약 200년 전인 18세기 초부터 시작되었다고 볼 수 있다. 따라서 현대 복음주의자들이 근본주의와 관련이 있긴 하지만 그렇다고 하나로 볼 수는 없으며 그 정도에 있어서도 각기 다르다. 근본주의 논쟁이 시작되기 오래전부터 이미 많은 사람이 현대주의의 영향으로 주류 기독교를 포기했다. 또 어떤 사람들은 근본주의 사상가들에게 교리적 문제보다는 기독교인의 경건의 문제에 대해 더 많은 관심을 가지고 있었다.

종국에는 모든 사람이 근본주의 논쟁으로 인해 발생한 분열로 상처를 입고 아파했다. 이제부터는 복음주의 지도자들에게 고의적으로 초점을 맞추고자 한다. 이 복음주의 지도자들은 새로운 정신적 사회적인 도전들에 대항해 20세기 초까지 자신들의 신앙을 변호하며 기독교 주류에 머물러 있으면서 주요 교단들을 통제하고자 했다. 이들이 개신교 주요 교단들에서 세력을 상실하고 나서 다시 모여 전열을 재정비해 주로 파라처치의 성격을 지닌 복음주의 사역의 네트워크를 구성했으며 결국 다시 미국 문화로 복귀할 수 있었다(신복음주의자들).

근본주의자들과 그 가족들은 시대에 역행하는 보수주의자로 자주 표현된다. 이것이 모두 틀린 말은 아니다. 왜냐하면 많은 사람은 그들이 개신교 주류의 리더십과 문화적 특권을 가지고 있다가 이 모든 것을 잃은 이후에는 시대에 역행했다고 생각하기 때문이다. 당시 자유로운 사회적 경향에 대해 일부 근본주의자들은 문화적으로 민감하거나 예리하게 대응하지 못했다. 그렇지만 20세기 초, 자연과학을 신학과 교회에 적용하는 문제로 인한 논쟁의 정점에서 근본주의 지도자들은 진정한 개신교의 전통을 계승했다. 20세기 후반, 신복음주의자들은 "의로운 제국"의 영광스러운 시절을 다스렸던 종교적 가치들의 회복을 추구하면서 국가의 영적 계승권을 회복하고자 역사적 기독교의 주요 진리들에 호소했다.

근본주의자들과 그들의 후예인 신복음주의자들은 그들이 사랑하는 영원한 복음의 문자적 진리를 위한 전투의 선봉에 확고히 섰다. 1886년에 기술된 찬송가 "하나님의 약속들"(the promises of God)은 근대 비평주의(modern criticism)와 마주한 근본주의자들과 신복음주의자들의 확고한 신앙을 엿볼 수 있다. 내용을 보면, 기독교인은 어떤 일이 있어도 하나님의 약속들을 신뢰할 것이다. 기독교인은 온유하면서도 자신감 넘치는 성경에 대한 신실함으로 인해 승리를 쟁취할 것이다.

> 확고한 약속 위에 서서 의심과 두려움의 무서운 폭풍우가 닥쳐올 때 살아있는 하나님의 말씀으로 나는 승리할 것이다. 하나님의 약속 위에 서서.[2]

이 찬송은 근본주의자들과 그 후예들인 신복음주의자들이 하나님의 말씀 위에 견고히 서있을 뿐만 아니라 말씀 아래에 복종하는 사람들이었음을 잘 드러내준다.

---

2 Robert J. Morgan, *Then Sings My Soul: 150 of the World's Greatest Hymn Stories*(Nashville: Thomas Nelson, 2003), 214-5에서 재인용.

1. 근본주의 논쟁

19세기 후반, 지성의 토대가 자연주의(naturalism)와 현대주의(modernism)로 이동하기 시작했다.[3] 교회에서는 전통적으로 믿어오던 하나님의 초자연적 능력에 대한 의심과 염려가 확산되기 시작했다. 세상은 현대주의적이고 자연주의적인 비평을 하기 시작했다. 현대주의가 이처럼 기독교에 장애물이 되면서 복음주의자들은 현대주의가 지닌 불신앙의 문제를 다루었다.

기독교 교단에서 활동하는 사람들 가운데에서도 반기독교적 견해를 받아들이는 이들이 나타나기 시작했다. 어떤 사람들은 기독교의 미래를 궁금해 하기까지 했다. 근본주의자들은 기독교 신앙에 대한 강한 도전들을 인내하면서 이러한 세상의 모습에 적응하기를 거부했다.

두 개의 엄청난 폭풍우가 몰려왔는데 바로 다윈주의(Darwinism)와 성경 고등비평(biblical higher criticism)이다. 찰스 다윈(Charles Darwin, 1809-82)이 진화론을 처음으로 주장한 사람은 아니지만 그의 자연 선택의 메카니즘[4]을 설명하는 자연사(natural history)의 이용은 아주 인상적이어서 종의 진화에 있어 하나님을 불필요한 존재로 만들었다. 이는 서구 세계에 이데올로기 전투의 불씨를 놓은 것이었다. 더욱이 그의 유명한 『종의 기원』(Origin of Species, 1859)의 출간은 진화론을 널리 전파하는 기회가 되었다.

---

3   자연주의(naturalism)는 일어나는 모든 일이 초자연적 영역이 아니라 자연적 원인(생화학적, 사회적, 문화적)로 설명되는 사고방식을 말한다. 현대주의(modernism)는 최신 표준에 대한 전통적 견해와 관습의 부단한 적용을 요구하는 현대적(최근의) 견해와 사회적 경향을 선호하는 사고방식을 말한다.
4   자연 선택은 생물학적 종 안에 있는 유전자 변이의 점차적인 감소를 말한다. 이는 처한 환경에서 생존을 위해 더욱 잘 적응하고자 종이 점차적으로 변하는 것을 의미한다.

19세기 말까지 진보적인 자유주의 신학자들은 다윈의 견해를 이용해서 아담과 하와, 에덴동산, 노아 홍수, 바벨탑, 창세기 1장부터 11장까지의 여러 사건들을 모두 사실이 아니라고 역사성을 부인해버렸다.[5] 브루클린의 회중주의자인 라이먼 애봇(Lyman Abbot, 1835-1922)과 같은 대중설교자들은 『기독교의 진화』(The Evolution of Christianity, 1892)와 『진화론자의 신학』(The Theology of an Evolutionist, 1897)과 같은 책들을 출판하고 이런 부류의 책들을 격찬하면서 기독교가 다윈주의를 수용하는 길을 열어주었다.

독일 학자들은 성경을 비평적으로 연구하는 성경 고등비평 분야를 발전시켰다.[6] 고등비평은 성경 본문 너머에 숨겨진 역사를 연구하기에 역사비평이라고도 불리는데 주로 성경 본문이 아닌 외부 자료들을 기반으로 해서 연구하는 방법이다. 미국 학자들은 계몽주의 시대 이후로 이 고등비평을 시작했다.

심지어 보수주의적 입장을 지닌 에드워즈와 여러 신학교들을 설립했던 신학자들도 성경의 권위를 존중하면서도 성경의 세계와 이야기들을 재구성하고 합리적인 설명을 위한 노력을 기울였다. 결국 19세기 후반, 미국을 선도하는 대학들이 주로 독일의 세속적 교육 모델들을 도입하게 되면서 성경 고등비평은 북미 성경 연구를 주도하는 상황에까지 이르렀다. 더욱이 문제가 되는 것은 당대 최고의 고등비평가들은 성경적 과학을 위해 성경을 일반 책들과 동일한 인간의 저술로 다루었다는 점이다. 즉 성경의 신적 기원과 권위가 철저히 부인되었다. 대부분의 학

---

5 오늘날 아주 세속적인 성경학자들은 사울과 다윗, 솔로몬의 통일 왕국 시대 이전에 구약 성경에 기록된 모든 내용의 역사성을 의심한다.

6 학자들은 고등(higher)비평과 하등(lower)비평을 구별한다. 고등비평은 가장 신뢰할 만한 본문을 결정하기 위해 존재하는 사본들을 비교하여 성경의 각 책들을 재구성하는 방법이다.

자들은 아브라함의 하나님에 대한 개인적 신앙은 주장했지만 성경의 가르침들과 신적 영감 교리에 대해서는 객관적 학문이라는 명목으로 정통 신학의 입장에서 후퇴하는 사람들이 많아졌다.

이 시대에 가장 잘 알려진 학자로는 뉴욕의 유니온신학교(Union Seminary)에서 가르치던 찰스 브릭스 목사(Rev. Charles Briggs, 1841-1913)를 들 수 있다. 장로교 목사로 안수를 받은 브릭스는 유학을 가서 베를린대학교(University of Berlin)에서 대학원과정을 공부하면서 고등비평방법을 연구했다. 잠시 목회를 한 후에 브릭스는 유니온신학교 교수가 되었으며 이후 성경신학 학과장의 자리에까지 오르게 되었다(1891). 전통적 방식대로 브릭스는 취임식에서 공개강좌를 열었다. 그는 "성경의 권위"(The Authority of Holy Scripture)라는 제목으로 강연했는데, 그가 강연을 마치자 청중들은 동요하기 시작했다.

브릭스는 성경 본문이 영감되었고, 성경의 가르침은 무오하며, 성경의 기적들은 초자연적으로 일어나고, 성경의 예언들은 확실히 미래에 이루어질 사실이라는 이 모든 전통적인 신앙을 부인해버렸다. 브릭스는 청중들이 분노하는 중에 다음과 같이 선언했다.

> 나의 관점으로는 성경에는 여러 오류가 존재한다. 어느 누구도 이 오류를 명쾌하게 설명하지 못한다. 그리고 그 오류들이 성경 원문에는 존재하지 않는다는 이론은 분명한 가설이며 이는 누구도 확실히 알 수 없다. 그런 오류들이 성경의 권위를 무너뜨릴 수 있다. 이미 역사가들에게는 성경의 권위가 무너졌다. 사람들은 더 이상 진리와 사실을 못 본체 할 수 없을 것이다.[7]

---

7 Charles Augustus Briggs, *The Authority of Holy Scripture: An Inaugural Address*, 3rd ed. (New

브릭스는 성경이 오류가 있음을 주장하면서 이 오류를 지닌 성경에서 본질적인 것을 결정하기 위해 종교, 신앙, 윤리에 대한 성경의 영감과 권위를 무너뜨렸다. 이러한 그의 주장은 미국 장로교회에 심각한 문제를 일으켰다. 브릭스의 친구들과 동료들은 그를 중심으로 모여들었다.

그 후 일부 장로교인이 브릭스를 이단으로 고소했지만, 그가 소속된 뉴욕노회는 그를 무죄로 판명했다. 유니온신학교는 끝까지 브릭스의 편을 들었다. 하지만 장로교 교단 내 보수주의자들은 점차 정통주의 입장에서 자신들의 목소리를 내기 시작했다. 마침내 장로교 총회가 소집되자 브릭스의 학과장 임명에 대한 거부권을 행사하면서, 그의 목사 자격권도 행정 보류시켰으며, 1892년 오레곤 주 포틀랜드 회의에서는 목회자 후보생들에게 성경무오성을 내용으로 한 "포틀랜드 선언"(Portland Deliverance)에 동의하는 서명을 하도록 했다.

당시 현대주의에 가장 반대했던 기독교 사상가들은 바로 프린스턴신학교(Princeton Seminary) 교수진들이었다. 1812년에 설립된 프린스턴신학교는 오랫동안 정통주의의 보루로서 자유주의 비평에 조금도 요동치 않고 그 자리를 지키고 있었다.

실제로 19세기, 용감하고 박학다식한 저술가요, 장로교 목사인 찰스 핫지(Charles Hodge, 1797-1878)는 자랑스럽게 주장하기를, "나는 새로운 사상이 이 신학교에서는 결코 발붙일 수 없다는 사실을 말하기를 주저하지 않는다"고 했다. 핫지는 프린스턴이 창조성을 결여하고 있다는 지적을 한 것이 아니라, 오직 전통적 스타일의 교육을 선호한다는 점을 드러내고자 한 것이었다. 프린스턴 신학자들은 전통주의자들로서, 최고의 신학은 이미 존재하며 그들의 소명은 바로 그 최고의 신학을 미래 세

York: Charles Scribner's Sons, 1891), 35.

대에 온전히 전달해 주는 것이라고 믿었다.

찰스 핫지의 아들인 A.A. 핫지(A. A Hodge, 1823-86)는 그의 동료 워필드(B. B. Warfield, 1851-1921)와 함께 성경 영감 교리에 대한 학교의 표준을 마련했다. 이 표준은 1881년「프레스비테리안 리뷰」(*Presbyterian Review*)에 실린 "영감"(Inspiration)이라는 소논문에 나타나있다. 이 글은 성경 고등비평에 대한 보수적 장로교인의 입장을 잘 드러내주고 있다.

성경을 기록한 저자들보다 성경이 전지(omniscient)하다는 것을 주장하는 것이 아님이 기억되어야만 한다. 저자들이 전달하는 정보는 인간 사상의 형태로 존재하며 모든 면에서 제한된다. 성경 말씀은 철학, 과학, 역사 등에 가르침을 주고자 계획된 것이 아니다. 성경 말씀은 특정 신학의 무오한 체계를 구축하고자 하는 것도 아니다. 성경 말씀은 오류를 가질 수 있는 단어, 어형, 구문, 숙어들로 구성된 인간의 언어로 기록되었다.

성경 기록은 저자가 자신이 지닌 자료들과 방법에 대한 지식에 의존하는데 여기에 오류가 있을 수 있으며 그들의 개인적 지식과 판단은 많은 문제에 있어서 결점이 있거나 틀릴 수도 있다.

그럼에도 불구하고 교회의 역사적 신앙은 항상 모든 종류의 교리들, 즉 영적 교리들이거나 의무이든, 물리적이거나 역사적인 사실들이든, 정신적 또는 철학적 원리이든 간에 성경 원문의 "바로 그 말씀"(ipsissima verba)은 자연적이며 의도된 의미로 전달되고 해석될 때 어떤 오류도 존재하지 않는다는 사실이다. 성경이 언급하지 않는 절대적 문자성을 포함하는 진술의 정확성과 다른 한편으로 확인하고자하는 사실이나 원리의 정확한 본문을 확신하는 것 사이에는 엄청난 차이가 있다. 이런 정확성은 바로 기독교 교리가 예외

없이 주장하는 대로 성경 원문이 지닌 확실성이다. 성경의 모든 진술은 확인할 수 있는 것보다 훨씬 더 진리에 일치한다.[8]

다른 말로 하면, 성경은 분명 인간의 작품이다. 성경의 장은 인간의 흔적을 담고 있다. 하지만 성경은 또한 신적이다. 성경의 문자들이 영감되었다.[9] 그러므로 성경의 가르침은 비록 분명히 유한한 형태로 표현되어 있다고 할지라도, 오류가 없으며, 오늘날에도 진리이다. 구프린스턴신학(많은 보수주의적 개신교인을 대표)에서 하나님은 우리와 관계를 맺고자 우리를 선택하시고, 이를 위해 육신, 인간의 언어, 물, 빵, 포도주 등의 여러 물리적 도구들을 이용하셨다. 하나님을 잘 알기를 원하는 사람들은 인간의 제한되고 현세적인 방식으로 우리에게 나타나신 그분의 겸손에 감사해야 한다. 하늘나라에서만 우리는 그분을 직접 대면해서 볼 수 있을 것이다.

20세기 초반까지 프린스턴 교수들은 대부분 성경 고등비평을 선호하고 심지어 유신진화론(theistic evolution)에 대한 여지를 제공했다. 하지만 1874년 후반 찰스 핫지는 다윈주의는 무신론과 같은 것이라고 주장했다.[10] 20세기까지도 워필드나 그레샴 메이천과 같은 학자들은 성경

---

8   A. A. Hodge and B. B. Warfield, "Inspiration," in *The Princeton Theology, 1812-1921: Scripture, Science, and Theological Method from Archibald Alexander to Benjamin Warfield*, ed. Mark A. Noll(Grand Rapids: Baker Academic, 2001), 229-30.

9   성경 축자영감 교리는 때로 완전영감설을 의미한다. 성경 축자영감 교리는 성경 본문의 내적이고 본질적인 의미를 본문의 외적이고 시간에 구애받는 소모적 형태와 분리하는 자유주의자들에 대항해서 보수주의자들을 보호해주는 역할을 한다. 보수주의자들에게 성경의 가르침은 하나님이 그들에게 계시한 언어와 밀접하게 연결되어 있다. 따라서 성경의 언어를 포기하는 것은 하나님이 영감하신 것들에 대해 성경의 의미가 난해하다거나 자신의 말로 그 의미를 대체하려는 해석자의 오류에 문을 열어주는 역할을 한다.

10   Hodge는 다윈의 저술에 대한 글을 썼는데, 77세의 나이에 Hodge는 고전작품인 *What is Darwinism?*(1874)을 출판했다.(Charles Hodge, "What is Darwinism?" in *Princeton Theology*을 보라). 이 책의 결론에서 Hodge는 그의 의문점을 다음과 같이 정리하고 있다. "다윈주

이 절대적 진리라고 믿었다.

　대부분의 복음주의적 과학자들이 유신진화론의 형태를 지지하고 대부분의 복음주의적 성경신학자들이 고등비평을 적용하고 있을 때, 이런 시대적 흐름에 완강히 반대한다는 것은 매우 어려운 일이었다. 그리고 초기 진보적 입장의 지지자들은 교리적 정통주의를 고려하지 않았음을 기억할 필요가 있다. 그들의 "새로운 신학"(New Theology)은 진화론의 자연선택과 세속적인 고등비평을 신성하게 했을 뿐 아니라, 유전된 타락을 부인하는 인간의 선함과 신적 초월성을 복종시키는 "긴급성"(imminence, 세계 가운데 하나님의 임재가 있으며 또한 하나님의 임재가 발전 혹은 "도래"[comming]하고 있다는 개념)이란 애매한 개념과 하나님의 거룩하심과 분노를 경시해버리는 하나님의 사랑을 선포했다.

　새로운 신학의 대가인 리차드 니버(H. Richard Niebuhr, 1894-1962)는 이 새로운 신학이 가르치는 하나님을 "십자가가 결여된 그리스도의 사역을 통해 심판이 없는 하나님의 나라로 죄 없는 인간을 인도하시는 분노하지 않으시는 분"[11]으로 묘사했다.

　이 시기 복음주의자들은 학문적 분야에서 받은 충격과 함께 미국의 엄청난 사회적 변화로 인해 방향을 잃고 말았다. 잉글랜드에서 독립한 지 얼마 되지 않은 1790년에는 미국 총인구의 5.1퍼센트만이 도시에 거주했다. 하지만 1870년에는 25.7퍼센트, 1920년에는 총인구의 절반이 넘는 51.4퍼센트가 도시에 사는 사람들이었다. 미국 도시 성장을 볼 수 있는 또 다른 방법으로는 1800년부터 1890년까지 총인구가 12배정도

　　의는 무엇인가? 그것은 무신론이다. 이전에 말했던 것처럼, 이는 Darwin 자신이나 그 사상을 따르는 모든 사람이 무신론자들이라는 의미는 아니다. 하지만 Darwin의 이론은 분명 무신론적이다. 자연세계에서 신적 설계의 배제는…결국 무신론과 같은 것이다"(152).
11　H. Richard Niebuhr, *The Kingdom of God in America*(New York: Harper & Brothers, 1937), 193.

늘어난 반면, 도시 인구는 87배 성장했다는 통계이다. 이는 총인구의 성장률보다 7배 이상이나 많은 수치다. 예를 들어 시카고는 반세기전만 해도 작은 마을에 불과했지만 1890년에는 세계에서 다섯 번째로 큰 대도시로 성장했다.

도시 성장과 함께 오하이오 주 콜럼버스의 워싱턴 글래든(Washington Gladden, 1836-1918)과 뉴욕의 월터 라우센부쉬(Walter Rauschenbusch, 1861-1918)와 같은 진보적 개신교 개혁자들은 "사회복음"(social gospel)을 전파했다. 그들은 복음주의적 부흥 운동이 개인의 구원에는 많은 관심을 가지면서도 그 개인과 연결된 유기체인 사회문제를 경시해 온 모습을 비판했다. 사회복음은 학문적으로 현대 사회구조를 분석하는 사회학(sociology)뿐 아니라 19세기 사회주의(socialism)의 발생과 함께했다.

사회복음은 복음의 원리를 도시 지역을 중심으로 적용하면서 특별히 도시 빈민들의 필요에 관심을 가졌다. 19세기 후반까지 사회복음 운동을 벌이면서 미국 노동자 계층을 위해 수많은 목회자와 사회사업가가 가난한 사람들을 위해 집을 세우고 다양한 사회사업(목욕시설, 직업 훈련, 교육봉사 등) 기관들을 설립했다.

글래든과 같은 자유주의 성향을 가진 목회자들은 『사회구원』(Social Salvation, 1902)과 『교회와 현대 생활』(The Church and Modern Life, 1908)과 같이 사회구원 프로그램을 위한 안내서들을 출판했다. 라우센부쉬는 『예수의 사회적 원리』(The Social Principles of Jesus, 1916)와 유명한 작품인 『사회복음을 위한 신학』(A Theology for the Social Gospel, 1917)을 저술했다. 윤리적 낙관주의자들은 제안하기를 사회체제를 기독교화 하려는 노력이 복음적 부흥 운동에 의해서가 아니라 사회정의의 규칙들을 통해 위대한 밀레니엄 시대, 즉 성령의 황금 시대를 열게 되었다고 주장했다.

복음주의자들은 사회복음의 세속성에 대해 우려했다. 복음주의자들은 사회복음 운동가들이 전도를 사회사업으로 대체하는 것을 염려했다. 그러므로 무디, 윌버 채프만(J. Wilbur Chapman, 1859-1918), 빌리 선데이(Billy Sunday, 1862-1935), 폴 레이더(Paul Rader, 1879-1938)와 같은 복음주의 지도자들은 도시 빈민들을 위한 부흥회를 지속하는 그들만의 방식으로 도시 캠페인을 벌였다.

그들은 또한 가난한 사람들의 물질적 필요에 대해서도 관심을 가졌다. 실제로 복음주의자들은 수백 개의 무료급식시설이나 구호단체를 1900년 이전부터 설립해왔다. 이 기관들은 빈민들을 위한 스프와 비누 등을 제공하는 구제 활동을 펼쳤다. 하지만 그들의 노력은 일반적으로 죄인인 개인에 초점이 맞추어져 있었다. 따라서 물질적 도움을 받기 위해서는 먼저 복음의 메시지를 들어야 했다. 노예 선교 사역처럼, 가난한 사람들을 위한 구제사역에서도 천국 백성을 얻고자 하는 영적인 목적이 이 세상의 현세적인 필요보다 더 우선시 되었던 것이다. 복음주의를 비판하는 사람들은 구제활동의 이러한 면을 자주 과장해서 도시목회와 사회복음 운동 사이를 구별했다. 사실 복음주의자들은 19세기에 가난한 사람들과 사회문제들의 새로운 도전에 직면케 되자 개혁의 최전선에서 한발 물러났다.

세대주의의 확산으로 문화적 비판주의를 가지게 된 복음주의자들은 사회복음을 강조하는 자유주의를 우려했다. 이로 인해 현대적, 도시적 사회에서 이전에는 사회에 관심을 가지던 복음주의자들이 무관심해져 버리는 "대반전"(great reversal)이 일어나게 되었다.

"대반전"에 대해 좀 더 설명하자면 다음과 같다. 초기 복음주의자들이 지닌 후천년기적 희망은 의로운 제국에서 사회 개혁의 불꽃을 확산해갔다.¹² 황금 시대에 윤리적 노력을 통해 사회를 선도해갈 수 있다는 믿음을 가진 복음주의자들은 빈민들을 열심히 구제했다. 하지만 19세기 말에 여러 환경이 변하기 시작했다. 복음주의 지도자들이 전천년주의, 특별히 세대주의에 마음을 빼앗기기 시작했다. 곧 대부분의 복음주의 지도자들은 마치 그들의 노력으로 완전한 세상을 이 땅에 실현할 수 있을 것처럼 하던 모든 노력들을 중단해 버렸다.¹³

---

12 19세기 동안 종말에 대한 견해인 후천년주의(postmillennialism), 전천년주의(premillennialism), 무천년주의(amillennialism) 사이의 구별이 이전보다 훨씬 분명해졌다. 후천년주의자들은 초기 수십 년 동안(남북전쟁 이전) 복음주의 운동을 주도했다. 후천년주의자들은 그리스도가 황금 천년 왕국 시대 이후에 재림하실 것이라고 가르쳤다(계 20장을 보라). 이전에는 없었던 엄청난 부흥과 사회 발전이 일어날 것으로 보았다. 전천년주의자들은 이후의 복음주의 운동을 주도했는데 그리스도가 황금 밀레니엄 시대 이전에 재림하실 것이라고 가르쳤다. 마지막 심판 이전에 천 년 동안(많은 사람은 천년을 상징적이거나 대략적으로 해석했다) 평화와 번영이 그리스도의 통치로 오게 된다. 무천년주의자들은 복음주의 운동에서 항상 소수였으며 영적 천년 왕국을 가르쳤다. 그리스도가 지금 하늘에 있는 성도들과 함께 다스리고 있다고 주장한다(무천년주의자들은 현재의 역사와 심판날 사이의 문자적인 천년을 부인한다).

13 세대주의(Dispensationalism)는 19세기 동안 영국에서 합류한 전천년주의의 특별한 형태이다. 플리머스형제단(Plymouth Brethren)의 초기 지도자였던 John Nelson Darby(1800-82)가 고안해냈다. 세대주의는 모든 역사를 일곱 세대로 나눈다. 일곱 세대 중 여섯 세대는 유대인에 대한 하나님의 약속이 중심을 이룬다. 세대주의자들에 따르면, 우리는 현재 여섯번째 세대로 오순절에 기독교교회의 탄생으로 시작된 유대교 세대 사이에 위치한 "위대한 삽입"(great parenthesis)시기에 살고 있다. 그리고 이 세대는 대배교 이전까지 지속될 것이다(마 24:21; 계 6-19). 현 세대동안 하나님은 (메시아를 거부한) 자신의 택한 백성에게 등을 돌리시고 구원의 계획을 이방인에게 확장하신다. 위대한 천년 왕국 시대 또는 일곱 번째 세대에 하나님은 유대인을 구원하는 활동을 재개하실 것이다. 중세에서 시작된 언약신학에 그 뿌리를 두고 있다고 할지라도, 세대주의는 두 가지 새로운 특징을 가지고 있다. 대배교가 시작되기 전 세상에서부터 기독교인의 휴거 교리(살전 4:17)와 국가적 이스라엘(하나님의 세상 백성)에게 적용하는 신약 본문과 기독교 교회(하나님의 천상의 백성)에게 적용하는 다른 본문들 사이의 나눔이다. 세대주의는 짧은 역사동안 수많은 변화 속에서 살아남은 복잡한 시스템이다. 이 세대주의를 이끌어가는 학문적 센터는 달라스신학교(Dallas Theological Seminary, 1924)가 있다. 대표적인 세대주의자들로는 D. L. Moody, William E. Blackstone(1841-1935), C. I. Scofield(1843-1921), Lewis Sperry Chafer(1871-1952), John F. Walvoord(1910-2002), 세대주의적 *Ryrie Study Bible*(1976)을 편집한 Charles C. Ryrie(1925-)를 들 수 있다. 가장 잘 알려진 세대주의 작품들로는 Hal Sindsey(1929-)의 작품, *Late Great Planet Earth*(1970)은 1970년대 10년간 베스트셀러였다. Tim F. LaHaye(1926-)과 Jerry B. Jenkins(1949-)의 시리즈물인 소설들이

세대주의는, 이 세상은 점차 악해지고 있으며, 대환란에서 믿는 성도들을 구하기 위해 주님이 재림하시기까지 더욱 이 세상은 악해질 것이라는 내용이었다. 이로써 복음주의 지도자들은 사회개혁을 위한 동기를 상실해버렸다. 그들은 세상은 점차 지옥으로 변해가고 있다고 해석했다. 그들은 사람들을 그 위험에서 구원하기 위해 잃어버린 영혼들을 위해 생명줄(lifelines)을 던지는 데에 총력을 기울이게 되었다.

무디 목사의 고전 설교인 "우리 주님의 재림"(The Return of Our Lord, 1877)은 이런 변화를 잘 보여주고 있다.

> 어떤 사람들은 말하기를 "나는 그리스도가 다른 모습의 천년 왕국으로 오실 것을 믿습니다"라고 합니다. 어디서 당신은 그것을 알았습니까? 나는 그것을 발견할 수 없었습니다. 하나님의 말씀은 그 어디에서도 나에게 천년 왕국의 도래를 보거나 기다릴 수 있다고 가르치지 않습니다. 오직 주님의 오심만을 기대할 뿐입니다.
> 나는 하나님이 세상이 더욱 좋아지리라고 말씀하시는 것을 그 어디에서도 찾을 수 없습니다. 분리만 있을 것입니다. "맷돌 가는 두 여인 중에 하나는 데려감을 당하고 다른 하나는 버려둠을 당할 것이다. 한 자리에 누운 두 사람 중에 하나는 데려감을 당하고 다른 하나는 버려둠을 당할 것이다." 교회는 세상과 달라야 합니다…나는 이 세상을 난파선으로 봅니다. 하나님은 나에게 생명줄을 주셨습니다. 그리고 나에게 말씀하십니다. "무디야, 네가 구할 수 있는 모든 사람을 구원해라." 심판 날 하나님은 오실 것이고 이 세상은

있는데 이 책들은 교회의 휴거 교리를 내용으로 담고 있다. Hal Lindsey의 책이 수백만 권의 복사본으로 매진되었다.

불타 없어질 것입니다.

하지만 하나님의 자녀들은 이 세상에 속하지 않은 사람들입니다. 그들은 난파되고 있는 배 안에 있습니다. 이 세상은 점차 어두워지고 있습니다. 파멸은 점차 가까워지고 있습니다. 당신의 친구들 중에 이 난파선에 아직 남아 있다면 당신은 그들을 구원할 시간을 점차 잃어버리고 있는 것입니다.[14]

시간이 지날수록 사회개혁의 영역에서 복음주의자들은 방관자들이 되어갔다. 복음주의자들은 현실을 도피한 채, 복음 메시지의 새롭고 세속적인 함축들을 무시했다. 복음주의자들이 사회에 대한 책임을 포기하면서 이제 사회개혁은 자유주의 개신교인과 로마 가톨릭교인의 전유물처럼 되어버렸다.

물론 "대반전"이야기가 다소 과장된 것은 사실이다. 전천년주의자들 모두가 세대주의를 따른 것은 아니었다.[15] 이외에도 세대주의자들은 사회복음주의자들보다 가난한 사람들을 더욱 사랑으로 보살피기도 했다. 이러한 노력들이 있었지만, 다수의 복음주의자들은 분명히 사회에 대한 책임과 사역을 도외시했다. 그들의 "대반전" 이야기는 어느 정도 진실을 담고 있다. 신복음주의자들이 아쉬워하는 것처럼, 장기적으로 복음주의자들의 대반전이 그들의 복음 증거에 상처를 입혔으며 이제 복음주의자들은 하늘나라에만 뜻을 둔 사람들이기 때문에 이 세상의 선하고 좋은 것에는 무관심한 사람들처럼 비쳐졌다.

---

14 Dwight L. Moody, "The Return of Our Lord," in *American Evangelicals*, 1800-1900, ed. William G. McLoughin(New York: Harper & Row, 1968), 184-85. .

15 비세대주의 또는 역사적 전천년주의자들(그들의 주장은 초대교부들의 작품들에 기반하고 있음)은 후천년주의자들처럼 낙관적이지는 않더라도 일반적으로 그렇게 비관적인 문화관을 주장하지는 않는다.

단기적으로는 복음주의자들이 현대주의자들과 명백한 차이를 드러내면서 "근본주의 논쟁"(fundamentalist controversy)이라 불리는 줄다리기를 서두르게 되었다.

2. 제도권에서의 전투: 신앙을 위한 투쟁

1920년대 초, 현대주의에 반대하는 보수주의자들이 중심이 된 대규모 교회연합 운동이 신앙의 근본핵심 교리들을 선언하면서 모이게 되었다. 복음주의 전통에 서 있는 이 운동의 참여자들은 곧 "근본주의자들"(fundamentalists)로 불렸으며, 19세기 현대주의 기독교와의 분열에서 주류 기독교에 충성하는 사람들이었다. 이제 그들은 기독교 신앙이 위기에 처해있기에 교회의 배교를 더 이상 방관하고 있기를 거부했다.

기독교 교리들 중에 반드시 지켜야할 근본주의 항목들이 있었는데 가장 일반적인 것은 북장로교회의 "다섯 가지 조항"(Five Point Deliverance)이다. 여전히 브릭스와 다른 자유주의자들에게 받은 충격의 여파가 있었지만, 장로교 총회는 목사 안수를 받기 원하는 사람들은 수정된 웨스트민스터 신앙고백서와[16] 다섯 항목의 근본 교리들을 자신의 신앙

---

16 웨스트민스터 신앙고백서(Westminster Confession, 1647)는 장로교인을 위한 주요한 교리진술문이다. 이 신앙고백서는 1903년 북장로교회 지도자들이 진보적 입장을 수용하고(유사 알미니안적인) 컴버랜드 장로교인과 교단 합병을 촉진하고자 개정했다. 온건한 방향으로 내용에 다소 변화를 주었다. 선언문(Declaratory Statement)이 본문을 설명하도록(특별히 3장, 예정에 관하여) 첨가되었으며, 두 개의 장이 새로이 삽입되었다("성령에 관하여"와 "하나님의 사랑과 선교에 관하여"). 새로운 섹션들이 수정되었다(16.7, 22.3, 25.7). 이런 변경들은 하나님 사랑과 복음적 소명(외적 소명)에 대한 보편적 영역을 강조했다. 이 내용들은 제한속죄에 대해 타협하고 있는 것처럼 보인다. 하지만 Warfield와 같이 자유주의자들이나 알미니안주의자들의 입장에 철저히 반대했던 보수적 칼빈주의자도 이 개정을 공적인 자리에서 축복했다. "모든 칼빈주의자는 개정된 신앙고백을 자

으로 고백해야 했다. 다섯 근본 교리들로는 1) 성경의 영감과 무오성 2) 그리스도의 동정녀 탄생 3) 그리스도의 대속적 구속 4) 그리스도의 육체적 부활 5) 성경 기적들의 역사성이다.

비슷한 시기에 딕슨(A. C. Dixon, 1854-1925)과 토레이(R. A. Torrey, 1856-1928)를 포함한 지도자들은 근본주의 교리에 대한 12권의 에세이를 출간했는데 그 제목이 『근본적인 것들: 진리에 대한 증언』(*The Fundamentals: A Testimony of the Truth*, 1910-15)이다. 부유한 석유 상인이자 장로교인이던 라이만 스튜어트(Lyman Stewart, 1840-1923)와 밀튼 스튜어트(Milton Stewart, 1838-1923)가 기부한 자금을 가지고 전 세계 목회자들과 선교사들에게 300만 세트를 발송하는 엄청난 사역이었다.

당시 이 책의 기고자들로는 워필드, 피어슨, 제임스 오르(James Orr, 1844-1913), 찰스 어드만(Charles Erdman, 1866-1960)과 같은 당대 최고의 지성인이었다. 그들은 성경 고등비평에서부터 자유주의 신학에 이르는 모든 현대주의를 거부했다. 북장로교회의 역사를 세우면서 그들은 정통주의의 최소한의 공통분모를 가지고 여러 개신교 전통으로부터 사람들을 끌어 모았다. 『근본적인 것들: 진리에 대한 증언』은 얼마 지나지 않아 근본주의의 기준이 되었다.

1920년까지 개신교 주류 측의 보수주의자들은 근본주의 교리들의 방어를 위한 전투를 위해 진영을 구축했다. 실제 전투는 1919년 초교파적인 세계기독교근본주의협회(World's Christian Fundamentals Association, WCFA)의 설립으로 시작되었다. 미네아폴리스에서 제일침례교회(the First Baptist Church)의 목사이자 노스웨스턴성경선교훈련학교(North-

---

기 고백으로 인지해야한다"(Benjamin B. Warfield, *The Confession of Faith as Revised in* 1903 [Richmond: Whitter & Shepperson, 1904], 39).

western Bible and Missionary Training School, 현재의 노스웨스턴대학교)의 교장이던 윌리암 벨 릴레이 목사(Rev. William Bell Riley, 1861-1947)가 주도한 세계기독교근본주의협회는 제1차 세계대전의 암운이 드리운 가운데 연이은 예언 컨퍼런스를 개최했다. 보수주의자들이 모인 이 컨퍼런스에서는 예언에 대해 교회가 어떻게 세계의 미래를 준비해야할지를 고민했다.

불안해하던 복음주의 지도자들은 근본주의자들이 좋아했던 구절인 "성도에게 단번에 주신 믿음의 도를 위하여 힘써 싸우라"(유 3절)는 말씀대로 현대주의와 싸울 것을 결의했다. 1920년 매주 발행되는 「왓치맨-이그재미너」(*Watchman-Examiner*)의 편집자인 커티스 리 로우 목사(Rev. Curtis Lee Laws, 1868-1946)는 "근본주의자"(fundamentalist)라는 신조어를 만들어냈다. 복음주의자들은 이제 그들의 사명을 기독교 주류 안에서 근본주의를 방어하는 것으로 생각했는데, 로우가 북침례교의 소논문으로 출간된 책에서 이를 언급한 것이다.

오늘날 많은 사람은 "근본주의"란 말을 자기가 싫어하는 사람들을 지칭할 때 사용한다. 우리는 "근본주의"란 말을 편협함과 종교적 열광자들과 연결시키고 있다. 하지만 로우 자신도 근본주의자였다. 그는 오히려 "근본주의"를 명예롭게 생각했다. 그 이유는 로우가 자신의 소논문에서 정의하고 있는 것처럼, "근본주의자들은 위대한 근본주의 교리들을 고수하면서 신앙을 위한 싸움을 하는 사람들"[17]이기 때문이다.

1920년대 초기에 이 싸움은 거의 모든 주요 개신교 교단에서 일어났다. 근본주의 논쟁은 일부 교단들이 분열될 정도로 대체로 엄청난 상처를

---

17 Bill J. Leonard, ed., *The Dictionary of Baptists in America*(Downers Grove, IL: InterVarsity, 1994), 169에서 재인용.

남겼다. 가장 커다란 전투가 일어났던 교단으로는 북침례교회와 북장로교회였다. 북침례교회 근본주의자들은 1920년 버팔로에서 개최된 "우리 침례교 신앙의 근본적인 것들"(Fundamentals of Our Baptist Faith)이라 불리는 컨퍼런스를 북침례교총회 전날 조직했다. 그들은 북침례교근본주의자전국연합(National Federation of Fundamentalists of the Northern Baptists)을 설립하면서, 이 모임을 근본주의자모임(Fundamentalist Fellowship, 1921)이라 불렀다. 그들은 북침례교 소속 학교들에서 자유주의적 가르침의 확산을 점검하고자 1833년 만들어진 뉴햄프셔고백서(New Hampshire Confession, 온건 개혁주의 침례교 신앙고백)를 공식적으로 채택하도록 했고 북침례교 선교사들의 신학적 견해를 통제하고자 했다.

하지만 역사적으로 반신앙고백적인 침례교 정서와 이로 인한 교단 내 싸움에서 근본주의 지도자들은 세 방면에서 완전히 패배했다.

첫째, 1922년 인디애나폴리스에서 개최된 북침례교 총회는 신약성경이 믿음과 실천을 위한 충분한 기초임을 확인했고 "우리는(뉴햄프셔 신앙고백서와 같은) 다른 신앙고백서를 필요로 하지 않는다"[18]고 선언했다.

둘째, 총회는 교단 소속 학교들과 당시 선교사들을 그대로 승인했다. 1923년, 우파인 침례교성경연합(Baptist Bible Union)은 캐나다의 실즈(T. T. Shields, 1873-1955)가 주동하여 "근본주의자 모임"에서 분리해 나갔다. 이는 기독교인과 분리되는 "제2의 분열"(second-degree separation)이었다.[19]

셋째, 1920년대 말 즈음에 근본주의자들은 북침례교총회에서 주도권을 상실하게 되었다. 물론 1932년에는 침례교성경연합이 분열되어나

---

18 Ibid., 292.
19 미국 교회사에서 "제2의 분열"(second-degree separation)은 첫 번째 침례교 설교자인 Roger Williams(1603-83)의 시대에서 시작한다. 근본주의자들은 신앙행위와 실천을 최대한 체계화하려했다. 분열은 죄, 세속성, 배교와 같은 요인뿐 아니라, 이런 요인(근본주의자 모임과 같은 것들)과 밀접히 연결된 다른 기독교인으로 인해서도 이루어질 수 있다.

가 현재는 정규침례교총회(General Association of Regular Baptist Church)로 존재하고 있다. 이후 1947년에는 근본주의자모임에서 남은 사람들이 미국보수침례교회(Conservative Bapstist Association of America)를 조직했는데 현재는 CBAmerica로 존재한다.

전투는 북장로교회에서 더욱 치열했다. 1922년, 침례교 출신인 해리 에머슨 포스딕(Harry Emerson Fosdick, 1878-1969)은 뉴욕의 제일장로교회에서 "근본주의자들이 이길 것인가?"(Shall the Fundamentalists Win?)라는 설교를 했다. 이 설교에서 포스딕은 그리스도의 동정녀 탄생, 성경의 무오성, 그리스도의 재림에 대한 근본주의적 견해를 비난했다. 포스딕은 기독교인이 교단 내 다른 신학적 의견을 가진 사람들에게 관용을 베풀고 현대주의에 마음을 열어야한다고 주장했다. 장로교인은 이제까지 현대주의 문제로 수십 년간 싸워왔다. 하지만 포스딕의 설교는 현대주의에 대한 교회의 마지막 전투를 위한 도전장을 내놓은 것이었다.

클래런스 매카트니 목사(Rev. Clarence E. Macartney, 1979-1957)가 이 문제를 다루었다. 그는 필라델피아의 아치스트리트장로교회(Arch Street Presbyterian Church)의 담임목사로 "불신앙이 이길 것인가?"(Shall Unbelief Win?)라는 설교를 통해 포스딕을 치리하도록 북장로교회에 요청했다. 포스딕의 동료들은 근본주의자들에게 둘러싸여 공격당하는 포스딕을 지지했다. 하지만 장로교재판위원회(Presbyterian Judicial Commission)가 장로교 목회자로서 포스딕에게 그의 동료들을 공식적으로 참여케해서 소송을 돕도록 요청하자, 포스딕은 이를 거절하며 자신과 웨스트민스터 신앙고백서를 연결시키려 하지 않았다. 그 해에 북장로교 총회는 어번 선언(Auburn Affirmation, 1924)을 채택했다. 약 1,300명의 장로교 목사들이 서명한 이 선언서는 1910년 채택되어 1916년과 1923년 재확인되었으며 그 내용은 근본주의 5대 교리를 부인하는 것이었다.

또한 어번 선언은 장로교 목사 안수 기준을 낮추었다. 하지만 포스딕의 자유로운 침례교 사상은 장로교 안에서 더 이상 활개치지 못했다. 포스딕은 자리를 옮겨 파크에버뉴침례교회에서 5년간 섬겼으며 존 록펠러 주니어(John D. Rockefeller Jr., 1874-1960)는 그를 맨하탄에 위치한, 허드슨 강이 보이는 리버사이드교회(Riverside Church)를 담임하게 했다.[20] 포스딕은 1946년 은퇴할 때까지 이 교회에서 사역했고 오늘날까지 리버사이드교회는 미국 개신교 자유주의를 대표하는 교회로 남아있다.

포스딕이 장로교 교단을 떠나려고 결정한 것과 같이 근본주의자들도 북장로교회 교단에서 기반을 잃으면서 중심부에서 물러나기 시작했다. 이처럼 근본주의자들의 퇴각은 어번 선언에 대한 응전으로 시작되어 그들이 패한 프린스턴신학교의 재편으로 종료되었다. 1914년 로스 스티븐슨 목사(Rev. J. Ross Stevenson, 1866-1939)가 프린스턴신학교의 학장으로 선출되면서 학교 분위기에 변화가 오기 시작했다. 스티븐슨은 대체로 보수적인 입장을 가진 인물이었지만 그의 생각으로 프린스턴신학교는 장로교 교단 전체를 섬기는 학교여야 했다. 따라서 스티븐슨은 온건주의자들이건, 자유주의자들이건 모든 교단 회원들을 수용하고 환대했다.

일부 보수주의자들이 이에 반대하면서 교수진이 분열되었다. 1923년 메이첸 교수가 『기독교와 자유주의』(Christianity and Liberalism)를 출판하여 자유주의에 대한 경종을 울렸다. 메이첸은 "전통적 표현을 사용함에

---

[20] 자유 침례교 평신도이자 자선가인 Rockefeller는 Fosdick과 그의 목회 이전부터 수많은 사람과 기관들에게 후원금을 제공했다(Rauschenbusch와 시카고침례교신학교 등). Rockefeller는 1925년 Fosdick을 담임 목사로 초빙하는 일에 책임을 진 파크에버뉴침례교회의 교인이었으며 Fosdick의 설교인 "근본주의자들이 승리할 것인가?"를 전국 개신교 목회자들에게 분배하는데 필요한 자금을 후원하기도 했다. 이와 함께 Rockefeller는 3,200만 달러가 넘는 상당한 액수를 리버사이드교회에 헌금했다.

도 불구하고 현대 자유주의는 기독교와는 다른 종교일 뿐만 아니라 다른 차원의 종교"라고 도발적으로 자유주의를 공격했다. 또한 그는 "기독교를 현대 과학과 타협하려는 자유주의의 시도는 실제로 기독교가 지닌 독특성을 포기하게 만든다"고 주장했다.[21]

메이천은 현대 자유주의를 역사적 기독교와는 전혀 상관없는 종교로 보았기 때문에 그것을 일고의 가치도 없는 것으로 보았다. 따라서 현대 자유주의는 기독교가 아니다. 오직 정통주의자들만이 위임받은 신앙을 보존해왔다. 그는 프린스턴신학교가 건전한 기독교 학교로 남기를 원한다면, 자유주의적 성향을 바꾸어야만 한다고 주장했다. 스티븐슨은 메이천을 고립시키고자 애를 썼으며, 결국 1929년에 그를 내쫓았다. 그해 개최된 장로교 총회는 스티븐슨에게 프린스턴신학교의 행정조직을 재편하고 커리큘럼을 조정하여 보수적인 교수진을 장악할 수 있는 권한을 부여했다.

근본주의자들은 프린스턴신학교에서 나와 필라델피아에 웨스트민스터신학교(Westminster Seminary)를 설립했다. 그러나 메이천은 독립선교부(Independent Board)를 설립하고자 교단에서 나오지는 않았다.

하지만 이것도 문제가 되어 메이천과 그의 동료들은 1936년에 새로운 교단인 미국장로교회(the Presbyterian Church of America)를 설립하고, 1939년에 교단 명칭을 정통장로교회(the Orthodox Presbyterian Church)로 변경했다.[22]

---

21 J. Gresham Machen, *Christianity and Liberalism*(New York: Macmillan, 1923), 7.
22 교단명 변경은 북장로교인이 제기한 합법적 요구로 인한 것이었다. 북장로교인은 Presbyterian Church of America가 자신들의 교단명인 Presbyterian Church in the U.S.A.와 너무 비슷하게 발음된다고 생각했다. 현재 복음주의 운동에서 주요한 세력이 된 오늘날의 Presbyterian Church in America(PCA)는 메이천의 교단과는 다른 교단이다. PCA는 1973년 후반 자유주의 신학 문제로 Presbyterian Church in the U.S.(PCUS)에서 분리해 나왔다. PCUS는 후에 northern Presbyterian Church로 합병(1983)해서 Presbyterian

7장 의심의 폭풍우를 지나 약속 위에 서기 : 근본주의와 신복음주의   243

1930년대, 웨스트민스터신학교 교수진들
앞 쪽: 왼쪽부터, 네드 스톤하우스(Ned Stonehouse), 오스왈드 알리스(Oswald Allis), J. 그레삼 메이천(J. Gresham Machen), 코넬리우스 반틸(Cornelius Van Til), 폴 울리(Paul Woolley).
뒤 쪽: 왼쪽부터, 알렌 맥래(Allan MacRae), 존 머레이(John Murray)

Rolfing Memorial Library의 허락하에 사용

오늘날까지 사람들은 구프린스턴과 신프린스턴(the old and the new Princeton)을 구분하는데 그 이유로는 메이천이 워필드의 장례식에서 언급한 것 것처럼, "워필드가 활동하던 구프린스턴이 죽었기 때문"이었다.[23] 테네시 주 데이튼에서 일어난 스콥스 재판은 상징적으로 개신교 근본주의자들의 패배를 잘 보여준다.

존 스콥스(John T. Scopes, 1901-70)는 데이튼 인근에 위치한 공립고등학교 교사로 당시 설립된 지 얼마 안되는 미국시민자유연맹(American

---

Church(U.S.A.)를 만들었다.
23 Ned B. Stonehouse, *J. Gresham Machen: A Biographical Memoir*(Grand Rapids: Eerdmans, 1954), 310에서 재인용.

Civil Liberties Union, 1920)의 권유로 진화론을 가르치지 못하도록 한 테네시 주의 법을 시험하고자 도전했다.

명성을 떨치던 클래런스 대로우(Clarence Darrow, 1857-1938)가 변호사로 선임되었고, 윌리엄 제닝스 브라이언(William Jennings Bryan, 1860-1925)이 스콥스를 기소했다. 대중적인 장로교 근본주의 대변인이던 브라이언은 국회의원과 대통령 후보로 세 번이나 지명되었으며, 우드로우 윌슨(Woodrow Wilson) 대통령 정부에서는 국무장관까지 역임한 인물이었다. 하지만 문제는 그가 지난 28년 동안 법정을 떠나있었다는 사실이다. 대로우는 재판정에서 브라이언을 어리석은 사람으로 만들어버리며 조롱했다.

스콥스 재판은 실제로 "원숭이 재판"(Monkey Trial)으로 불리운다. 22명의 전신 기사들은 데이튼의 법정에서 매일 평균 16만 8,000단어를 전 세계 언론매체에 전송했다.

데이튼 지역의 상공회의소는 미국시민자유연맹을 도와 재판 상황을 데이튼의 각 가정에 전달했으며 행상인은 기념품들을 팔기도 했다. 인근의 어떤 침례교 근본주의자는 텐트를 치고 군중에게 설교했다.

재판 결과는 주법을 어기고 진화론을 가르친 스콥스가 유죄판결을 받았고 벌금으로 100달러를 선고받았다. 하지만 판결 이후 기술적으로 조율된 결과로, 스콥스는 테네시 주에 벌금을 내지 않아도 되었다. 브라이언은 실질적인 자신의 완패로 인해 충격을 받아 지쳐버린 상태에서 곧 죽음을 맞이했다. 근본주의자들은 전통적으로 북쪽과 도시 지역에서 강세를 보여왔지만 스콥스 재판 이후로는 조롱거리가 되고 말았다.

3. 타협없는 협력: 신복음주의자들

1930년대와 1940년대 동안, 근본주의자들은 패배로 인한 상처를 회복해갔다. 그들 중 일부는 세상의 문화를 거부하고 주요 개신교에서 떨어져 나와 기독교 분리주의적 입장을 취했다.

하지만 다수의 사람들은 문화로 복귀해서 재투자하고, 그들의 사역을 재건해서 많은 사람에게 영향을 미치고자 했다. 실제로 근본주의는 상처를 회복하면서 문화와 보조를 맞추어 성장을 지속했다. 근본주의자들은 주요 개신교 교단들을 조종할 수 있는 그들의 위치를 상실했다. 근본주의자들은 대표적인 교육 기관들에서도 밀려났다.

그러나 이후 그들은 미국의 중심 지역에서 살아남아 번성하는데 성공했다. 그렇다고 그들이 현대주의자들이나 지적 엘리트들과 타협하거나 그 주장들을 수용한 것은 아니었다.

칼 F. H. 헨리
(Carl F. H. Henry)

Rolfing Memorial Library의
허락하에 사용

열정적으로 문화에 다시 참여하고자 했던 사람들은 자신들을 "신복음주의자들"(new-evangelicals 혹은 neoevangelicals)[24]이라 불렀다. 신복음주의자들은 사회와 문화에 대한 그들의 뜨거운 열정을 나타내면서 근본주의자들의 반사회적 모습과는 거리를 두었다. 신복음주의자들은 새로운 유형의 근본주의 모습으로 나타났는데 이는 "대반전"의 결과를 다시 바꾸려하기 보다는 원래 호전적이던 기독교가 지닌 전투 기술을 완전히 익히고자 한 것이었다. 신복음주의자들은 정통 개신교 사상을 유지하면서 18세기 현대주의로 인한 기독교의 왜곡된 모습으로 돌아가 그 이전 복음주의의 최상의 모습을 다시 구현하기를 추구했다.

신복음주의 운동의 선구자인 칼 헨리(Carl F. H. Henry, 1913-2003)는 사회적 책임에 대한 속죄의 짐을 덜기 위해 저술한 자신의 작품, 『현대 근본주의자의 불편한 양심』(The Uneasy Conscience of Modern Fundamentalism, 1947)에서 "대다수의 근본주의 목회자들은 세계가 붕괴되는 지난 세대에 사회적 악에 대해 제대로 목소리를 내지 못해왔다"[25]고 고백했다. 하지만 헨리는 지속하기를, 이런 문제를 신복음주의 운동이 고칠 수 있으리라고 선언했다. 헨리는 다음과 같이 주장했다.

> 오늘날 인간 고통의 울부짖음이 많이 들려오고 있다. 복음주의는 인간의 전반적인 상황에 대해 기독교의 이름으로 응답해야한다는 점을 직시하고 있다. 비록 현대의 위기가 정치적, 경제적, 사회적인 문제라고 할지라도, 기본적으로 그 모든 위기는 종교적 문제이다.

---

24 보스턴의 파크스트리트교회를 담임하던 Harold John Ockenga 목사는(풀러신학교 출신) 1948년에 "신복음주의자들"(new evangelicals)이란 말을 만들어냈다.

25 Carl F. H. Henry, *The Uneasy Conscience of Modern Fundamentalism*(Grand Rapids: Eerdmans, 1947), 18.

복음주의는 현대생활의 정치적, 경제적, 사회적인 상황에 대해 종교적 해결책을 제안하고 선언할 수 있도록 무장해야 한다.[26]

헨리의 그 책은 신복음주의 운동의 문화적 선언이었다. J. 엘윈 라이트 목사(Rev. J. Elwin Wright, 1890-1973)와 해롤드 존 오켕가 목사(Rev. Harold John Ockenga, 1905-85)와 같은 복음주의자들은 1930년대 신복음주의 운동을 지지하는 여러 기관을 세우면서 첫 번째 공공기관으로 미국복음주의협회(National Association of Evangelicals)를 설립했다. 1941년 라이트와 오켕가는 무디성경학교(Moody Bible Institute)에 신복음주의 운동의 지도자들을 불러모았다.

복음주의자들은 복음에 기초한 공동의 증언을 기반으로 복음주의자들의 연합 포럼에 대한 계획을 추진했다. 메이천의 추종자이자 분리주의 성격을 지닌 성경장로교회(Bible Presbyterians, 1939)를 설립한 칼 매킨타이어(Carl McIntire, 1906-2002)도 신복음주의자들을 옹호했다. 그는 호전적이고 반에큐메니칼적인 성향을 지녀왔던 미국기독교교회협의회(American Council of Christian Churches, 1941)에도 신복음주의자들이 참여해주기를 원했다. 하지만 복음주의자들은 분리주의적 성격에 만족하지 않고 근본주의 신앙의 진술에 동의하는 모든 사람을 포함하는 더욱 폭넓은 교제를 원했다. 그들의 비전은 그 다음 해인 1942년에 세인트루이스의 코로나도 호텔(Hotel Coronado)에서 실현되었다.

전국 150명의 대표들이 복음주의연맹의 전국컨퍼런스(National Conference for United Action among Evangelicals)로 모임을 가졌다. 여기에서 대표들은 미국복음주의협회를 탄생시켰고, 오켕가를 협회장으로 선출

---

[26] Ibid., 84.

하고 라이트를 실행총무에 임명했다. 이후 몇 해 동안 미국복음주의협회는 급속히 성장했다. 미국복음주의협회는 헌장을 작성(1943)하고 7개 조항으로 구성된 신앙고백서(1943)를 만들고, 홍보실을 마련(1943)하여 전국을 대상으로 한 방송사역을 시작(National Religious Broadcasters, 1944)했다. 이어 선교기관(1945)과 자선기관(World Relief, 1945)을 설립하여 여러 사업들을 시행했다.

오늘날에는 수백 개의 기관에서 수백만 명의 사람이 복음주의자들의 협력 사역을 감당하는 단일기구로는 가장 규모가 큰 미국복음주의협회와 그들의 모토인 "타협없는 협력"(cooperation without compromise)을 지지하며 후원하고 있다.

해롤드 존 오켕가
(Harold John Ockenga)

Rolfing Memorial Library의 허락하에 사용

1940년대 후반에, 복음주의자들은 풀러신학교(Fuller Theological Seminary, 1947)와 복음주의신학회(Evangelical Theological Society, 1949)를 통해 신학적 흐름을 다시 주도하기 시작했다. 복음주의신학회는 1889년 고든신학교(Gordon Divinity School, 고든콘웰신학교의 전신)의 교수 라운지에서 시작되었다.

고든신학교 교수들은 폭넓은 지성 공동체를 구성하기를 원했다. 복음주의신학회는 최소한의 교리진술문을 토대로 여러 분야에서 다양한 학자를 끌어들여 매년 모임을 후원했고 1958년에는 「저널 오브 디 에반젤리칼 소사이어티」(*Journal of the Evangelical Theological Society*)를 창간했다. 복음주의신학회는 대성공을 거두어 수많은 회원을 보유하게 되었고, 복음주의자들은 그들을 인도할 교리적 방향의 설정을 신학적으로 요구하게 되었다.

1960년대와 1970년대에는 많은 학교가 이 운동에 참여하였으며 이를 대표하는 곳이 바로 고든신학교와 시카고에 위치한 트리니티복음주의신학교(Trinity Evangelical Divinity School, 1884)[27]이다. 이 학교들은 1940년대와 1950년대 복음주의 운동을 앞에서 이끌던 풀러신학교의 역할을 대신하였다.

27　1960년대 초, Kenneth S. Kantzer(1917-2000) 목사는 트리니티복음주의신학교(Trinity Evangelical Divinity School)를 시카고의 교외 지역(Deerfield, Illinois)으로 인도했다. 트리니티는 시카고신학교(Chicago Theological Seminary)의 노르웨이와 덴마크인을 위한 학부로서 시카고 시내에서 시작했다. 이후 20세기 대부분 트리니티는 미국복음주의자유교회(Evangelical Free Church of America, 1884)에 소속된 스칸디나비아 경건주의자들을 위한 작은 성경 학교였다. 하지만 1960년대 초 미국복음주의자유교회가 공식적으로 복음주의 운동을 위해 학교를 세우기로 결정하자, 그 이후 Kantzer의 교회연합 활동으로 트리니티는 미국 내 영향력 있는 신학교 중의 하나로 발전했다.

찰스 E. 풀러
(Charles E. Fuller)

Rolfing Memorial Library의
허락하에 사용

찰스 풀러 목사(Rev. Charles E. Fuller, 1887-1969)는 오렌지 농사를 하던 농부에서 목회자가 된 인물이다. 그는 라디오 방송 프로그램인 "구식의 부흥시간"(The Old Fashioned Revival Hour)의 사회를 보아 인기를 얻었는데 전 세계 2,200만 명의 청취자들이 이 프로그램을 즐겨 들었다. 그래서 풀러가 "복음주의 세계의 칼 텍"(a Cal Tech of the evangelical world, 풀러신학교를 지칭)을 설립하기로 결정할 때부터 이미 그는 학교를 광고하는데 필요한 대중적 마케팅 도구를 소유하고 있었던 것이다.

기독교 라디오는 제2차 세계대전 때에 활기를 띄어, "그리스도를 위한 청년"(Youth for Christ) 프로그램의 폴 레이더(Paul Rader), 에이미 맥퍼슨(Aimee Mcpherson), 퍼시 크로포드(Percy Crawford)와 같은 인물들이 활약했다. 풀러신학교가 개교했던 1948년까지 실제로 1,600개의 복음적 프로그램이 매주 전파를 타서 방송되었다. 자유주의가 득세한 주류파 개신교인은 전 세계 기지국에게서 무료 방송 시간을 이미 확보하고 있었지만 복음주의자들은 방송 시간에 대한 값을 지불해야 했다.

복음주의자들의 프로그램들이 인기를 얻게 되자 그들은 주류 기독교가 진행하는 상대 프로그램들을 축소시키면서 기독교 방송까지 지배하게 되었다. 풀러가 전국 라디오 방송을 통해 학교를 선전하면서 자연스럽게 그는 사람들에게 학교를 보증하는 사람이 되었다. 신학교육을 받고자 학생들이 풀러신학교가 위치한 캘리포니아 주 파사데나에 도착하면, 풀러는 그들이 훌륭한 신학 교육을 받게 될 것을 약속했다. 보스턴에서 목회하던 해롤드 존 오켕가가 풀러신학교의 초대 교장을 맡았고 신학교의 교수진은 근본주의 진영의 최고 학자들로 채워졌다. 성경 분야에서 에버렛 해리슨(Everett Harrison, 1902-99), 신학 분야에서 칼 헨리(Carl Henry), 역사와 선교 분야에서 해롤드 린셀(Harold Lindsell, 1913-98), 변증학에서 윌버 스미스(Wilbur Smith, 1894-1976)를 영입했다. 오랜 기간 이들은 복음주의 진영에서 최고의 신학자들로 자리매김했다.

복음주의자들은 또한 방송가들로 활약했다. 이들은 텔레비전이나 인터넷은 물론이고 라디오 방송 이전부터 이미 활동적인 저술가들로서 복음의 메시지를 담은 작품들을 출간했던 인물들이었다.

오늘날 그들은 내쉬빌(Nashville)과 그랜드래피즈(Grand Rapids) 등지에 위치한 출판사들을 통해 베스트셀러들을 만들어냈다. 하지만 1950년대와 1960년대 복음주의 운동이 미국에서 한창이던 기간 복음주의자들에게 가장 유명한 출판물은 1956년 워싱턴에서 처음으로 편집된「크리스채니티 투데이」(*Christianity Today*)였다(이후에는 일리노이 캐롤 스트림에서 편집되었다).

이 매거진은 빌리 그레이엄과 그의 장인이며 남부 지역 장로교의 지도자로 중국에서 의료선교사로 활동했던 넬슨 벨(L. Nelson Bell, 1894-

1973)이 시작했다. 그레이엄은 「크리스채니티 투데이」의 시작에 대해 다음과 같이 상기한다.

> 나는 오전 2시경 잠에서 깼다. 나는 책상으로 가서 자유주의 진영의 「크리스챤 센츄리」(Christian Century)와 비슷한 성격을 지닌 복음주의 진영의 매거진에 대해 떠오르는 여러 생각들을 기록하기 시작했다. 이 매거진은 복음주의자들에게 신학적 경외감을 불러일으킬 것이다…나는 생각하기를, 소논문들은 특별히 주요 교단 안에 있는 성경적 신앙을 가진 사람들에게 호소력있게 다가갈 수 있어야 한다고 보았다. 그러면서도 아주 복음적이어야만 한다.[28]

후에 그레이엄은 이 비전을 벨과 나누었다. 비전을 공유한 두 사람은 먼저 윌버 스미스에게 초대 편집장으로 섬겨줄 것을 요청했다. 스미스가 이 제안을 거절하자 그레이엄과 벨은 풀러신학교의 해롤드 린셀이 추천한 칼 헨리에게 편집을 부탁했다.

「크리스채니티 투데이」 창간호에서 헨리와 복음주의 동료들은 그들의 사명을 다음과 같이 선언한다.

> 조롱받고 무시당하는 복음주의 기독교는 확신과 사랑을 가지고 세상의 위기에 대한 연관성과 우리의 입장을 표명하는 분명한 목소리를 필요로 하고 있다."[29]

---

28 *Christianity Today*, July 17, 1981, 26. Douglas A. Sweeney. "Christianity Today," in *Popular Religious Magazines of the United States*, ed. P. Mark Fackler and Charles H. Lippy(Westport, CT: Greenwood Press, 1995), 144-51을 보라.
29 *Christianity Today*, October 15, 1956, 20.

빌리 그레이엄
(Billy Graham)

Billy Graham Center Museum 제공

그들은 복음주의 운동의 추진력이 된 놀라운 복음의 증언을 가지고 일반 문화로 침투해 들어갈 것을 추구했다. 특히 빌리 그레이엄은 엄청난 사역을 감당했다. 겨우 38세에 「크리스채니티 투데이」를 설립한 그레이엄은 이미 지난 몇 년 동안 복음설교자로 명성을 떨치고 있었다.

1949년, 로스앤젤레스의 부흥회를 보도한 언론계의 거물인 윌리엄 랜돌프 허스트(William Randolph Hearst, 1863-1951. 허스트는 올슨 웰슨 감독의 영화 "시민 케인"[Citizen Kane, 1941]의 실제 주인공이었다)의 신문들을 통해 그는 더욱 유명해졌다. 그레이엄은 얼마 후 미국 주요 매거진인 「타임」(Time), 「라이프」(Life), 「뉴스위크」(Newsweek)의 표지인물이 되었다. 그레이엄의 설교를 듣기 원하는 수많은 추종자들이 생겼으며 심지어 할리우드에서도 그는 유명인사가 되었다.

그레이엄은 자신의 명성을 이용해서 「크리스채니티 투데이」에 대한 상당한 후원을 받았다. 석유 왕 하워드 퓨(J. Howard Pew, 1882-1971)가 이 매거진에 대한 경제적 후원으로 전국 거의 모든 개신교 목회자들에게 매거진을 무료로 지원했다. 이렇게 후원을 받은 20만 명의 교회 지도자들 중 일부는 후에 발행부수에서 누락되긴 했지만 1967년까지 이러한 정책은 지속되었다. 이처럼 「크리스채니티 투데이」는 초기에는 많은 사람이 무료로 읽을 수 있어 쉽게 대중성을 확보할 수 있었다.

1950년대 후반 신복음주의 지도자들은 미국 문화에 재진입하는 것을 그들의 목표로 삼았다. 많은 복음주의자들이 이에 동의했으며 이로 인해 그들은 정치 권력의 여러 수단들에도 다시 접근할 수 있었다.

복음주의 목회자들은 숫자적으로도 증가했다. 이전 보다 많은 미국인이 교회에 출석했다.[30] 많은 사람이 이제 목격한 것은 세계적 복음주의 운동을 이끌고 있는 지도자들이 바로 근본주의 논쟁의 후손들이라는 점이었다. 하지만 복음주의 운동이 성장하고 확장될수록 이 운동에 참가한 사람들의 다양성으로 인해 신복음주의자들이 수용하기 힘들 정도의 모습도 가지게 되었다. 그레이엄과 그의 동료들은 성장하는 복음주의 운동의 가족들이 모두 함께 가고자 최선을 다했다.

하지만 근본주의를 다시 일으킨 최근의 성공에도 불구하고 복음주의자들 중 일부는 신복음주의 운동을 이끌어가는 리더십에 만족하지 못하게 되었다. 소수의 보수주의자들은 실제로 그레이엄을 경계하기 시작했으며, 1957년에는 그 우려가 현실로 나타났다.

당시 빌리 그레이엄은 교황 피우스 12세(Pius XII, 1939-58) 다음으로

---

[30] 1950년대 기간 미국의 교인 수는 6,450만 명에서 1억 1,450만 명으로 성장했다. 1960년까지 국민의 60퍼센트 이상이 교회에 속한 교인이었다.

인기있는 기독교 인물이었다. 그는 대통령과 가까운 친구관계이기도 했다. 수백만의 사람들은 그레이엄이 주도하는 복음주의 십자군 운동에 참여했다. 그보다 많은 사람은 신문으로 십자군에 대해 읽을 수 있었다. 1957년, 그레이엄은 뉴욕 타임스퀘어와 매디슨 스퀘어가든에서 군중들에게 설교함으로 이 운동을 이어갔다. 이 예배들 중 일부는 텔레비전으로 전국에 방영되기도 했다. 그런데 이 행사에서 주류 개신교 지도자들이 강단에 앉아 있고, 마틴 루터 킹 주니어가 기도를 드리는 모습을 세계가 지켜보았다. 이 장면을 보면서 그레이엄의 근본주의 친구들 중 일부가 분노했다. 이는 그레이엄이 자신의 십자군 운동에서 비복음주의자들을 환대한 첫 번째 모습이었다.[31]

복음주의 운동의 회원이 아닌 교회들 중 일부는 그레이엄의 모임에서 회심한 개종자들을 자신들의 교인로 받아들였다. 이 일이 발생하기 3년 전 그레이엄은 미국 남부 지역 집회들에서 인종차별로 흑인의 자리를 격리하는 것을 철폐하면서 소수의 앵글로 색슨계 백인 개신교인(wasp)들을 분노하게 한 일이 있었는데 3년 후에 일어난 이 사건은 훨씬 더 많은 사람을 동요시켰다.

밥 존스(Bob Jones Sr., 1883-1968), 그의 아들 밥 존스 주니어(Bob Jones Jr., 1911-97), 존 라이스(John R. Rice, 1895-1980)같은 우파 근본주의 지도자들은 이제 공개적으로 그레이엄을 비난하면서 그가 주도하는 신복음주의 운동도 비판했다. 그들은 이어 자신의 지지자들도 그레이엄에게서 등을 돌리도록 만들었다. 이때부터 상당수의 열정적인 근본주

---

31 뉴욕교회협의회는 뉴욕시 십자군 운동을 후원했다. 이는 미국에서 Graham의 새로운 복음주의 사역이었다. 하지만 전례가 없었던 것은 아니다. 그보다 3년 전인 1954년 Graham은 런던 십자군 운동을 위해 온건주의자들과 자유주의자들의 후원을 얻어냈다. 하지만 이는 수많은 영국 복음주의자들을 놀라게 했다.

의자들은 복음주의자들과 분리될 것을 주장하면서 "협력적 부흥주의" (cooperative revivalism)를 지지하는 사람들과의 관계를 끊어버렸다.[32] 이에 대해 그레이엄의 지지자들은 근본주의자들과의 분리를 심각하게 받아들이지 않고 자신들을 단순히 복음주의자들이라 인식하면서 "근본주의자"라는 이름표를 떼어냈다.[33]

복음주의 지도자들은 교리적 기반에 차이를 두기 시작했다. 1962년 풀러신학교는 성경무오성에 대한 그들의 신조를 완화했다. 1970년에는 신앙고백서에서 성경무오 교리를 삭제함으로 복음주의 세계에 커다란 반향을 일으켰다. 「크리스채니티 투데이」의 편집자이던 해롤드 린셀은 풀러신학교의 신학적 변화를 고발하는 작품인 『성경을 위한 전투』(*Battle for the Bible*, 1976)를 발간했다. 이 작품에는 성경무오 교리를 지지하면서 복음주의자들에게 교리적 신실함을 도전하고, 좌파적 성향으로 이동한 풀러신학교를 신랄하게 비판하는 내용이 담겨있다.

이후 복음주의자들은 더욱 다양화되어 여러 사회적 신학적 문제들에 대해 그들 가운데에서도 서로 의견이 불일치하기 시작했다. "여성들은 목사 안수를 받아야만 하는가?", "교회는 로큰롤 음악을 어떻게 보아

---

[32] 의미심장하게도, 그들의 영적 후손들은 1970년대에 "새로운 기독교인 권리"(New Christian Right) 운동을 일으키면서 미국 정치에 관여했다. 이들은 미국의 가족 가치관(특별히 성과 출산권 문제)이 극도로 자유화되면서 문화 전쟁에서 손을 떼었으며 그 지도자들은 다음과 같다. Jerry Falwell(1933-), Pat Robertson, Tim and Bev(1929-) LaHaye 등이다. 하지만 이들은 "도덕적 다수파"(Moral Majority, 1979), "기독교인 연합"(Christian Coalition, 1989), "미국을 걱정하는 여성들"(Concerned Women for America, 1979), "전통적 가치를 위한 미국연합"(American Coalition for Traditional Values, 1984)과 같은 공공기관들을 이용해 지역 정치와 더 나아가 공화당 전당대회에도 영향을 미쳤다.

[33] Graham의 후원자들 중에는 근본주의 뿌리를 가지지 않은 사람들도 많았다. 가장 중요한 인물로는 Henry를 들 수 있다. 그는 청년기인 1933년, 기독교 신앙으로 회심했다. Kenneth Kantzer는 명목상 루터란 가정에서 자라나 1935년, 대학생활에서의 회심을 통해 복음주의 신앙을 가지게 되었다. 이런 인물들은 정통 신학을 위한 근본주의의 열정에는 동의했지만 근본주의의 전투적이고 분리주의적 입장에는 반대했다.

야 하는가?", "사람이 구원받기 위해 복음을 어느 정도까지 알아야 하는가?" 등 이처럼 여러 사안은 복음주의 운동을 지금도 분열시키고 있으며 일부 사람들은 "복음주의"라는 용어의 유용성까지 의심하게 되었다.

이와 같은 이유로 "복음주의"를 떠날 준비가 되어 있는 일부 사람들처럼, "복음주의"란 말을 아주 소중히 여기는 신복음주의자들도 복음주의 세계가 국내나 해외에서 그들의 이해를 넘어서 얼마나 멀리 확장되었는지를 충분히 알게 되었다. 1950년대와 1960년대 복음주의자들은 이 세상을 이끌어가는 상상을 할 수 있었다. 모든 사람이 따라오든 아니든, 그들의 명성을 통해 복음주의에 대한 폭넓은 지지와 후원을 얻어낼 수 있었다. 하지만 오늘날 복음주의자들은 훨씬 독립적이고 자기만족적이다. 많은 사람은 복음주의 미래를 위한 하락 장세(bear market)를 예상하면서 복음주의자들을 함께 이끌어갈 수 있는 가능성에 대해 매우 비관적이다. 여러 주요한 분석들에 따르면, 복음주의의 철수(disinvestment)를 요청하고 있다.

이제 신복음주의 운동을 일으킨 지도자들의 시대는 저물고 있다. 이 시점에서 하나의 의문이 남는다. 과연 이 거대하고 다양한 기독교 운동을 한 줄에 맞추어 행진할 것을 요구하지 않으면서도 서로의 입장을 잘 조율하는 방법을 찾아 복음주의자들의 위치를 대체할 수 있는 다른 부류의 사람들이나 운동들이 과연 일어날 수 있을 것인가?

◆ 심화학습을 위한 도서 목록

Bendroth, Margaret Lamberts. *Fundamentalism and Gender, 1875 to the Present*(New Haven: Yale University Press, 1993). 근본주의 운동에서 여성

과 성의 역할을 주제로 다룬 최고의 책이다.

Carpenter, Joel. *Revive Us Again: The Reawakening of American Fundamentalism*(New York: Oxford University Press, 1997). 근본주의자들이 기독교 주류에서 세력을 상실했던 1925년부터 1950년까지의 회복 기간을 다루는 근본주의의 역사서이다.

Graham, Billy. *Just as I Am: The Autobiography of Billy Graham*(San Francisco: Harper SanFrancisco, 1997). 미국의 20세기 주요 복음주의자의 삶과 사역에 대한 좋은 읽을 자료이다.

Hangen, Tona J. *Redeeming the Dial: Radio, Religion, and Popular Culture in America*(Chapel Hill: University of North Carolina Press, 2002). 1920년대 근본주의 라디오 방송의 시작으로부터 1950년대 전성기에 이르기까지의 여러 이야기들을 다룬다. 방송 사역자인 폴 레이더, 에이미 셈플 맥퍼슨, 찰스 풀러를 다룬다.

Hart, D. G. *Defending the Faith: J. Gresham Machen and the Crisis of Conservative Protestantism in Modern America*(Baltimore: Johns Hopkins University Press, 1994). 근본주의 진영에서 메이천과 그의 역할에 대한 학문적 연구서이다.

Larson, Edward J. *Summer for the Gods: The Scopes Trian and America's Continuing Debate over Science and Religion*(Cambridge: Harvard University Press, 1998). 스콥스의 원숭이 재판에 대한 퓰리처상 수상 작품이다.

Long, Kathryn. *The Revival of 1857-58. Interpreting an American Religious Awakening*(New York: Oxford University Press, 1998). 근본주의 운동에서 사업가들이 체험한 영적 부흥과 그 역할을 다룬다.

Longfield, Bradley J. *The Presbyterian Controversy: Fundamentalist, Modernists, and Moderates*(New York: Oxford University Press, 1991). 미국 북장로교회에서의 근본주의 논쟁에 대한 풍부한 세부 설명을 제공하는데, 특별히 6명의 장로교 주요 지도자들인 그레샴 메이천, 윌리엄 제닝스 브라이언, 헨리 슬론 코핀, 클래런스 매카트니, 찰스 어드만, 로버트 스피어의 역할에 대해 초점을 맞추고 있다.

Marsden, George M. *Fundamentalism and American Culture: The Shaping of Twentieth-Century Evangelicalism*, 1870-1925(New York: Oxford University Press, 1980). 근본주의 운동의 발생을 다룬 최고의 책이다.

_____. *Reforming Fundamentalism: Fuller Seminary and the New Evangelicalism*(Grand Rapids: Eerdmans, 1991). 신복음주의 운동의 발생에 대한 표준적 견해를 제공하는 풀러신학교의 역사를 담고있다.

Moberg, David O. *The Great Reversal: Evangelicalism versus Social Concern*(Philadelphia: J. B. Lippincott, 1972). 대반전에 대한 고전 자료이다.

Sandeen, Ernest R. *The Roots of Fundamentalism: British and American Millenarianism*, 1800-1930(Chicago: University of Chicago Press, 1970). 비록 마스든의 작품들에 비해 뒤떨어지긴 하지만 근본주의 형성에 있어 전

천년주의의 역할에 대한 최고의 저자인 샌딘의 작품이다.

Smith, Christian. *American Evangelicalism: Embattled and Thriving*(Chicago: University of Chicago Press, 1998). 최근 복음주의의 사회적 문화적 참여에 대한 최고의 작품이다. 기독교 사회학자인 스미스가 "대반전의 반전"에 대해 논증을 제공한다.

Trollinger, William Vance. *God's Empire: William Bell Riley and Midwestern Fundamentalism*(Madison: University of Wisconsin Press, 1990). 세계 기독교 근본주의 연맹(WCFA)을 설립한 미네아 폴리스의 목회자이자 교육가의 결정판(1장의 심화학습을 위한 도서 목록을 참조하라).

결론: 복음주의의 미래

내가 또 보니 보좌와 네 생물과 장로들 사이에 한 어린 양이 서 있는데 일찍이 죽임을 당한 것 같더라 그에게 일곱 뿔과 일곱 눈이 있으니 이 눈들은 온 땅에 보내심을 받은 하나님의 일곱 영이더라 그 어린 양이 나아와서 보좌에 앉으신 이의 오른손에서 두루마리를 취하시니라 그 두루마리를 취하시매 네 생물과 이십사 장로들이 그 어린 양 앞에 엎드려 각각 거문고와 향이 가득한 금 대접을 가졌으니 이 향은 성도의 기도들이라 그들이 새 노래를 불러 이르되 두루마리를 가지시고 그 인봉을 떼기에 합당하시도다 일찍이 죽임을 당하사 각 족속과 방언과 백성과 나라 가운데에서 사람들을 피로 사서 하나님께 드리시고 그들로 우리 하나님 앞에서 나라와 제사장들을 삼으셨으니 그들이 땅에서 왕 노릇 하리로다 하더라(계 5: 6-10).

다른 여러 지역과 마찬가지로 미국에서도 여러 세력이 원심력과 같이 복음주의자들을 기독교 중심부에서 지속적으로 외곽으로 밀어내고 있다. 예를 들어, 남북전쟁으로 혼란기를 겪은 남침례교에서 1975년 이후로는 보수주의자들이 교단을 장악하기 시작했다. 1,600만 명에 달하는 교인수를 자랑하는 남침례교는 여전히 미국에서 가장 규모가 큰 개신교 교단이다. 그런데 보수주의자들이 남침례교회에 남아 있는 한, 복음주의 진영과는 지속적으로 좋은 관계를 유지하지 못하리라 전망된다. 보수주의자들 중 일부는 복음주의자들과 관계까지 단절하고 있다. 남침례교의 경우처럼 여러 교단 내 보수주의자들은 복음주의 운동의 힘을 하나로 모으지 못하게 하고 있다.[1]

전국적으로 여러 종류의 고백주의자들(confessionalists)은 최근 복음주의적 경건주의와 실용주의에 도전하고 있다. 고백주의자들은 복음주의의 반지성적 경험주의뿐 아니라 복음주의자들이 개인 경건을 위해 만든 해야할 것과 하지 말아야 할 것에 대한 목록들에 대해서도 비판한다. 그들은 16세기 개신교의 모습으로 되돌릴 것을 요구하면서 18세기 자연주의와 현대주의로 인한 왜곡(twist)의 역사가 복음주의에 남긴 유산에 대해 의문을 제기하고 있다.

마이클 호튼(Michael Horton)과 하트(D. G. Hart)와 같은 칼빈주의자들이 이끌고 있는 고백주의자들은 그들이 소속된 여러 기관에 고백주의적 루터란들도 포함시켜 함께 연대하고 있다. 이러한 흐름을 대표하는 기관과 프로그램으로는, 복음주의고백연맹(Alliance of Confessing Evangelicals, ACE)과 라디오 프로그램인 "화이트 홀스 인"(The White

---

[1] 최근 수십 년간, 여러 남침례교 지도자들은 자신들을 복음주의자들로 보아야 하는지에 대해 논쟁해왔다. 그들 중 절대 다수는 자신들이 복음주의자들이라고 생각했다. 하지만 일부는 훨씬 좁게 자신들을 정의하면서 다수의 의견과는 거리를 두었다. James Leo Garrett Jr., E. Glenn Hinson, and James E. Tull, *Are Southern Baptists "Evangelicals"?*(Macon, GA: Mercer University Press, 1983)을 보라.

Horse Inn), 출판물로는 매거진인 호튼의「모던 리포매이션」(*Modern Reformation*)과 하트의 초기 사역인 (존 R. 뮤터와 함께 편집을 한)「니코틴 테올로지칼 저널」(*Nicotine Theological Journal*) 등을 들 수 있다.[2]

고백주의자들과는 달리, 은사주의 운동은 복음주의에 지속적으로 다양성을 제공하고 있다. 태양이 강하게 내리쬐는 남부 캘리포니아의 느긋한 "지저스 프릭스"(Jesus Freaks, 1970년대 일어난 예수 운동의 열광적인 지지자들-역주)들에서부터 플로리다의 웨인(Ft. Wayne)과 데스틴(Destin)에 사는 동방 정교회교인에 이르기까지 다양한 신앙 그룹들을 모두 은사주의자들로 볼 수 있다.

활발한 활동을 벌이고 있는 여성 지도자들과 목회자들도 현재 복음주의 운동의 실천적 행동주의 영역을 확장시키고 있다(이전에 논의한 것처럼, 비록 여성들의 사역이 남성들에 의해 여러 제약을 받으면서도, 여성들은 항상 복음주의 운동의 다수를 차지해왔다). 이외에도 중남미와 아시아로부터 온 이민자들은 미국 복음주의에 새로운 색깔을 덧입히고 있다.

실제로, 1965년 이민법(Immigration Act)[3]제정 이후 수백만 명의 히스

---

[2] 복음주의 운동에 대해 항상 유동적인 입장을 견지해온 고백주의적 개신교 교단들(confessional Protestant churches)에서 이런 비판들이 있어 왔다. 그 대표적인 교단으로는 루터란교회-미주리대회(Lutheran Church-Missouri Synod, 1847)와 기독교개혁교회(Christian Reformed Church, 1857)를 들 수 있다. 이 교단들은 한 세기 이상 복음주의의 가장자리에서 서성거리면서 때로는 이질적인 미국 문화를 넓게 포용하는 모습을 보이기도 했다. 그들은 복음주의자들이 지닌 개신교 정통에 대한 관심을 존중하지만, 18세기 왜곡의 역사에 자신들도 연관되는 것을 망설여왔다. 왜곡의 역사에서 에큐메니칼 성향의 교리적 실천적 결과를 우려하면서, 특별히 그중에서도 영적인 감정에 상당히 의존하는 그룹들과의 교제를 꺼려했다. 그들은 현재도 복음주의 운동에 전반적으로 깊이 참여하지 않으면서도 필요에 따라 부분적으로 복음주의 운동에 참여하고 있다.

[3] 라틴계 미국인(Latin Americans)과 아시아계 미국인은 1965년 훨씬 이전부터 미국에서 정착해왔다. 하지만 이민법은 이민자들이 숫자와 시민권에서 급격한 성장을 하는 길을 열어주었다. 새로운 이민에 관해서는 일반적으로 R. Stephen Warner and Judith G. Wittner, eds. *Gatherings in Diaspora: Religious Communities and the New Immigration*(Philadelphia: Temple University Press, 1998)을 보라.

패닉[4]과 아시아계 미국인[5]이 복음주의 운동을 지지하는 새로운 후원그룹으로 부상했다. 영미(Anglo-American) 복음주의자들은 대체로 이 엄청난 발전을 아직 제대로 인식하지 못하고 있지만 복음 안에서 한 형제자매된 그들에게 우리가 가까이 다가가 사랑을 베풀어야 할 책임이 있다(그들 중 상당수가 노동자 계층인 히스패닉으로 이들에 대한 복음주의의 관심이 더욱 필요한 시점이다).

미국이란 나라가 원래 이민자들이 만들어온 다문화적 특징을 가지고 있기에, 이민자들의 복음주의 운동은 현재 진행형인 미국의 복음주의 역사에서 다음 한 페이지를 장식하게 될 것이 분명하다.

신복음주의자들은 더 이상 복음주의 운동을 하나로 통합할 수 있는

---

[4] 히스패닉 복음주의자들에 관해서는 Gaston Espinosa, Virgilio Elizondo, and Jesse Miranda, "Hispanic Churches in American Public Life: Summary of Findings," *Interim Reports*(March 2003), Institute for Latino Studies, University of Notre Dame을 보라. 이 글에서 보고되고 있는 것처럼, 미국 시민단체인 "퓨 자선기금"(Pew Charitable Trusts)은 자금을 투자해 2,310명의 히스패닉(이들 중 93퍼센트가 기독교인으로 70퍼센트가 로마 가톨릭교인, 23퍼센트가 개신교인)에 대한 과학적 조사를 했다. 조사 자료로부터 추정하기로는, Espinosa와 그의 동료들은 제안하길, 오늘날 미국에는 회심한 히스패닉들이 660만 명이 존재하며, "라틴계 종교시장이 점차 복음주의, 오순절주의, 은사주의로 성장하고 있다"(22)고 주장한다. 특별히 어린 히스패닉들이(2, 3세대 미국인)이 복음주의로 유입되고 있다고 한다. "국가적 관점에서 이런 결과는 미국에서 라틴계 개신교인이 유대인, 이슬람교인, 감독교인, 장로교인을 모두 합한 것보다 더 많다"(16). 히스패닉 복음주의자들을 주제로 다룬 가장 좋은 책으로는 Arlene M. Sánchez Walsh, *Latino Pentecostal Identity: Evangelical Faith, Self, and Society*(New York: Columbia University Press, 2003)이 있다. 이외에도 Gaston Espinosa, Virgilio Elizondo, and Jesse Miranda, eds., *Latino Religions and Civic Activism in the United States*(New York: Oxford University Press, 출간 예정) 그리고 idem, *Latino Religions and Politics in American Public Life*(New York: Oxford University Press, 출간 예정)를 보라.

[5] 아시아계 미국인 기독교에 대한 통계자료에 관해, "Asian and Pacific Islander American Religious Leadership Today: The Report of the API Pulpit and Pew Project(2004)," directed by Timothy Tseng(with the help of eleven other Asian American research scholars) and funded by the Lilly Endowment를 보라. 또한 Tony Carnes and Fenggang Yang, eds., *Asian American Religions: The Making and Remaking of Border and Boundaries*(New York: New York University Press, 2004)를 보라. 저자들은 아시아계 미국인의 심오한 종교성과 복음주의에 대한 그들의 공헌을 잘 정리하고 있다.

능력을 가지고 있지 않다. 이제까지 신복음주의자들은 복음주의 세력의 통합을 시도해 본적도 없었고 그들 중 대다수는 이를 원하지도 않았다. 그렇다고 해서 복음주의 세력의 연대를 단지 불가능한 것으로 포기하고 있지도 않았다. 이를 통해 우리가 깨닫게 되는 것은 과거 우리 복음주의자들은 자신들의 정체성을 상대편에 있는 다른 사람들을 통해서 자신을 규정해 왔다는 점을 깨닫게 된다.

여기서 다른 사람들이란 주로 기독교 주류에서 밀려나는 데에 책임을 진 사람들을 지칭한다. 복음주의자들은 한 때 기독교 주류를 통제할 수 있는 세력을 위한 전투에서 패배했었다. 하지만 우리는 전체 개신교를 위한 보다 커다란 전쟁에서 승리했고 적어도 승리를 거두고 있다. 실제로 이제 우리 복음주의는 새로운 기독교 주류를 형성했다고도 말할 수 있다. 이 새로운 기독교 주류는 1920년대 우리가 상실했던 기독교 주류보다 훨씬 더 규모가 크고 다양한 세력들을 포함하고 있다. 이어 1930년대부터 1950년대에까지 우리가 상실했던 그 기독교 주류에 다시 참여해서 활발한 활동을 벌이고 있다.

오늘날 우리는 세계적 도전들에 직면하고 있다. 새로운 복음주의 리더십은 새롭고 세계적인 비전, 협력을 위한 겸허한 정신, 공동의 선(특별히 가난한 자들의 복지)을 위한 강한 후원이 요구된다. 물론 복음주의 운동을 이끌어가는 것은 쉽지 않은 문제이다. 복음주의 지도자들은 다양성을 지닌 각 회원들 모두를 평등하게 대우하면서도 어느 때보다 크게 성장한 복음주의 가족들을 연합하도록 해야 한다.

이러한 중대한 과제를 앞에 놓고 복음주의 지도자들이 잠시 그들의 역사를 되돌아보면, 그들이 이룩해 놓은 역사가운데 이미 그들은 풍부한 자산을 소유하고 있다는 사실을 발견하게 될 것이다.

복음주의자들이 지닌 굳건한 신앙은 그들 가운데 있는 분명한 차이와 불일치에도 불구하고 그들을 강하게 하나로 묶어주는 구심점이 되어왔다. 대각성 운동 이후로 복음주의자들은 모든 사회적 문화적 장애물들을 극복하기 위해 함께 손을 맞잡고 협력해왔으며, 공동의 복음전파를 위해 담대했으며, 역사적 기독교를 유지하고자 헌신해왔다.

어느 때는 복음주의자들의 연합이 그들의 차이와 불일치를 간과해 버리게도 했고, 이와 반대로 그들의 불일치가 연합을 방해하던 때도 있었다. 하지만 복음주의가 최상의 모습일 때, 복음주의자들은 여러 다양한 부차적인 문제들에 대해 심지어 불일치하는 것에도 동의해왔다. 그 이유는 그 문제들이 중요하지 않다거나 무가치해서가 아니라, 그 문제들이 복음주의자들의 협력과 연대를 요구하는 기독교인의 사명보다는 덜 중요하다고 믿었기 때문이었다.

기독교인의 사명은 이 세상에 하나님의 사랑을 나타내고, 가난한 사람들을 도우며, 연합하여 함께 복음을 선포하는 것이다. 복음주의 지도자들 대부분은 이 사명을 확고히 붙잡은 사람들이다. 복음주의 운동은 휫필드와 같은 칼빈주의자로부터 팔머와 같은 알미니안주의자에 이르기까지, 또한 세이무어와 같은 오순절주의자로부터 무디와 같은 세대주의자에 이르기까지 넓고 다양한 부류의 사람들을 포함한다.

복음주의자들은 거의 3세기 동안 그들의 사명을 감당해오면서 미래를 위한 세 가지 교훈을 얻게 되었다.

첫째, 교회가 복음주의자들을 누구보다 필요로 한다는 사실이다. 현대 개신교인은 정통주의(orthodoxy)와 에큐메니칼(ecumenical) 입장 중 하나를 선택하도록 강요받고 있다. 일반적으로 사람들은 무미건조한 열매를 생산하는 신학적 순수성을 지닌 정통주의를 선택하거나, 사회적으로 적극적인 활동을 하는 기독교 기관을 지닌 에큐메니칼 입장을 선택하곤 한다. 사실 이제까지 복음주의자들은 대체로 교리적 순수성에 치우친 결정을 해왔다. 하지만 복음주의는 최상의 상태에서 정통주의의 신학적 순수성과 에큐메니칼 활동을 모두 함께 아우른다. 복음주의의 이러한 모습은 신학적인 통합성을 가지셨던 예수님의 대제사장 기도가 성취되는 것으로 볼 수 있을 것이다(요 17장).

둘째, 복음주의는 최상의 상태에서 보편적 교회(universal church)의 갱신 운동으로 기능한다는 점이다. 복음주의자는 역사를 통해 분열시키는 "분열자"(splitters)가 되는 특징을 가지고 있음을 확인할 수 있다. 물론 이러한 특징으로 인해 복음주의자들은 이익을 남겨야하는 현대 종교시장(modern economy of religion)에서 성공할 수 있었다. 그러나 여기서 머물면 안 될 것이다. 이와 함께 복음주의는 "조이너"(joiners)의 모습도 필요하다. 그렇지 않으면 복음주의자들은 그들보다 규모가 큰 개신교 교단들에 대한 영향력을 상실해버릴 것이다. 복음주의자들은 큰 교단이나 조직 안에서 소수일 경우에는 대체로 신실하고 예언적인 특성을 보인다. 하지만 소수이던 복음주의자들이 대중적 인기를 얻게 되면서 오만한 자기만족을 가지게 되었고 이는 자기들만의 편협성으로 이어져서 복음주의자들이 가진 이 분열시키는 장점이 자주 손상되곤 했다(이것이 바로 19세기 후반과 20세기 후반 복음주의가 보여주었던 모습이다).

18세기 이후 복음주의자들 중 일부가 그들의 순수성을 추구해서 이를 위해 사용한 일반적인 방법은 복음주의자들이 기독교 교단에서 자신들을 분리해 나오면서 그 교단에서 필요한 자원들을 뽑아내 그 교단에 남게 된 하나님의 백성을 고통스럽게 하는 것이었다. 하지만 오늘날에는 복음주의자들이 새로운 다수를 구성하고 있기에, 우리가 이전에 분리되어 나온 교단들에 남은 자들을 의도적으로 섬길 필요가 있다. 우리는 외로운 감시자로 활동하면서 우리 모두가 전 세계에서 일하시는 성령 사역의 주체임을 생각하여, 서로 나뉘어 각자의 길을 가라고 하는 분열의 속삭임을 거부하도록 서로 도와야 한다. 물론 미전도 종족들과 함께 복음주의자들은 자주 외롭게 그 사명의 길을 갈 때도 있다. 하지만 복음주의자들은 이제까지 무너뜨리려 했던 기성 교단들의 높고 권위적인 모습과 같이 되지 않도록 깨어있어야 할 것이다.

셋째, 복음주의는 완전하지 않다는 점이다. 복음주의는 기독교 전통에 머물러야 한다. 18세기 왜곡의 역사는 개신교의 신앙과 복음전파를 위한 은혜의 시간이었음은 분명하다. 하지만 우리 복음주의가 전체 기독교에서 분열되어 나오면서 우리는 우리 자신의 뿌리를 단절시켰고 소수의 멤버십만을 유지하면서 만족해왔다. 특별히 오늘날은 복음주의 운동의 성공으로 인해 복음주의 울타리 안에서 태어나면서부터 죽기까지 머무는 것이 가능해진 시대이다. 하지만 우리는 여기서 만족하지 말고 기독교 역사 안에서 훨씬 더 깊이 복음주의의 뿌리를 내려야 한다.

너무나 많은 복음주의 지도자들은 사역에 필요한 자료로 조나단 에드워즈와 존 웨슬리 이상을 참고하지 못하고 있다. 하지만 에드워즈와 웨슬리와 같은 인물들이 복음주의의 모델이 된 이유로는 그들의 기독교 리더십이 고전 정통주의와 개신교 초기에서부터 축적된 자료들에 기반을 두었기 때문이었다. 그들이 했던 것처럼 우리 복음주의자들은 결코 자신들의 신학을 가지고 있지 않음을 인지해야 한다. 정확히 우리는 다문화적 파트너 관계를 가지고 있기에 "빈약한 교리강령"(sparse doctrinal platform)으로 함께 모여야 한다. 항상 복음주의자들은 역사가 오래된 전통적인 기독교 교리 자료들, 특별히 교회론적인 자료들에 상당히 의존해왔다.

그럼에도 불구하고, 우리가 살펴본 것처럼, 복음주의자들은 세계 기독교의 모습을 상당히 변화시켰다. 우리의 죄와 다른 여러 약점들에도 불구하고, 하나님은 우리를 하나님의 나라 건설을 위해 지속적으로 사용해오셨다. 실제로 복음주의자들은 현재 너무 많아서 그들이 침투했던 여러 문화들 가운데 일부에서는 그들이 함께 협력하거나 서로를 구별하는 것이 어렵게 되었다.

게다가, 개성을 강조하는 포스트모던 시대에 자신들이 속한 그룹의 정체성과 다양한 개인적 선호도를 넘어서 다양한 사람들을 하나로 묶어 연합하려는 노력에 대해 많은 비판을 받기도 한다. 복음주의 안에서 조차도 다양성, 해방, 개인적 선택 등이 중요시되어 만연하고 있다. 이런 모습이 결코 나쁘지만은 않다. 실제로 이들 중 상당수는 유익하고 좋은 것들이 많다. 무엇보다, 복음주의자들은 해방의 축복과 우주적인 하나님의 나라의 다양성의 특징을 잘 이해하고 있는 사람들이다. 하지만 복음주의자들은 세계적인 협력의 위험성도 잘 알고 있다. 이제 심지어 세상의 세속적인 요소들이 복음주의의 상당 부분을 차지하고 있어서, 공동 복음전파의 전통이 소멸되어 상실될 수 있음을 많은 사람이 우려하고 있다.

필자는 이 책이 복음주의가 공유하고 있는 역사적 기억들을 다시 상기시켜 그 영적 위치를 회복하도록 도울 수 있기를 소망한다. 그리고 역사를 제대로 보지 못하는 소경들이 복음주의 공동 유산의 적용과 적절성을 심각하게 방해하거나 훼손하고 있다고 해도 하나님이 그 모두를 사용하셔서서 미래의 교회들을 축복하시리라 확신한다.

색 인

ㄱ

갈보리 채플 운동(Calvary Chapel Movement) 214

감독제도(episcopacy) 48

감리교감독교회(Methodist Episcopal Church) 91, 94, 108

감리교선교협회(Methodist Missionary Society) 126

개혁주의(Reformed) 8, 86, 97, 196, 211

갤핀, 조지(Galphin, George) 169

건초더미 기도회(Haystack Prayer Meeting) 127

게일, 조지(Gale, George) 97

경건의 모임(*collegia pietatis* 또는 *ecclesiolae in ecclesia*) 50, 52, 55

『경건의 열망』(*Pia Desideria*) 51, 52

계몽주의(Enlightenment)

고든신학교(Gordon Divinity School) 249

고백주의자들(confessionalists) 262, 263

공화감리교회(Republican Methodist) 93

관료후원적 종교개혁자들(magisterial Reformers) 115

색인 271

교리강령(doctrinal platform) 268

교회선교협회(Church Missionary Society) 126

구세군(Salvation Army) 192

구칼빈주의자들(Old Calvinists) 85, 86

구파(Old Side) 80

국교제도의 폐지(disestablishment) 89, 105, 189

국제사중복음교회(International Church of the Foursquare Gospel) 208

국제선교협의회(International Missionary Council) 139

규제 원리(regulative principle) 47

그레이엄, 빌리(Graham, Billy) 29, 34, 155, 161, 251, 253, 254

그리스도 안의 하나님의 교회(Church of God in Christ) 177, 178, 206

근본주의(fundamentalism) 221

    근본주의 논쟁(fundamentalist controversy) 222, 236, 254

    근본주의자 모임(Fundamentalist Fellowship) 239

『근본적인 것들』(*The Fundamentals*) 237

글래든, 워싱턴(Gladden, Washington) 231

급진 종교개혁자들(radical Reformer) 115

기도합주회(concerts of prayer) 44, 87, 124

기독교개혁교회(Christian Reformed Church) 263

기독교 라디오(Christian radio) 250

기독교방송 네트워크(Christian Broadcasting Network) 213

기독교인 연합(Christian Coalition) 256

기독교지식보급회(Society for Promoting Christian Knowlege) 117, 121, 156

기독교회/그리스도의제자들(Christian Church/Disciples of Christ) 103

기독교성결협회(Christian Holiness Association) 198
길, 존(Gill, John) 71

ㄴ

나사렛교회(Church of the Nazarene) 192, 201
남부감리교감독교회(Methodist Episcopal Church South) 94, 176
남북전쟁(Civil War) 262
네덜란드 개혁주의(Dutch Reformed) 116
네틀튼, 아사헬(Nettleton, Asahel) 96
노스필드 컨퍼런스(Northfield Conference) 200
노예제도(slavery) 94, 98, 108, 123, 154, 155, 158, 159, 160, 163, 164, 165, 176, 183
노예종교(slave religion) 166, 186
노이즈, 조셉(Noyes, Joseph) 81
노트, 사무엘, 주니어(Nott, Samuel, Jr.) 127
뉴디비니티(New Divinity) 85, 87, 96, 97, 126
뉴웰, 사무엘(Newell, Samuel) 127
뉴저지대학(College of New Jersey) 80
뉴햄프셔고백서(New Hampshire Confession) 239
니버, H. 리차드(Niebuhr, H. Richard) 230
「니코틴 테올로지칼 저널」(Nicotine Theological Journal) 263

ㄷ

다윈, 찰스(Darwin, Charles) 224

다윈주의(Darwinism) 224, 225, 229

달라스신학교(Dallas Theological Seminary) 233

대각성 운동(Great Awakening) 20, 38, 41, 42, 43, 45, 49, 53, 54, 58, 59, 60, 63, 65, 68, 69, 70, 71, 73, 74, 78, 79, 80, 81, 82, 84, 85, 86, 87, 95, 96, 97, 100, 102, 106, 107, 108, 109, 110, 113, 115, 119, 122, 154, 158, 159, 162, 164, 165, 191, 197, 266

대로우, 클래런스(Darrow, Clarence) 244

대유럽선교회(Greater Europe Mission) 145

더글라스, 프레드릭(Douglass, Frederick) 160, 164, 165

더햄, 윌리암 H.(Durham, William H.) 206, 208, 211

데이븐포트, 제임스(Davenport, James) 81, 82

『데이비드 브레이너드의 생애와 일기』(Life of David Brainerd) 124

데이비스, 사무엘(Davies, Samuel) 65, 158, 159

데이턴, 도날드(Dayton, Donald) 32, 38

도덕적 다수파(Moral Majority) 256

도드리지, 필립(Doddridge, Philip) 125

독립장로해외선교부(Independent Board for Presbyterian Foreign Missions) 144

독립전쟁(war of Independence) 89, 90, 91, 92, 95, 170

돌트회의(Dutch Reformed Synod of Dordt) 29

동부침례교신학교(Eastern Baptist Seminary) 146

두 번째 축복(second blessing) 190, 193, 196, 198, 202, 211

드 레리, 쟝(de Léry, Jean) 116
드와이트, 티모시(Dwight, Timothy) 85, 96
딕슨, A. C.(Dixon, A. C.) 237

ㄹ

라우셴부쉬, 월터(Rauschenbusch, Walter) 231
라이스, 루터(Rice, Luther) 128
라이스, 존 R.(Rice, John R.) 255
라이트, J. 엘윈(Wright, J. Elwin) 247
랜돌프, 피터(Randolph, Peter) 157, 166
랭크포드, 사라 워럴(Lankford, Sarah Worrall) 193
런던선교협회(London Missionary Society) 126
레이더, 폴(Rader, Paul) 232, 250, 258
로드, 윌리엄(Laud, William) 48, 49
로마가톨릭(Roman Catholics) 19, 36, 42, 43, 46, 48, 49, 90, 115, 116, 117, 123, 126
로버츠, 오랄(Roberts, Oral)
로버트슨, 팻(Robertson, Pat) 213
로브, 제임스(Robe, James) 44, 59
로빈슨, 아이다(Robinson, Ida) 209
로우, 커티스 리(Laws, Curtis Lee) 238
록펠러, 존 D. 주니어(Rockefeller, John D. Jr.) 241
루터, 마틴(Luther, Martin) 50
루터란교회-미주리대회(Lutheran Church-Missouri Synod) 263

륏켄스, 프란쯔 J.(Lütkens, Franz J.) 120

리, 야레나(Lee, Jarena) 108

리, 에드워드 S.(Lee, Edward S.) 205

리차즈, 제임스(James Richards) 127

린셀, 해롤드(Lindsell, Harold) 251, 252, 256

릴레, 조지(Liele, George) 170

링 샤우트(ring shout) 181

링컨, 아브라함(Lincoln, Abraham) 154

ㅁ

마더, 모제스(Mather, Moses) 84

마더, 코튼(Mather, Cotton) 121

마스덴, 조지 M.(Marsden, George M.) 34

마일즈, 윌리엄 H.(Miles, William H.) 176

마한, 아사(Mahan, Asa) 196

매사추세츠선교협회(Massachusetts Missionary Society) 126

매카트니, 클래런스 E.(Macartney, Clarence E.) 240, 259

매킨타이어, 칼(McIntire, Carl) 247

맥그레디, 제임스(McGready, James) 102

맥쿨로히, 윌리엄(McCulloch, William) 59

맥퍼슨, 에이미 셈플(McPherson, Aimee Semple) 208, 258

메리트, 티모시(Merritt, Timothy) 192

메이슨, 찰스 H.(Mason, Charles H.) 177, 206

메이천, J. 그레샴(Machen, J. Gresham) 144, 229, 243, 259

메이휴, 토마스(Mayhew, Thomas) 118

모라비안(Moravian) 54, 55, 56, 57, 121, 122, 163, 169

모리스, 엘리아스 C.(Morris, Elias C.) 171

모트, 존 R.(Mott, John R.) 137, 200

몽고메리, 헬렌 바렛(Montgomery, Helen Barrett) 135

무디, D. L.(Moody, D.L.) 137, 139, 160, 200, 232, 234, 266

무디성경학교(Moody Bible Institute) 146, 247

무신론(atheism) 229, 230

무천년주의(amillennialism) 233

문, 로티(Moon, Lottie) 135, 136, 137

미국선교사본국협회(American Home Missionary Society) 126

미국기독교교회협의회(American Council of Christian Churches) 247

미국보수침례교회(Conservative Bapstist Association of America) 240

미국복음주의자유교회(Evangelical Free Church of America) 249

미국복음주의협회(National Association of Evangelicals) 188, 247, 248

미국성경협회(American Bible Society) 106, 131

미국소책자협회(American Tract Society) 106

미국시민자유연맹(American Civil Liberties Union) 243, 244

미국식민협회(American Colonization Society) 131, 132

미국을 걱정하는 여성들(Concerned Women for America) 256

미국해외선교위원회(American Board of Commissioners for Foreign Missions) 128, 130, 131

밀라, 로버트(Millar, Robert) 122

밀즈, 사무엘 J.(Mills, Samuel J.) 127, 130

ㅂ

바릭, 제임스(James Varick) 176

바틀만, 프랑크(Bartleman, Frank) 207

발머, 랜달(Balmer, Randall) 31

백커, 짐(Bakker, Jim) 211

밴더홀스트, 리차드 H.(Vanderhorst, Richard H.) 176

버, 아론(Burr, Aaron) 106

버지니아여자신학교(Virginia Female Seminary) 135

벅, 펄 S.(Buck, Pearl S.) 142

베넷, 데니스(Bennett, Dennis) 212

베델흑인감리교감독교회(Bethel African Methodist Episcopal Church) 175

베델성경학교(Bethel Bible School) 203, 204

베시, 덴마크(Vesey, Denmark) 164

벨, 유도러스 N.(Bell, Eudorus N.) 210

벨, L. 넬슨(Bell, L. Nelson) 251

벨라미, 조셉(Bellamy, Joseph) 85

벨 릴레이, 윌리엄(Bell Riley, William) 238

보엣, 기버트(Voet, Gijsbert) 117

보이드, R. H.(Boyd, R. H.) 172

보편구원론(Universalism) 84, 89

복음(gospel) 235, 264

복음주의(Evangelcalism)

    갱신 운동으로서 복음주의 267

모자이크 혹은 만화경으로서 복음주의 31

　　　미국 복음주의 22

　　　복음주의의 다양성 28, 32, 35, 265

　　　복음주의의 통일성 266

　　　비서구권 복음주의 19 - 20

　　　"의로운 제국"으로서 복음주의 106

　　　조각누비 퀼트로서 복음주의 31

복음주의신학회(Evangelical Theological Society) 249

부흥(Revival)

　　　도시에서의 부흥 232

　　　부흥과 쇠락 78

　　　부흥에 대한 찰스 피니의 견해 99 - 100

　　　부흥에 대한 칼빈주의자들의 견해 85

　　　조나단 에드워즈의 주도하에 이루어진 부흥 68 - 70

분리주의(separatism) 82, 84, 86, 87, 107, 115, 245, 247

"불붙은 지역"(burned-over district) 97, 102

브라운 판결(Brown v. Board of Education) 161

브라이언, 앤드류(Bryan, Andrew) 170

브라이언, 윌리엄 제닝스(Jennings Bryan, William) 244, 259

브라인, 존(Brine, John) 71

브레이, 토마스(Bray, Thomas) 156

브릭스, 찰스(Briggs, Charles) 226

비처, 라이만(Beecher, Lyman) 96

비처, 캐서린(Beecher, Catharine) 108

빈야드 운동(Vineyard Christian Fellowship) 214, 215

ㅅ

사도적 신앙(Apostolic faith) 114, 201, 207

사정위원회(Commission of Appraisal) 142, 143, 144

사회복음(social gospel) 231, 232

산타페성결선교회(Santafe Holiness Mission) 205

30년 전쟁(Thirty Years' War) 42, 50, 54

삼위일체(Trinity) 84, 89, 210

샤프, 필립(Schaff, Philip) 109

샤프, 헨리(Sharp, Henry) 170

샤카리안, 데모(Shakarian, Demos) 213

"새로운 기독교인 권리"(New Christian Right) 256

새로운 수단들(new measures) 100

새로운 신학(New Theology) 85, 230

새빛파(New Light) 80, 82, 85, 103

새종족선교회(New Tribes Mission) 145

"선교를 재고함"(Rethinking Missions) 142, 143

선데이, 빌리(Sunday, Billy) 160, 232

설교(preacing)

    설교에 대한 청교도의 견해 46

    설교에 대한 슈페너의 견해 51

성결 운동(Holiness movement) 93, 108, 177, 178, 188, 189, 190, 191, 192, 196, 197, 198, 199, 200, 201, 203, 216, 217, 218

성경(Bible)

    성경의 권위 26, 37, 226

성경과 고등비평 224 - 30, 237, 225n6

성경과 무오류 227 - 29, 256

성경의 영감 226 - 7

성령세례(Spirit baptism) 178, 201, 202, 203, 205, 211, 212

성화(sanctification) 191, 196, 197, 200, 202, 210, 211, 218

세계교회협의회(WCC) 139

세계기독교근본주의협회(WCFA) 237, 238

세계복음주의연맹(WEA) 29

세계선교컨퍼런스(WMC) 139

세계학생기독연합회(WSCF) 139

세대주의(dispensationalism) 30, 232, 233, 234, 235, 266

세이무어, 윌리엄 J.(Seymour, William J.) 204

세이무어, 제니 무어(Seymour, Jannie Moor) 179

세인트, 네이트(Saint, Nate) 146

순복음사업가모임(Full Gospel Business Men's Fellowship) 213

순회설교자(circuit rider) 92, 93, 94, 96, 98, 102, 112

슈팡엔베르그, 아우구스투스(Spangenberg, Augustus) 121

스미스, 로버트 피어살(Smith, Robert Pearsall) 198

스미스, 척(Smith, Chuck) 214

스미스, 티모시 L.(Smith, Timothy L.) 31

스미스, 윌버(Smith, Wilbur) 251, 252

스와가르트, 지미(Swaggart, Jimmy) 211

스칸디나비아연맹선교회(Scandinavian Alliance Mission) 145

스턴스, 슈발(Stearns, Shubal) 65

스토니크릭독립장로교회(Stony Creek Independent Presbyterian Church) 163

스토다드, 솔로몬(Stoddard, Solomon) 65, 68, 118

스톤, 바튼(Stone, Barton) 103

스티븐슨, J. 로스(Stevenson, J. Ross) 241

스콥스 재판(Scopes trial) 혹은 원숭이 재판(Monkey trial) 243, 244

스튜어트, 라이만(Stewart, Lyman) 237

스튜어트, 밀튼(Stewart, Milton) 237

스틸웰, 윌리엄(Stillwell, William) 176

스펜서, 피터(Spencer, Peter) 173

"승리하는 기독교인의 생활"(victorious Christian living) 199

슈페너, 필립 야콥(Spener, Philipp Jakob) 50

시내산거룩한교회(Mt. Sinai Holy Churches of America) 209

시온연합사도교회(Zion Union Apostolic Church) 201

시카고신학교(Chicago Theological Seminary) 249

신복음주의자(neoevangelical 혹은 new-evangelicals) 221, 222, 223, 235, 246, 247, 254, 257, 264, 265

"신앙전파를 위한 회중"(the Congregation for the Propagation of Faith) 116

신은사주의(neo-charismatic) 188, 214

신파(New Side) 80, 84

실버블럽침례교회(Silver Bluff Baptist Church) 169

실용주의(pragmatism) 100, 262

실즈, T. T.(Shields, T. T.) 239

십자가 중심주의(crucicentrism) 27

10/40창(10/40 window) 147

18세기 기독교의 왜곡(eighteenth-century twist) 8, 36

쏜웰, 제임스 헨리(Thornwell, James Henry) 155

ㅇ

아른트, 요한(Arndt, Johann) 50

아우그스부르크 평화조약(Peace of Augsburg) 42

아우카 인디언들(Auca Indians) 145

아이오와불세례성결협회(Iowa Fire Baptized Holiness Association) 201

아주사 부흥(Azusa Street Revival) 178, 206, 207, 209

아프리카대륙선교회(Africa Inland Mission) 145

알미니안주의(Arminianism) 29, 34, 43, 86, 94, 95, 102, 236, 266

「알미니안 매거진」(*Arminian Magazine*) 44

알렌, 리차드(Allen, Richard) 173, 176

애니미즘(animism) 180

애봇, 라이만(Abbot, Lyman) 225

앤도버신학교(Andover Seminary) 127, 128, 131

앨버말여학교(Albemarle Female Institute) 127, 128, 131

야외설교(field preaching) 60, 61, 69

어드만, 찰스(Erdman, Charles)

어번 선언(Auburn Affirmation) 240, 241

얼스킨, 에베네저(Erskine, Ebenezer) 59

에드워즈, 조나단(Edwards, Jonathan) 33, 65, 66, 84, 85, 110, 123, 150, 155, 158, 162, 268

에드워즈주의자들(Edwardsians) 85, 86, 87, 97, 100, 106, 125, 148

에스코바, 사무엘(Escobar, Samuel) 146

에스피노자, 가스통(Espinosa, Gaston) 10

에즈베리, 프란시스(Asbury, Francis) 91

엘리옷, 존(Eliot, John) 118

엘리옷, 짐(Elliot, Jim) 146

엘리자베스 여왕(Queen Elizabeth) 45, 47

여성들(women)

  목회 90, 107 - 8, 263

  선교 128 - 9, 132 - 6

  안수 256

  오순절파 308

연합미국감리교감독교회(Union American Methodist Episcopal Church) 173

잉글랜드국교회(Church of England) 46, 47, 59, 117, 126, 156, 163, 199

영국-버마전쟁(Anglo-Burmese War) 130

예배전쟁(Worship wars) 216

예수 사람들 운동(Jesus People movement) 214

예수회(Jesuits) 116

옛빛파(Old Light) 80, 84, 85

오글솔프, 제임스(Oglethorpe, James) 55

오랄 로버츠, 그랜빌(Oral Roberts, Granville) 213

오르, 제임스(Orr, James) 237

오렌지의 윌리엄(William of Orange) 49

오벌린대학교(Oberlin College) 98, 196

오벌린 완전주의(Oberlin Perfectionism) 196

오순절 성결교회(Pentecostal Holiness Church) 206

오순절 운동(Pentecostal movement) 178, 188, 189, 201, 203, 205, 206, 208, 209, 210, 211, 212, 213, 216, 217, 219

오스본, 윌리엄 B.(Osborn, William B.) 197

오즈만, 아그네스(Ozman, Agnes) 204

오직 그리스도(*solus Christus*) 37, 58

오직 믿음(*sola fide*) 25, 37, 58

오직 성경(*sola Scriptura*) 37

오직 은혜(*sola gratia*) 37

오켈리, 제임스(O'Kelly, James) 93

오켕가, 해롤드 존(Ockenga, Harold John) 247, 248, 251

해외복음전도협회(Society for the Propagation of the Gospel in Foreign Parts) 117, 156

완전성화(entire sanctification) 177, 190, 192, 194

왐파노악 부족(Wampanoag) 120

예복(vestments) 47

요바린다갈보리채플(Yorba Linda Calvary Chapel) 214

우드워스 에터, 마리아(Woodworth Etter, Maria) 208

워럴, 도로시아 웨이드(Worrall, Dorothea Wade) 192

워럴, 헨리(Worrall, Henry) 192

위클리프성경번역회(Wycliff Bible Translators) 145

윌라드, 프란시스(Willard, Frances) 108

윌슨, 우드로우(Wilson, Woodrow) 244

윔버, 존(Wimber, John) 214, 215

워즈워드, 윌리엄(Wordsworth, William) 199

워커, 데이비드(Walker, David) 164

워필드, B. B.(Warfield, B.B.) 228, 229, 237, 243

원주민침례교회(Native Baptist Church) 170

웨버, 로버트(Weber, Robert) 30

웨스트민스터 신앙고백(Westminster Confession) 236, 240

웨스트민스터신학교(Westminster Seminary) 242, 243

웨슬리, 찰스(Wesley, Charles) 55, 58

웨슬리, 존(Wesley, John) 44, 54, 55, 56, 57, 58, 60, 69, 74, 268

웨슬리, 사무엘(Wesley, Samuel)

웨슬리안감리교회(Wesleyan Methodist Church) 192, 201

유니온신학교(Union Seminary) 226, 227

유니테리안주의(Uniterianism) 84

유대인기독교장려런던협회(London Society for Promoting Christianity among the Jews) 126

유색인종감리교감독교회(Colored Methodist Episcopal Church) 176

"유색인종 학교"(School for Educating Colored Men) 131

유신진화론(theistic evolution) 229, 230

유아세례(infant baptism) 130

은사주의 운동(charismatic movement) 188, 212, 213, 216, 263

"의로운 제국"(righteous empire) 95, 106, 108, 111, 112, 140, 190, 223, 232

의화단 사건(Boxer Uprising) 136

이언능력(xenoglossia) 203, 205

인스킵, 존 S.(Inskip, John S.) 197

인종차별(racism) 107, 131, 140, 153, 205, 206, 255

잉거솔, 로버트(Ingersoll, Robert) 160

ㅈ

자발적 정신(spirit of voluntarism) 89

자연주의(naturalism) 224, 262

자연적 능력(natural ability) 70, 85, 86, 196, 197

자유감리교회(Free Methodist Church) 94, 192, 201

종교의 자유시장(free market for religion) 89

자유의지침례교단(Free Will Baptists) 107

자유주의(liberalism) 28, 84, 138, 142, 145, 225, 227, 229, 231, 232, 235, 236, 237, 239, 241, 242, 250, 252, 255

자이스버거, 데이비드(Zeisberger, David) 122

"장로교와 네덜란드 개혁교회의 연합해외선교협회"(United Foreign Missionary Society of the Presbyterian and Dutch Reformed Churches) 131

재세례파(Anabaptist) 28, 30, 43, 54

잭슨, 조셉, H.(Jackson, Joseph H.) 172

저드슨, 아도니람(Judson, Adoniram) 128, 129

전국성결증진캠프모임협회(National Camp Meeting Association for the Promotion of Holiness) 197

전국성결협회(National Holiness Association) 198

전국침례교총회(National Baptist Convention) 171, 172

전천년주의(premillennialism) 137, 138, 233, 235, 259

"전통적 가치를 위한 미국연합"(American Coalition for Traditional Values) 256

정통장로교회(Orthodox Presbyterian Church) 144, 242

제단신학(altar theology) 194, 195

제2의 분열(second-degree separation) 239

제일흑인침례교회(First African Baptist Church) 170

제임스 1세(James I) 47

제임스 2세(James II) 49

조지, 데이비드(George, David) 169

조지, 티모시(George, Timothy) 25, 27

존스, 찰스 프라이스(Jones, Charles Price) 178

존스, 그리피스(Jones, Griffith) 59

존스턴, 로버트(Johnston, Robert) 32

종교개혁(Reformation) 36, 37, 41, 42, 43, 45, 46, 47, 50, 51, 114, 115, 116, 122

종말론(escatology) 108, 114, 149, 209

중생(regeneraion) 70, 71, 86, 202

지겐발크, 바돌로매우스(Ziegenbalg, Bartholomäus) 120

진보적전국침례교총회(Progressive National Baptist Convention) 172

진젠도르프, 루드비히(Zinzendorf, Ludwig) 53, 54, 56, 58, 121

ㅊ

찬송/찬송가(hymns) 140, 174, 223/22, 58, 73, 141, 216, 223

찰스 1세(Charles I) 48, 49

찰스 2세(Charles II) 49

채프만, J. 윌버(Chapman, J. Wilbur) 232

천년 왕국(millennium) 99, 118, 204, 210, 233, 234

첫 번째 축복(first blessing) 202

청교도(Puritans) 45, 46, 47, 48, 49, 50, 53, 65, 69, 86, 117, 118, 120, 121, 149

촌시, 찰스(Chauncy, Charles) 84

침례교선교협회(Baptist Missionary Society) 125

침례교성경연합(Baptist Bible Union) 239

침례교전국교육총회(Baptist National Education Convention) 171

칭의(justification) 58, 68

ㅋ

카트라이트, 피터(Cartwright, Peter) 104

칼빈, 존(Calvin, John) 116

칼빈주의 5대 교리(five points of Calvinism) 29

칼빈주의/칼빈주의자들(Calvinism/Calvinists) 28, 33, 34, 42, 43, 47, 59, 71, 95, 96, 97, 124, 125, 266/29, 35, 70, 102, 262

캐나다감리교회(Canadian Methodists) 93

캐리, 윌리엄(Carey, William) 125

캐쉬웰, 개스톤 B.(Cashwell, Gaston B.) 206

캠벨, 알렉산더(Campbell, Alexander) 103

캠벨, 아치발드(Campbell, Archibald) 170

커히, 제임스(Caughey, James) 192

컴버랜드 리버밸리(Cumberland River Valley) 102

케인릿지 부흥(Cane Ridge Revival) 102, 103, 110, 159

케직사경회(Keswick Convention) 198, 199

코네티컷선교협회(Connecticut Missionary Society) 126

코커, 다니엘(Coker, Daniel) 132

코크, 토마스(Coke, Thomas) 90

콜, 나단(Cole, Nathan) 62

콜러릿지, 사무엘 T.(Coleridge, Samuel T.) 199

콜럼비아국제대학교(Columbia International University) 146

콥트 기독교인(Coptic Christian) 146

퀘이커(Quakers) 107, 117, 132, 163

크로우더, 사무엘 아드자이(Crowther, Samuel Adjai) 132

크로포드, 퍼시(Crawford, Percy) 250

크롬웰, 올리버(Cromwell, Oliver) 49, 117

「크리스찬 센츄리」(*Christianity Today*) 252

「크리스채니티 투데이」(*Christianity Today*) 25, 29, 251, 252, 253, 254, 256

크리스텐덤(Christendom) 88, 89, 100, 115, 122, 152

클랩, 토마스(Clap, Thomas) 81

킹, 마틴 루터, 주니어(King, Martin Luther, Jr.) 161, 172, 255

킹 필립 전쟁(King Philip's War) 119

ㅌ

터너, 낫(Turner, Nat) 164

테일러, 나다니엘(Taylor, Nathaniel) 96

앤젤러스 템플(Angelus Temple) 208

토레이, R. A.(Torrey, R. A.) 237

트루스, 소저너(Truth, Sojourner) 108

트리니티복음주의신학교(Trinity Evangelical Divinity School) 146, 207,

249

티누, 벌키난 티테(Tiénou, Tite) 146

ㅍ

파라처치(parachurch) 105, 108, 222
판 콧, 마가렛 뉴튼(Van Cott, Margaret Newton) 108
팔머, 월터 C.(Palmer, Walter C.) 192
팔머, 웨잇(Palmer, Wait) 169
팔머, 피비(Palmer, Phoebe) 108, 192, 193, 198
페인, 로버트(Paine, Robert) 176
페터레인신도회(Fetter Lane Society) 57
펜네파더, 윌리엄(Pennefather, William) 199
포스딕, 해리 에머슨(Fosdick, Harry Emerson) 240
포스트모던(Postmodernism) 269
포틀랜드 선언(Portland Deliverance) 227
풀러, 앤드류(Fuller, Andrew) 125
풀러, 찰스(Charles E. Fuller) 250, 258
풀러신학교(Fuller Theological Seminary) 11, 146, 214, 246, 249, 250, 251, 252, 256, 259
「프레스비테리안 리뷰」(*Presbyterian Review*) 228
퓨, J. 하워드(Pew, J. Howard) 254
퓨 자선기금(Pew Charitable Trusts) 264
프랑케, 헤르만(Francke, Hermann) 52
프랭클린, 벤자민(Franklin, Benjamin) 64

색인 291

프레드릭 4세(Frederick IV) 120

프레이, 조셉 사무엘 C. F.(Frey, Joseph Samuel C. F.) 126

프렐링하이젠, 테오도르(Frelinghuysen, Theodore) 65

프로테스탄트전파대학(Protestant Propaganda College) 117

프린스턴신학교(Princeton Seminary) 227, 241, 242

프린스, 토마스(Thomas Prince) 44

플라워, J. 로스웰(Flower, J. Roswell) 210

플레시스, 데이비드(Plessis, David du) 213

플륏샤우, 하인리히(Plutschau, Heinlich) 120

피니, 찰스(Finney, Charles) 97, 155, 160, 195, 198

피바디, 루시(Peabody, Lucy) 134

피어슨, A. T.(Pierson, A. T.) 137, 200

피우스 12세(Pius XII) 254

ㅎ

하나님의교회(Church of God) 201, 208, 213

하나님의성회(Assemblies of God) 210, 211

하나님의오순절연맹(Pentecostal Assemblies of God) 208

하일링, 피터(Heyling, Peter) 116

하트, D. G.(Hart, D. G.) 262

학생자원운동(Student Volunteer Movement) 138

학생해외선교연맹(Student Foreign Missions Fellowship) 138

한국(Korea) 147

할레대학교(University of Halle) 52, 53, 120

핫지, A. A.(Hodge, A. A.) 228

핫지, 찰스(Hodge, Charles) 33, 155, 227, 229

핫지, 윌리엄(Hodge, William) 103

해리스, 하웰(Harris, Howell) 59

해리슨, 에버렛(Harrison, Everett) 251

해밀턴, 알렉산더(Hamilton, Alexander) 106

해외사역연구센터(Overseas Ministries Study Center) 148, 150

해외선교침례교총회(Foreign Mission Baptist Convention) 171

행동주의(activism) 27, 263

허스트, 윌리엄 랜돌프(Hearst, William Randolph) 253

헤인스, 레무엘(Haynes, Lemuel) 165

헨리, 칼, F. H.(Henry, Carl, F. H.) 33, 246, 251, 252

현대주의(modernism) 222, 224, 227, 236, 237, 238, 240, 245, 246, 262

형제회(Society of the Brethren) 127

호킹, 윌리엄 어니스트(Hocking, William Ernest) 142

홀, 고든(Hall, Gordon) 127

홀리오크여자신학교(Mount Holyoke Female Seminary) 128

홉키, 소피(Hopkey, Sophy) 55

홉킨스, 사무엘(Hopkins, Samuel) 85, 164

"화이트 홀스 인"(The White Horse Inn) 262

회심(conversion)

    회심에 대한 에드워즈의 견해 66, 85

    회심에 대한 웨슬리의 견해 57

회중주의자(Congregationalists) 89, 97, 225

후스, 얀(Hus, Jan) 54

후천년주의(postmillennialism) 233, 235

휫텔시, 촌시(Whittelsy, Chauncey) 81

휫필드, 조지(Whitefield, George) 44, 55, 59, 60, 155, 158, 159, 162

흑인미국교회(African American Churches) 169

흑인감리교감독교회(African Methodist Episcopal Church) 93, 132, 175

흑인감리교감독시온교회(African Methodist Episcopal Zion Church) 93, 176

히스패닉 복음주의자들(Hispanic evangelicals) 264

복음주의 미국 역사

The American Evangelical Stroy: A History of the Movement

2015년 3월 20일 초판 발행
2023년 9월 30일 초판 2쇄 발행

지은이 | 더글라스 A. 스위니
옮긴이 | 조현진

편 집 | 정희연, 진규선
디자인 | 김소혜, 김소영
펴낸곳 | 사)기독교문서선교회
등 록 | 제16-25호(1980. 1. 18)
주 소 | 서울시 서초구 방배로 68
전 화 | 02) 586-8761~3(본사) 031) 942-8761(영업부)
팩 스 | 02) 523-0131(본사) 031) 942-8763(영업부)
홈페이지 | www.clcbook.com
이메일 | clckor@gmail.com
온라인 | 기업은행 073-000308-04-020, 국민은행 043-01-0379-646
         예금주: 사)기독교문서선교회

ISBN 978-89-341-1437-6(93230)

* 낙장 · 파본은 교환해 드립니다.

이 도서의 국립중앙도서관 출판시 도서목록(CIP)은
서지정보유통지원시스템 홈페이지(http://seoji.nl.go.kr)와
국가자료공동목록시스템(http://www.nl.go.kr/kolisnet)에서
이용하실 수 있습니다.
(CIP제어번호: CIP2015004892)